Thomas Arzt
Das Unbehagen

Thomas Arzt

DAS UNBEHAGEN

Roman

Residenz Verlag

Der Verlag dankt für die Unterstützung

© 2025 Residenz Verlag GmbH
Mühlstraße 7, 5023 Salzburg
info@residenzverlag.at

Bibliografische Information der Deutschen Nationalbibliothek
Die Deutsche Nationalbibliothek verzeichnet diese Publikation
in der Deutschen Nationalbibliografie; detaillierte bibliografische
Daten sind im Internet über http://dnb.dnb.de abrufbar.

www.residenzverlag.com

Alle Rechte, insbesondere das des auszugsweisen Abdrucks
und das der fotomechanischen Wiedergabe, vorbehalten.

Umschlaggestaltung: Sebastian Menschhorn
Typografische Gestaltung, Satz: Lanz, Wien
Lektorat: Jessica Beer
Gesamtherstellung: Finidr, Tschechische Republik

ISBN 978 3 7017 1798 9

Bellt mich nur fort, ihr wachen Hunde,
Lasst mich nicht ruh'n in der Schlummerstunde!
Ich bin zu Ende mit allen Träumen –
Was will ich unter den Schläfern säumen?
    Wilhelm Müller, Winterreise.

My heart is beating in a different way.
Been gone such a long time,
I don't feel the same.
    The xx, Coexist.

I.
Aufbruch

1.

Wald. Wiese. Berg. Das könnte überall sein, dachte er im Traum. In Wanderschuhen stand er da und schaute ins Idyll, irgendwoher pfiff ein Spatz, von anderswo wehte lau der Wind. Kühe grasten. Noch nie mochte er Kühe, zu groß fand er sie, unbeholfen. Was, wenn die einfach umfallen? Er traute sich kaum, den Fuß in die Morgentaulandschaft zu setzen, eines der Tiere glotzte herüber, kaute am Löwenzahn, oder woran auch immer Kühe Glückseligkeit fanden, *Seligkeit*, sprach er vor sich hin, sein Traum nervte ihn, er hoffte bald zu erwachen, da erst entdeckte er den Toten. Es lag ein unberührt schöner Leichnam in der Wiese, golden funkelnd, er kniff die Augen zusammen, hörte ein Pochen, neugierig lief er nun voran, nasses Gras unter ihm, er hatte Mühe, nicht auszurutschen, wer war das? Anstatt Trauer oder Angst verspürte er große Lust, die Leiche zu berühren, das abgewendete Gesicht, zu sich herzudrehen, *ich kenn dich doch*, das Pochen lauter, aufdringlicher, *natürlich bist du das*, er reckte den Arm nach vorn, die Kuhherde trat, als wär's ein Ritual der Andacht, mit gebeugten Schädeln in einen Halbkreis, roch am verstorbenen Körper, *sunshine, sunshine reggae*, sang eine penetrant gutgelaunte Stimme, *auseinander*, fluchte er, die dicken Viecher mühsam forthievend, doch die Kuhhintern versperrten den Blick auf den Leichnam, *don't worry, don't hurry*, schwer drückte sich was gegen seine Wangen, seinen Mund, *take it easy* … Endlich kam er zu sich, keuchend, unter dem Polster, er haute, Hitze bereits im Raum, benommen mit der Faust auf den Radiowecker. Draußen dröhnte die Stadt.

2.

Erste Stunde, supplieren für Kollegin Franz, Trauerfall in der Familie, er ließ die Klasse Schilder basteln für den nahenden Aktionstag. Zweite Stunde, schlechter Kaffee und müßiger Smalltalk, Direktorin Freudmann kotzte sich über die Bildungsdirektion aus, es bleibe freilich *unter uns,* ihr Stimmvolumen schepperte raus in den Eingangsbereich der Schule. Dritte Stunde, Briefromane *am Beispiel von Goethes Werther und Bauers Fieberkopf,* ursprünglich geplant unter freiem Himmel, doch der Regen überraschte sie, die sechste Klasse stand triefend im Nass, sie entschieden, ins Café gegenüber zu gehen, dort verebbte der Unterricht und es wurde Eis gegessen. Vierte Stunde, Erster Weltkrieg. Fünfte Stunde, die noch ausständigen Referate im Vertiefungsgegenstand *Literatur der Gegenwart,* und damit begann das Unheil.

Eigentlich begann es mit Flora. Sie war, wie gewohnt, souverän. Sie referierte über einen ihm unbekannten Roman, einen beinahe aktionistischen Bericht über Klassenkampf und Ausbeutung des Planeten. Er beneidete seine Schülerin um ihre Selbstsicherheit, sie war belesen und interessiert an allem, was auf sie im täglichen Informationsstrom einprasselte, *überhaupt beachtlich,* stellte er fest, die Blicke der gesamten Gruppe auf ihn gerichtet, *allein bei dem Tempo der Nachrichten, dass ihr da nicht durchdreht …* Er selbst fühlte sich zunehmend überfordert, oder anders: Er misstraute der Überzeugung, noch etwas Sicheres über das Hier und Jetzt aussagen zu können. Die Eindeutigkeit, mit der im vergangenen Schuljahr Positionen eingenommen werden sollten (Weltkonflikte, ausgetragen in überfüllten Klassenräumen), ängstigte ihn. Demgegenüber liebte er die vermeintlich *ungebrochene Euphorie und Entschlossenheit* seiner Schülerinnen und Schüler. Er wollte für einen Moment mithalten, *mit die-*

ser so schillernden Jugend (er war in einem Stadium seines allzu durchschnittlichen Lebens angekommen, in dem er vermehrt derartige Wörter in den Mund nahm: das Alter, das Sterben ...), und er brach an dem Tag von Floras Referat eine Diskussion vom Zaun, darüber nämlich, was *Bücher imstande* wären zu leisten, was *Literatur an sich für Möglichkeiten in den Raum* stelle, wie sehr *Sprache uns als Waffe für den Kampf gegen die uns umgebenden Umstände* bestärke. So in etwa hatte er es gesagt, im schalen Gefühl, allen etwas vorzubeten. *Doch kann's schlussendlich ja nur darum gehen,* rief er plötzlich hilflos aus, *um die Hoffnung, dass die Zeit, die wir hier alle absitzen, uns beflügelt, aufrichtet. Nicht? Uns wappnet gegen Tristesse und Pessimismus.* So schwülstiges Pathos kannte er nicht an sich. Und dann, wie aus einer Faustfeuerwaffe in sein schlappes Mittvierzigerherz gedonnert: Flora.

Es war erwartbar gewesen. Er hatte sie ja dazu aufgefordert, über das Buch hinauszudenken, an das, *was jenseits des Schulgebäudes ... – Aber Herr Professor,* unterbrach sie, laut und vor der Klasse stehend, *ist doch alles nur Scheiß.* Und eigentlich hätte er gern erwidert, dass er nicht ihr Professor sei (er wollte die Form vergessen, aber die Form war stärker), und Flora trug die Vernichtung vor: *Wir sitzen hier und reden und reden und es ist trotzdem Scheiß.* Kein Geheule folgte, sondern eine klare Schlussfolgerung.

Wenn ein Buch, sagen wir, eine Gruppe Menschen, wie wir sie jetzt sind, begeistern würde, also voll und so! Und sagen wir, es wird über das Buch hinaus was ausgelöst. Wir alle wissen, wie wenig wir am Ende auf der letzten Seite sagen: Yeah, wow, echt, hey! Wir müssen das jetzt anpacken, ja, los, und alle zusammen oder so. Wir wissen, dass das nur drei machen, oder zwei, vielleicht, und wenn überhaupt, dann können wir die ... die eigenen Eltern dafür gewinnen. Die eigene Hood. Aber wie oft ist durch ein Buch jetzt ein Gesetz oder so, Sie wissen, was ich meine, aber ... Sagen wir mal, es ist utopisch, toll, wir alle lesen das Buch und sagen dann, jetzt aber! Und wir tun was. Wir. Hier. Jetzt ... Wie viele Bücher müssten dann aber gelesen werden und wie verdammt gut müssten die sein, dass weltweit, wegen Literatur ... Ist doch für den Arsch. Sorry, sie sagte es bewusst provokant, *Herr Professor Urbach, wenn wir die Welt retten wollten, dann säßen wir lang schon nicht mehr hier. Wenn wir es wirklich ernst meinten ...* Sie hielt inne.

Er nutzte den Moment, um sich aufzurichten, von seinem Sessel, da war er gekauert, wie früher bei seinen Uniseminaren, Beine übereinandergeschlagen, Kinn in der Hand abgestützt, den Flaum seines leichten Barts massierend, als würde er angestrengt nachdenken, doch war er unter Strom, nervös, schwankend, ihm fielen Versatzstücke seines *bildungsbürgerlichen Horizonts* ein, er hätte vieles nun zitieren wollen (konnte er Büchner aus dem Stegreif? Es gerieten ihm Titel durcheinander), stattdessen knickte er ein, sah Floras gefasste Miene und sagte schlicht: *Ja eh!*

Der Deutsch- und Geschichtelehrer Lorenz Urbach stammelte ein gut gemeintes, doch desaströses *Ja-eh.*

Flora reagierte angeekelt. *Nix ja eh!,* schrie sie heraus. *Lüge!* Er versuchte zu kontern, wie sehr doch Bücher über bloße Handlungsaufforderungen hinaus die Fähigkeit zu Reflexion, zu Kritik ... *Toll,* tat es Flora ab. *Sollen die Despoten der Welt nun einfach einen guten Roman lesen und that's it? – Nein, natürlich nicht ...* Er hauchte Ratlosigkeit in den Raum. Alle Augen auf ihn gerichtet, es wäre ein guter Moment gewesen, eigentlich sind *das* ja die Momente, die es braucht, *pädagogischer Augenblick!,* dachte er noch, doch schnürte ihm etwas die Luft ab.

Ein Schwenk, fluchtartig, zu einer Floskel, durchschaubar naiv: *Aber wenigstens du. Das ist doch was. Wenn du ... Flora ... diese Gedanken jetzt trägst, nicht? Der Zweifel ist gut. Und den hat doch das Buch hier ausgelöst ... Mach was aus diesem Zweifel ... Und sie zu ihm: Was haben denn Sie getan? Haben all die Dinge, die Sie lesen mussten, über die Sie referiert haben, die Sie hier uns weitergeben wollen, haben die DIESEN PLANETEN BESSER GEMACHT? Oder sagt uns das einfach nur: Lesen ist eh was Feines und da dürfen wir auch mal heulen und uns auskotzen, aber wenn wir den Umschlag zuklappen, ist alles wie davor. Ich find, das wär ehrlicher, wenn wir das sagen würden. Deutsch ist Deutsch und dann ist Pause, dann kommt Mathe und irgendwann läutet die Glocke und ein paar hundert Kilometer entfernt zerbomben die Menschen sich trotzdem weiter, und der Meeresspiegel eh schon wissen ...*

Was haben Sie getan? Seit einem Monat trug er diese Frage bereits mit sich rum. Er schlief mit ihr ein, erwachte, sah verschämt an den Gesichtern vorbei, schlapfte furchtsam durch die Gänge, die gewohnten Wege wirkten auf ihn unerträglich lang, alles starrte auf ihn, die Mahnung groß plakatiert: WAS HABEN SIE GETAN?

Meine Güte, kommentierte Klara, als sie Emmi nach dem Kletterkurs zu ihm brachte, *jetzt lass dich nicht von einer Schülerin so runterziehen. War doch erwartbar. – Ja eh,* gab er ihr Recht. Er hatte noch die verschwitzten Sachen vom langen Schultag an, voller Kaffeeflecken. Fertig sah er aus, dabei wollte er sich bemühen, vor Klara einen *aufgeräumteren Eindruck* zu machen (auch ein Begriff, der ihm zu schaffen machte: *Ordne dich mal neu!*). Sie meinte, das sei doch bloß *Teenie-Protest* einer Sechzehnjährigen im *Weltschmerzfieber* ... Er mochte Klaras Art, die Dinge zu benennen, ihre Präzision, auch Nüchternheit. In ihm waren Gedankengänge umständlich ineinander verknotet. Er brauchte ewig für die einfachsten Alltagsanweisungen, *bis Nervenimpulse zu einer linguistischen Minimalausdrucksweise, die Zungenmuskulatur endlich in Bewegung ... – Lorenz ... ist ja gut,* fixierte Klara ihn. Sie kannte seinen Hang, sich in Dinge hineinzusteigern, genau deswegen hatten sie sich ja getrennt.

Dann der Abschied, zwischen Tür und Angel. *Meld dich,* und Klara ging.

Hallo Papa. – He, Emmi! Seine Tochter drückte ihm einen eingeübten Kuss auf die Wange, schlurfte mit ihrer Sporttasche an ihm vorüber in die Wohnung, in ihr Zimmer, das er endlich für sie eingerichtet hatte. *Kannst gern alles umstellen, ist nur mal provisorisch, okay? Fühl dich frei,* gab er ihr als Botschaft mit. Aber die Worte vergrößerten sich in seinem vorsommerlichen Müßiggang zu schweren Nominalkonstruktionen, *das Freie, das Gute,* er war gewaltig urlaubsreif.

So stand er also in der letzten Schulwoche am Fenster, blickte durch fliegenverschissenes Glas über die Dächer des verwinkelten Schulgebäudes, die Stadt unter brütender Hitze, ständig fiel die Klimaanlage aus oder sie fehlte komplett, und am Eck des Ganges kauerte (sie hatte ihm gerade noch gefehlt!) Flora. Sie sah ihn (warum musste sie gerade jetzt herschauen?) und winkte. Er winkte zurück (hätte es gern unterlassen). *Na, schon ferienreif? – Ja,* sagte sie und nahm die Kopfhörer aus den Ohren, *und Sie? – Auch. Morgen noch und dann bin ich weg. – Schön für Sie,* lächelte Fora. *Wir haben noch Exkursion. – Ist doch gut,* setzte Lorenz einen Punkt, das Gespräch fluchtartig abwürgend, da meinte sie, *morgen Nachmittag ist Demo,* und hielt ihm einen Stapel Flyer entgegen. *Können Sie die noch austeilen helfen? – Klar. Gern. Wollt da sowieso hin …,* log er seiner Schülerin ins Gesicht.

Er stapfte voran, seine Umhängetasche baumelte schwer unter dem Gewicht des ganzen Zeugs, das sich übers Jahr auf seiner Ablage im Lehrerzimmer angehäuft hatte, die Last zog ihn aus der Bahn und er krachte versehentlich in den Kollegen Strenzl. Doch als hätte Lorenz die Kollision nicht bemerkt, stapfte er geistesabwesend weiter, noch damit ringend, was er denn verflucht nochmal getan hätte, bislang, in seinem lächerlichen Dasein. *He,* rief aus weiter Ferne die Kollegenstimme, *Urbach …,* als würde es durch Gänge hallen, er blickte verwirrt hoch. *Eine Entschuldigung?* Strenzl stand erbost. Sein Rucksack, zuvor noch lässig über die Schulter geworfen, war beim Zusammenprall auf den Boden geknallt. *Das war ein Côte du Rhône ...* Tatsächlich quoll eine rötliche Flüssigkeit über die blassen Fliesen, ihm entgegen. *Geh, scheiß, echt,* fluchte Strenzl. Lorenz sah reaktionslos zu, wie der Wein seine Lederschuhe tränkte.

3.

Du hast ein Mückenproblem, rief Emmi aus dem Wohnzimmer. *Ich weiß,* gab er zurück, *nimm das Sprühdings. – Das Sprühdings? – Das neben der Wurmbox.*

Hektisch eilte er aus der Küche und stürzte sich ins Mückengefecht. Aus der Kompostkiste mit den Regenwürmern, die er sich angeschafft hatte, um sein Dasein *etwas nachhaltiger* zu gestalten, kam der Feind. Die Würmer zersetzten im Normalfall den Kompost in ihrer Holzbox geruchsfrei und gut abgedichtet, wie der Hersteller behauptete, die Box auf Rollen sei außerdem als Wohnzimmerhocker verwendbar, *die Gäste werden nicht merken, dass es unter ihnen kreucht und fleucht!* Doch waren nun die Obstmücken aktiv geworden, hatten genistet (weiß der Teufel, welchen Eingang sie in die Kompostkiste gefunden hatten!) und täglich schlüpften neue Viecher, noch unfähig zu fliegen, aber sie krabbelten entlang der Rillen, der Böden, der Wände und vor allem am Fenster hinauf, es wuselte schlimm, und Lorenz sah sich gezwungen, mit Chemie vorzugehen. Er sprühte wild gegen Fensterscheibe und Wandverputz, hinterließ matschige schwarze Spuren beim Zerquetschen der lästigen Tiere, *ich krieg das hin!* Emmi sah ihm erst belustigt, dann schockiert zu. Schließlich half sie ihrem Vater bei dem unerträglichen Massaker, gemeinsam töteten sie alles Ungeziefer.

Und morgen? – Morgen geht das wieder von vorne los. – Du musst die Kiste weggeben, Papa. – Die Würmer machen die beste Blumenerde. – Schön. Aber wenn du dir die Wohnung damit versaust?

Später stocherte Emmi im Geschnetzelten. Vater und Tochter bei Tisch. Eigentlich versuche sie ja *drauf zu verzichten. Aufs Fleisch. – Sorry,* sagte er, er hätte nachfragen sollen. *Schon okay.*

Es veränderte sich viel. Er war froh, wie verständnisvoll sie mit ihm umging, seine *Kleine*, die ihn bald an Größe überragte, an Gelassenheit sowieso, manchmal hatte er Angst, dass es nichts mehr gäbe, wofür sie ihn bräuchte, nutzlos saß er neben ihr in der Straßenbahn, ging durch den Park, früher stapfte sie an seiner Hand, hockte auf seinem Schoß.

Morgen ist Demo … Hab überlegt, ob ich da hingeh. – Mhm. – Vielleicht willst ja mit, ich mein, für die Sache. – Oder die Familie, sagte sie. *– Nein, das meinte ich nicht, ich hab nur … War ewig nicht mehr auf einer Demo, aber ich will da auch nicht peinlich … – Klingt gut. Ich frag Mama.* Schweigen. Das Surren des Geschirrspülers. Das Schaben der Gabel am Teller. Einfall von Licht, durch Jalousien. Ihr sanftes Gesicht. Die Furchen an seiner Stirn. Eine Fruchtfliege im Augenwinkel. *Denkst du, ich tu zu wenig? – Wie meinst du das? – So allgemein. – Du meinst sportlich? Also, dein Bauch war schon mal straffer, ja. – Nein. Beruf, Leben. – Ich find's gut, dass du nicht bis zum Umfallen arbeitest. Das machen zu viele.*

Sie hatte Klaras Blick. Das Gegenüber rasch erfassend, vorgeblich wohlwollend, aber diese Augen ließen kaum Widerspruch zu. Es kam ihm vor, als säße er wie früher, als Klara und er in der WG gemeinsam gelernt hatten und sie ihn ansah, ihn hinwies auf seine Fahrigkeit, ihn beruhigte, seine Hand ergriff, bis irgendwann die Lernunterlagen am Boden lagen, samt den Kleidern, es war eine Ewigkeit her.

Nein, murmelte er, Balsamicoessig vom Kinn wischend, *ich red vom Engagement. Politisch und so. – Du gehst ja auf die Demo. – Aber ist das nicht zu wenig? – Ist das noch immer wegen dieser Sache in deinem Unterricht?* Natürlich war Emmi von Klara informiert worden, es gab kaum Geheimnisse, die Mutter und Tochter nicht teilten. *Ich finde, das muss man trennen,* fuhr sie fort. *Das ist Unterricht. Du hast eine etwas zu große Frage für etwas zu überforderte Jugendliche gestellt.*

Ich mein. Literatur und Klima. Das ist top, echt, aber. Verantwortung, Aktivismus, Politik, ist das nicht alles too much?

Nein, wollte er kontern, wie kleinkariert seine Tochter dachte, und wie wenig sie einer Unterrichtsstunde zutraute, dann aber sah er sie an, sie schnitt sich noch Gurke in ihren Salat, die Haare hochgebunden, im Nacken war sie tätowiert, sie hatte wirklich sehr viel von Klara und freilich hatte sie recht. *Du machst dich kaputt, wenn du die Arbeit so mit nach Hause nimmst.* Das klang grundvernünftig. Zu vernünftig für vierzehn. *Und nein, Papa, du engagierst dich nicht zu wenig. Du bist toll.* Jetzt predigte sie Sätze, die eine Tochter sagen sollte, wenn man ihr sagt, du, der Papa hat grad eine schwere Phase. Sei lieb zu ihm. Aber wo bist du, Kind? Rebellier doch! *Echt, Papa, das finden übrigens auch die anderen in meiner Klasse. Entspann mal,* stellte sie nun die schmutzigen Teller in die Spüle, woher diese Bravheit?

4.

Nachts lag er wach, die Stadt kühlte nicht ab. Er überflog Nachrichten am Bildschirm, las von einem eifersüchtigen Ehemann, der seine Frau mit einer Axt erschlagen hatte, einem erschöpften Vater, der vor Gericht stand (er soll sein eigenes Baby im Bach ertränkt haben), von Politikern, die logen und damit davonkamen, Großinvestoren, die betrogen und bankrottgingen, von zu teurem Brot und zu billigen Kreuzfahrten, Sommertheatern, die nicht lustig waren, Theatertragödien, die langweilten, toten Promis mit Staatsbegräbnis und toten Schafen auf einer Alm (ein Wolf schien umzugehen). Dann der abermalige Gang auf die Toilette.

Während des Urinierens schweifte sein Blick über das Fotochaos, das die Wand überzog, ein Durcheinander an Familienerinnerungen, provisorisch mit Tixo nach seinem Einzug hier angeklebt. Das Provisorische war geblieben. Er verlor sich in der Rekonstruktion der einzelnen Augenblicke: Ausflug mit Emmi am Riesenrad, Ausflug zu dritt im Zelt, Tochter und Vater mit herausgestreckten Zungen, kostümiert und verwackelt festgehalten, auf Polaroid, Klara im Abendkleid (irgendein Dinner von der Kanzlei), Klara in der Wanne, nur mit Schaum bedeckt (*Gib das Foto da weg, echt, Lorenz, das tut uns allen nicht gut. – Ich brauch das noch …*). Es musste eine halbe Stunde vergangen sein, noch immer saß er auf der Klobrille. Und plötzlich die fast panische Entscheidung, auf der Stelle in den Keller zu gehen, um die Box mit den alten Fotoalben und den Sachen aus der Schulzeit auszugraben. Er bildete sich ein, dass sein quälender Selbstzweifel auf irgendeine Weise in Produktivität umschlagen müsse. Abrupt verließ er die Wohnung.

Sie war ja tatsächlich lächerlich, seine Unruhe. Warum jetzt? Eigentlich hätte er bereits zum Vierziger die Krise erwartet, als er hektisch eine innere To-do-Liste abarbeiten wollte, voller Vorhaben, die nicht verwirklicht waren, etwa der Marathonlauf oder die Reise an den Gardasee in einem roten Alfa Romeo Cabriolet mit Klara an seiner Seite, sowie sein Vorsatz, endlich eine Darmspiegelung zu machen. Der Vierziger kam und kaum etwas von der Liste war abgearbeitet, allein die Gesundheitsvorsorge hatte er sich wirklich zu Herzen genommen. Er war noch am Leben, der Krebs, den er in hypochondrischen Nächten in sich wachsen spürte, war nicht vorhanden, er war fit, ein Marathon würde es nicht werden, aber er spielte mit dem Gedanken, sich einer *Pädagogischen Staffel* anzuschließen. Er fand den Begriff fragwürdig, musste aber laut auflachen, als die Kolleginnen Hummer, Franz und Teinschleif ihn darauf ansprachen. Es wäre ein *schöner Lauf um den Wolfgangsee*, man könnte *ein Wochenende* dranhängen et cetera. Er sah es als sportlichen Arschtritt, *ja, warum nicht?* Erst als er zugesagt hatte, kam ihm der Verdacht, die Einladung der drei alleinstehenden Kolleginnen könne ein frivoler Versuch sein, noch *etwas anderes* anzubahnen, sie alle wussten ja von seiner Trennung, was ihm schmeichelte, ihn aber mehr noch verunsicherte. So begann das vierte Jahrzehnt seines Lebens und nichts deutete auf den Ausbruch einer Krise hin, auch die Situation mit Klara spielte sich *gut ein,* wie alle fanden, auch Emmi, die sich schnell damit arrangierte, mal da und mal dort zu nächtigen. Der Einundvierziger verging, auch der Prostataschall und die Hodenuntersuchung brachten kein Anzeichen von schlimmer Erkrankung zum Vorschein, und am Wolfgangsee kam es mit den drei schrulligen Kolleginnen zu nichts weiter als zu weinseligen Stunden und zum Ausplaudern diverser Geheimnisse der nicht anwesenden Lehrerschaft sowie zu einem Sprung in den See um Mitternacht, *geh, Herr Kollege, springen S' rein, Augen zu und durch!* Er sank wohlig ab, in Finsternis und gut umarmt von der Einsamkeit unter Wasser, und doch. Abrupt, der zweiundvierzigste Geburtstag nahte, tat sich eine Ohnmacht auf.

Er quälte sich, gab der Umwelt die Schuld, den Umständen, den Nachrichten von *wiederkehrenden Kriegstrommeln*, wer sollte hier bitte bei guter Laune bleiben? Immer öfter dachte er auch an früher, *vielleicht muss das so sein, wenn die eigenen Eltern ergrauen und gebrechlich werden.* Zu Ostern war er seinem Vater gegenübergesessen und hatte gemeint, dem Tod ins Auge zu blicken. Der Vater erzählte, er hätte sich Holz besorgt, gleich für alle kommenden Winter, man wisse ja nie, es wäre *ein Angebot* gewesen. Seither war die Wiese vorm Haus verschwunden und die Scheiter türmten sich da, als hätte der Vater ein Forstunternehmen eröffnet. *Ja, Papa, aber so viel musst ja gar nicht heizen. – Das weißt nie, Lenzi. Was kommt. Aber Holz,* der traurig gealterte Mann sah aus dem Fenster übers Dorf, wo Lorenz aufgewachsen war, *das Holz hat Bestand.* Lorenz war so schockiert vom Anblick seines Vaters, aus dem schlagartig jegliche Agilität gewichen schien, über Nacht, oder jedenfalls *seit der Trennung von Mama*, dass er sich ein altes Foto ins Gedächtnis rief. Er hatte es auf einer gemeinsamen Reise nach Thessaloniki gemacht, wie lange war das her? Der Vater war damals auf einem Aussichtsturm gestanden, Wind, weiter Blick übers Meer im Winter, so ganz anders als jetzt. Schön. In sich ruhend. *Papa, wo ist deine Ruhe?* Dieses Bild, ein Gegenbild zum aktuellen väterlichen Zerfall, wollte Lorenz nun dringend wiederfinden und er ließ den sinnierenden Alten am Sofa zurück, stieg die Treppen ins obere Stockwerk des mittlerweile nur mehr vom Vater bewohnten Familienhauses hinauf, in sein früheres Zimmer, wo sich über die Jahre ein Lager für eh alles gebildet hatte.

Anstatt der gesuchten Fotografie, die er dem Vater schenken wollte, um ihm eine Freude zu machen, oder eigentlich, um ihm einen Spiegel vorzuhalten, *schau, so warst du, jetzt lass dich nicht hängen,* damit der Vater endlich auch wieder vor die Tür ginge und nicht *ewig im alten Familienhaus ein*

Gefangener seiner selbst bliebe, statt also den Vater aufzufordern, die Vergangenheit loszulassen, stolperte Lorenz über seine eigenen alten Erinnerungen. *Seine* Kiste, in der er alles penibel gesammelt hatte, achtlos mittlerweile ins Eck unter die Dachschräge des Mansardenzimmers geschoben. Aber noch da! Von Staub behütet. Etwas zog ihn hin, zu der Schachtel, er packte sie in rührseliger Erwartung, trug sie an diesem Ostersonntag abends zur Bahnhaltestelle des kleinen Ortes, darauf bedacht, die *Reliquien seiner Jugend* nicht zu beschädigen, und fuhr zurück in die Stadt. Da stand die Kiste erst nur herum, er fiel mehrmals darüber, schob sie an die Wand, schaute nur einmal kurz hinein, beinahe ehrfürchtig und in Sorge, der ganzen Sache zu große Bedeutung beizumessen, danach war er schlicht zu überarbeitet, um sich ernsthaft mit dem alten Zeug zu beschäftigen, den Briefen, Postkarten, Schulheften (meine Güte, er wusste gar nicht mehr, was da alles lagerte!), bis er den Karton wegen der Neugestaltung von Emmis Zimmer letztlich in den Keller verbannt hatte.

In der Nacht nun, als er rastlos im Kreis ging, trieb ihn eine Art Panik an. Er lief barfuß das Treppenhaus des Altbaus hinab, bis in die modrigen Kellergänge, stieg über Erdklumpen und Schotter, und betrat endlich den kleinen Schlurf, sein dunkles, feuchtes Kellerabteil, in dem tote Spinnen bereits von Schimmel überzogen waren, mumifiziert hingen sie von der Decke. Er tappte mit dem Licht seines Mobiltelefons voran zu der großen, wasserdichten Alu-Box, die seine Ordner und Buchhaltungsunterlagen vor Fäulnis bewahrte, und auch seine Erinnerungskiste ruhte da wie in einem Sarkophag. Er zog sie heraus, hastig, zerrte sie ins Licht des erdigen Kellerganges und tauchte ein in lang vergessene biografische Details, womöglich irrelevant für den, der er dachte, heute zu sein, aber, wer weiß, wer war man schon?

Er suchte manisch. Wut stieg auf beim Anblick der Fotos von Menschen, die irgendwann mal in seinem *engsten Kreis* gewesen waren, denen er (*hell strahlte Zukunft als eine Versprechung*) Intimstes anvertraut hatte, nun waren sie verstreut, einstige Bindungen waren lose geworden, zerrissen, keiner wusste mehr vom anderen. Schule. Eine seltsame Gemeinschaft. Verschworen für wenige Jahre, von denen alle dachten, sie würden *die Welt* bedeuten! Auch *er* war diesem Glauben aufgesessen. In Briefen fand er verflossene Lieben wieder, in Tagebüchern, schwer lesbar, seine Gemütszustände … Es war in Summe doch infantil, was er vorfand, *dumm,* kommentierte er sich von außen. Sein Blick schweifte die löchrigen Stellen im feuchten Mauerwerk entlang, mit dem Finger grub er in den mürben Ziegelstein des Altbaukellers, bis er zusammensank, unterkühlt, da er zu wenig anhatte. Wie ein Embryo kauerte er.

So fand ihn endlich Emmi.

Papa? Was machst du da? Es ist drei Uhr früh. Bin das ganze Haus abgegangen. Warst plötzlich weg.

5.

Zum letzten Unterrichtstag schleppte er sich, die Beine wie in Beton gegossen, als melde der Körper knapp vor der *Zielgeraden* den Totalausfall, Lorenz brauchte dringend Erholung. Er hatte für die Ferien nichts Genaues geplant, in Gesprächen wich er aus, log, er hätte wohl vor, *in die Natur* zu kommen, *spontan, irgendwo abseits, vielleicht wandern*, das klang plausibel. Es schwärmte Kollegin Franz von Sardinien, das klang erneut nach Einladung, sie war ebenfalls frisch getrennt, nur war Lorenz nicht nach Flirt zumute. Er stellte sich kurz eine Nachtzugreise nach Livorno vor, im Abteil mit Anastasia Franz, Englisch und Französisch, mit Neigung für Weißwein aus biodynamischem Anbau, knappe Häkelkleider und überfüllte PowerPoint-Folien, es hatte was Reizvolles, doch fürchtete er die Langeweile spätestens jenseits der Alpenkette, die Themen würden sich mühsam im Kreise drehen und er würde ins Misanthropische verfallen, sie wiederum hätte wenig Talent für Stille, es käme zum Eklat und er sähe sich veranlasst, anstatt aufs Schiff nach Olbia zu steigen, abzutauchen, entlang der Cinque Terre, dort sich fröhlich zu versaufen und auf Italienisch, das er nicht gut konnte, ein Versepos zu verfassen. Er schlug sich die Idee aus dem Kopf, log weiter, *du, danke, Sardinien, spannend, echt,* aber er müsse wohl auch Zeit mit den Eltern verbringen, die bräuchten, seit sie getrennt lebten, ihre *Streicheleinheiten. – Wie aufmerksam,* lobte Direktorin Freudmann, ihre Mutter jammere ebenfalls, *das Alter ist ein Hund,* besonders wenn die *Pflegebedürftigkeit,* sie könne nur betonen, *was ein Raum voller Schläuche für eine Tristesse …,* und selbst würde sie, sobald die Verpflichtungen es zuließen, in die Ardennen brausen, *ein heiliger Ort.* Alle schienen ambitioniert zu wissen, wohin mit *der guten Zeit,* Lorenz verschlug es die Stimme. Blick auf die Uhr, schlimmer

Husten, dann krallte er sich seine Tasche und fürchtete sich vor der letzten Schulstunde mit der wissbegierigen Flora in der ersten Reihe. Zum Glück fehlte sie. Er hasste sich für den Gedanken, aber etwas begann in ihm zu verkrusten, als spüre er eine ungewohnte Animosität. Fast zornig blickte er nun auf die Gesichter im Klassenzimmer, *diese Jugend,* die ihm vorwarf, so unterstellte er ihnen allen plötzlich, nichts getan zu haben. *Letzte Chance,* skandierten einige Kids im Hof unter Transparenten.

Vor dem Heimweg kramte er nach einer Kopfwehtablette, es dröhnte arg, *sicher der Stirnlappen!,* murrte er in physiologischer Unwissenheit (was wusste er schon vom Körper?), er öffnete die obersten Hemdknöpfe, unerträglich, die Hitze. *Flucht!,* schoss es durch sein Hirn, ins Freibad (zu voll!), an die Donau (zu warm!), dann doch, so weit war's gekommen, *Urlaub im Waldviertel,* es hieß, der Kamp sei eine gute Alternative, Naturjuwel. Vor allem kalt! Oder der nächste Gebirgssee? Er überlegte, heute noch die Sachen zu packen, was sollte ihn halten, außer seine Betonbeine, da lief ihm wieder (als wär's eine miese Dramaturgie) Flora über den Weg.

Hallo. – Hallo. – Hatt' dich schon vermisst, im Unterricht … – Aktionstag, Herr Professor, der steht über den Vorschriften, Sie kommen doch auch?

Es köchelte in ihm, was hatte er diesem klugen Mädchen getan, warum er? Es liefen doch Dutzende im Kollegium dieses überkommen biederen Gymnasiums rum, die rein gar nichts von dem, was sie erhobener Nase als moralische Botschaft vor sich hertrugen, wirklich taten, er wollte laut werden, ihr aufzählen, wo er sich überall engagierte, wie hoch seine Spendenausgaben wären, ja okay, meist spendete er kurz vor Jahreswechsel, auf Hinweis von Klaras Steuerberaterin, in deren Mailverteiler er geraten war, sie schickte *To-dos für den klugen Finanzausgleich,* aber immerhin! Er war nicht knausrig, insbesondere angesichts des *Mehraufwands,* seit er durch den Bruch mit Klara nun die eigene Wohnung, die Zahlungen für Emmi … So viel zu den *guten Zeiten,* für ihn würde es ein Sommer ohne Wellnessoase sein, er wurde hitzig, Flora lachte frech, was wusste diese Generation von ihm?

Doch er stotterte nur, *ja, klar, bin dabei,* und dumm hob er die Faust.

Klara hätte ihn ausgelacht (noch nie war er für Straßenkampf bekannt gewesen!), doch plötzlich tat sich ein Riss im Asphalt auf, wuchs in seiner Vorstellung zu einem Schlund: Arme Versinkender reckten sich ihm entgegen, wie viele hatte es da hineingezogen? Ein Kinderchor sang, schwarz gekleidet, ein Begräbnislied, er kannte es von früher, Fronleichnam im Dorf, die Arme mehrten sich, eine ganze verschluckte Menschenmenge, *wir sind nur Gast auf Erden und wandern ohne Ruh,* er schrie etwas von *postmigrantischer Verwerfung.* In seiner Verwirrung dachte er nun, all diese Versinkenden wären aus Äthiopien oder Eritrea, er wollte sie fragen, den Kopf über den Asphaltschlund reckend, woher sie denn genau kämen, er vermeide jedes *Pauschalurteil (wie sehr Sprache doch verletzte),* da hupte was, er reagierte nicht, gefangen in seiner Fantasie, gellende Schreie und das Schulgebäude bald in Flammen.

Ich sag's nur einmal, aus dem Weg, Kollege! Endlich erkannte er verschwommen Sport-, Physik- und Chemielehrer Strenzl, wutentbrannt, da Lorenz am schuleigenen Parkplatz wie angewurzelt mit seinem Fahrrad die Ausfahrt blockierte, der überdimensionierte SUV des Kollegen war nah an ihn herangerollt. *Sind Sie taub? Was ist mit Ihnen?* Und die Tür knallte, Strenzl knapp vor ihm, schnaubend. *Und was ist eigentlich mit meinem Geld? – Geld? – Na, die Flasche Wein, die Sie ruiniert haben. Die war ein Präsent. – Das tut mir leid. – Für Kollegin Franz.* Lorenz sah immer noch unscharf, die Stimme des Wütenden prallte ab, als stünde Lorenz hinter Glas. *Ah,* meinte er nur dumpf. *Ah,* rotzte Strenzl zurück, *das ist alles?* Strenzl kam in Fahrt. *Gut. Dann machen wir's einfach so. Ich schick eine Rechnung, okay? – Ich bin ja schon weg,* tropfte es zäh aus Lorenz, *war in Gedanken.* Strenzl fuhr ab. *Stecken Sie sich Ihr Denken in den Arsch. Meine Güte,* schüttelte er den Kopf. *Sie sind ein Spinner,* rief Strenzl ihm noch nach, bereits zurück im Wagen, die Scheibe runtergelassen. Und: *Ach, Ihre neue Adresse, Kollege. Wegen der Rechnung. Sie sind ja jetzt umgezogen. Nicht?* Und etwas durchfuhr Lorenz, stach mitten ins Herz, es klirrten imaginäre Glaswände, zerfielen in Splitter, und er spuckte, es tat ihm gut, auf den SUV. *He,* brüllte Strenzl, *geht's noch?* Er sprang abermals aus dem Auto und drängte mit wuchtigem Körper Lorenz zur Seite, der warf sich, aus einem ungeahnten Impuls, dagegen, auf Strenzl zu, es schepperte das Gestell seines alten Rennrads, Lorenz holte aus, *so wird er noch nie gesehen worden sein,* schoss es ihm durch den Kopf, und Blut im Kollegenauge triefte.

6.

Mit bandagiertem Arm und geschwollenem Auge bahnte sich Lorenz am Nachmittag den Weg durch die skandierende Menge, gegen den Strom, da er den Treffpunkt mit Emmi anpeilte, das Geländer vor der Universität, *unser Geländer*, wie er manchmal noch zu Klara sagte, denn an dieser Stelle hatten sie früher oft aufeinander gewartet, *verflogene Studentenzeit*.

Er drängte sich durch die Reihen, die auf ihn zugingen, wollte auf den Gehsteig ausweichen, doch auch dort war alles voll. Schilder wurden hochgehalten, Fahnen wehten, Sprechchöre, mal mehr, mal weniger einhellig oder überzeugt vorgetragen, ein großes Transparent, haarscharf über seinem Kopf, NIE WIEDER IST JETZT! Er wich im letzten Moment noch aus. *Kein Pakt mit Naziärschen,* tönte es von woandersher, *illegal* sei *kein Mensch* und *den Anfängen* wäre zu *wehren*, wie oft waren diese Sätze bereits auf diesen Straßen und Plätzen gefallen, wieso wurde er traurig statt kämpferisch, er reckte den Kopf, war sie bereits da? Außer Atem erreichte er das Unigebäude, sprintete im Zickzack, umgeben von dogmatisch antifaschistischen Parolen, die steinernen Stufen hoch zum Haupteingang. Gedränge am Geländer.

Was ist mit dir passiert?, hörte er Klara hinter sich, halb höhnisch, halb besorgt. Er wich der Frage rasch aus. *Wo ist Emmi? – Mit ihrer Runde schon vor. – Sorry, wurde aufgehalten,* seufzte er knapp. Schaute ins Gewusel, hunderte Menschen, die meisten jung, viele fast noch Kinder, sie brüllten Forderungen, sangen, die Stirn bemalt, die Wangen, die Shirts. *Dann also wir zwei?,* lächelte seine Exfrau, von der er noch gar nicht wirklich geschieden war. Seit drei Jahren lebten sie nun getrennt, alles verlief *überraschend erwachsen*, wie sie es ihm irgendwann mal hoch anrechnete, auch wenn beide wussten, *unterhalb der dicken Haut*, die sich beide zugelegt hatten, lagen verleugnete Verwundungen. *Dann also wir zwei,* gab er beinahe im Echo zurück, *wennst mich aushältst? – Komm her, du Lamentierer.* Sie trat an ihn ran, beäugte seine verbundene Speiche und den bläulichen Wulst um sein linkes Auge, *bist du gestürzt? Oder hast dich geprügelt?*

Ihr Lachen war immer noch so unwiderstehlich, die Augen strahlend, die Hände warm, er mochte sie immer, und gehasst hatten sie sich nie, aber das Zusammenleben, das Kind, der Alltag, das Abflauen von Leidenschaft … Was ihnen widerfahren war, war nichts Außergewöhnliches, und doch tat es weh (immer noch), zu akzeptieren, dass auch sie eine gescheiterte Liebe hatten.

Sie zog ihn mit sich, hängte sich bei ihm ein, *geh her da, alter Mann.* Ihn schmerzten die Knochen von der Schlägerei mit Strenzl (Arschloch!), und es war ihm unangenehm, dass Klara ihn erst kürzlich so ungepflegt in einer melancholischen Phase daheim angetroffen hatte, und heute diese peinlich männliche Maskerade, der verwundete Macho, er wusste gar nicht, wie er es erklären sollte, er konnte sich die abrupte Eskalation vor der Schule selbst nicht erklären, das wäre nicht *er* gewesen, hatte er gestammelt, als sie beide, der schlimm malträtierte Strenzl und er, an der Nase blutend, aufgeschürft, im Sekretariat saßen und von dem neuen Bürohelfer notdürftig verarztet wurden. *Sie sollten ins Krankenhaus. – Ah geh,* ätzte Strenzl, *aber dokumentieren Sie das. Dokumentieren Sie!* Lorenz stand wortlos und deplatziert im Raum. *Auseinander mit den beiden,* fauchte die Direktionssekretärin. Dann saßen sie an getrennten Wänden, warteten auf den Einmarsch der Schulleiterin.

Da vorne marschiert Emmi! Klara zeigte einige Meter voran, ihre gemeinsame Tochter mit Fahne und in Regenbogenfarben geschminkt, umringt von Freundinnen und einigen Typen, die er nicht kannte. *Sollten wir stolz sein?* lachte Klara ihn an. *Ja, nicht schlecht gemacht.* Kurz ein Aufblitzen, ein Zuviel an Nähe, dann ließ sie ab von ihm, ging langsamer, Lorenz wurde von der Menge weitergezogen, blickte sich zu ihr um, sie tippte etwas in ihr Telefon, er kannte niemanden, der rascher tippen konnte und dabei so gelassen wirkte wie Klara. *Du, sorry, mir fällt grad ein, ich muss noch in die Kanzlei. – Klar,* gab er zurück. Und *war aber schön.* Aber das war fast zu leise. Sie nickte nur. *Gute Besserung. Und heut Abend bist du nochmals dran mit Emmi, nicht vergessen, wir haben Klausur.* Sie entwischte dem Trubel, sang kurz noch ein Lied mit, eine Hymne für die Rettung des Planeten. Die Melodie versank im Pulk von lauten Menschen, er sah Klara noch tanzen, im Rhythmus der Trommeltruppe, die als letzte um die Ecke bog, die Demo (am Ende doch spärlich besucht, fiel ihm erst jetzt auf, zu spärlich für die Rettung der Welt) zog hinunter an den Kai, und Lorenz sah alt darin aus. Sehr alt.

Später, er fuchtelte Emmi entgegen, stoppte aber sein Winken, um nicht als peinlich zu gelten, eine Nachricht am Telefon. Direktorin Freudmann schrieb, Strenzl fordere *disziplinäre Konsequenzen.* Er hätte Anzeige erstattet. Sie könne da nicht aus.

7.

Abends wusch er sich lange, die Augenschwellung ging zurück, das Lid war nur mehr leicht blutunterlaufen. *Bitte lass es dir anschauen.* Emmi lehnte hinter ihm im Bademantel, eine Perücke am Kopf, er erschrak, blickte auf eine zehn Jahre ältere Person. *Ich komm klar,* sagte er und bereute den Satz sogleich, niemand wusste besser als seine Tochter, wie wenig er gerade klarkam, sie hatte ihn gestern Nacht im Keller minutenlang wortlos umarmt, ihn hernach ins Bett gebracht, ihm eine heiße Wanne verschrieben. *Was prügelst du dich? Voll pubertär, Papa. – Ja. Ist wohl so.* Sie würde sicher bald ein Video posten, *Papa arg in Midlifecrisis, den könnt ihr vergessen,* keine Ahnung. Sie legte mild den Arm um ihn. *Was denkst du?,* fragte sie. *Ich geh heut im Anzug.* Dann zeigte sie ihm Jackett und Hemd. *Hättest du nicht irgendeine Retrokrawatte, sowas, was du früher, in den 80ern oder so? – In den 80ern war ich in der Volksschule.*

Er bandagierte seinen rechten Handknöchel, unterdrückte den Schmerz, traute sich nicht, den Arm zu bewegen, wischte sich daher den Hintern am Klo mit der Linken aus, unbeholfen, es klebte Stuhl an seinem Finger. *Dass einem die Routine wegbricht,* ärgerte er sich, *nur weil was fehlt!* Er hatte sich schon öfter ausgemalt, wie es wäre, zum Beispiel ohne Arme zu leben, oder ohne Augen, schon als Kind fragte er sich, was am schlimmsten wäre, falls ihn, warum auch immer, ein Schicksalsschlag deformieren würde. Er plädierte stark gegen Gehörverlust, das würde ihn mutmaßlich am meisten schmerzen, und zugleich schämte er sich für dieses zynische Gedankenspiel, *sowas denkt man nicht, sowas sagt man nicht, sowas tut man nicht!* Schlagartig sah er die Großeltern vor sich, betend unterm Kruzifix in der Stube, und der Vater, der das alles dumm fand und dennoch seinen eingeschränkten moralischen Kosmos vor sich hertrug, *so war zu leben und nicht anders, denn was denken ansonst die Leut!* Die Mutter versteckte sich ein Leben lang hinter *Vorhängen der Verschlossenheit.* Und er? Jetzt sah er sich im Spiegel. So offen er tat, so konform blieb er zugleich, so wenig an Abweichung ließ er zu, die radikalste seiner Taten war die Trennung von Klara. Und nicht mal das! Unterm Strich war sie es, die *den Stein ins Rollen* gebracht hatte (Kieselsteinchen waren es nicht gewesen, gewaltig bebte noch sein Seelengebäude, mächtige Brocken stürzten). *Sind immer beide schuld, am Ende, hättest lang schon selbst was ändern können, Lorenz. – Ja eh ...*

Essen ist fertig. Emmi hatte Curry gezaubert, ein Wunderwerk des Geschmacks. Allein dafür lohnte es sich, so eine Tochter zu haben, und er schluckte beschämt, schob den überheblichen Gedanken verkrampft zur Seite. Idiot, nicht *verpflegt* wollte er werden, von ihr. Sie sollte Besseres erwarten! Brich mal aus! Tu was Unvernünftiges. Nicht so verdammt erwachsen, Emmi!

Was hast denn im Sommer vor? Transsibirische Eisenbahn?, scherzte er und hoffte, sie bejahte den kühnen Vorschlag. *Ich bin vierzehn, Papa. Außerdem ist Russland ein imperialistischer Arsch,* sagte sie. *Stimmt,* wurde er kleinlaut. *Dann Griechenland? – Ja, Krisenhilfe in Waldbrandgebieten, kann sein.* Er gab es auf. Wollte kurz einen Nordamerikatrip ins Spiel bringen, Eastcoast-Westcoast, nahm aber an, seine Tochter verzichtete derzeit auf Flüge und könnte in ihrem Eifer vorschlagen, ein Floß zu bauen, sie meinte lediglich, *Mama plant irgendwas. Und sonst treff ich mich mit den Mädels, zum Kochen.*

Was für eine traurige Generation! Klara und er waren wenigstens sorglos auf anderen Kontinenten unterwegs gewesen, ja, natürlich hatten sie auch Verarmung und Ausbeutung gesehen, aber aus irgendeinem Grund hatte sie der Welthunger weniger tangiert, waren sie schlechtere Menschen gewesen?

Sie bereisten Rumänien, Bulgarien, wollten nach Ägypten, Israel. Nirgends mehr würde ihre Tochter *einfach so* hinreisen. *Kaputte Welten, Bürde der Nachkommenden, wer haftet für das Versagen?* Er beschloss ein Buch für sie rauszusuchen. Wenigstens das! Sommerlektüre für widerständige Geister.

A wie Arendt. F wie Flaubert. H wie Horváth. Er wühlte nach Passendem an seiner Bücherwand. Emmi spülte Teller und Besteck, per Hand. *Ich hab einen Geschirrspüler,* erinnerte er sie. *Das spart Energie,* erinnerte sie ihn, *mit der richtigen Technik.* Er war sich nicht sicher, ob sie recht hatte. M wie Marx. Meistens hatte sie recht, beschäftigte sich mit Brotbacken und Samenzucht, während er als Teenager alles einfach in die Mikrowelle gesteckt hatte. S wie Scholl. Schwaiger. Streeruwitz. *Vielleicht reißen wir auch einige versiegelte Flächen auf, mal schauen. – Also Urlaub am Supermarktparkplatz,* lachte er, ironisch gemeint, die Ironie missglückte.

Das Achselzucken einer genervten Jugendlichen. *Du steckst echt wo fest, Papa.* Lauter Elektropop über ihr Schweigen. T wie Tabori. Tarkowskij. Thoreau …

Und Mama?, rief er später. Emmi hatte sich ins Badezimmer verzogen, sie war noch verabredet. Er musste sich daran gewöhnen, dass es bei ihr mittlerweile auch mal später wurde, aber irgendwie war er verblüfft, dass sie überhaupt noch heimkam (und dabei stets nüchtern war). Sie trank scheinbar wenig, sie selbst sagte, sie trinke gar nichts, und sie stank auch nicht nach Rauch. *Was ist mit Mama?*, schrie sie durch die Musik zurück. *Steckt die auch wo fest? Ist die auch so … pubertär? – Die ist okay,* erwiderte sie knapp. Dann lange nichts. Die Musik brach ab. Er schielte ums Eck. Emmi stand in einem schwarzen Smoking, umwerfend hübsch, dachte er bei sich, und die Perücke silbrig schillernd. Sie sah sich wortlos im Spiegel an, irgendwas schien auch in ihrem Kopf vorzugehen, was sie verschwieg. Er wünschte abrupt eine Umarmung.

Was wird das für eine Party? – Nur eine gemütliche Runde, lächelte sie nun zurück. Ohne Gram, doch nachdenklich. *Ist was? – Nein. Es ist nur.* Sie zögerte, schwieg, zog einen Lidstrich nach. *Du siehst wunderschön aus. – Lass das, Papa. – Sorry. Bin nur stolz. Also doch nicht harmlos und langweilig, meine Tochter,* seufzte Lorenz erfreut. *Denkst du das über mich?* Sie pikste ihn in den Nacken, er pikste zurück, Neckereien wie früher, dann erwischte sie ihn am ramponierten Arm, er fuhr zurück. *Tut mir leid. – Passt schon.* Und dann sagte sie nur, *sie hat jemanden. Also. – Ja? – Mama. Sie hat da wen kennengelernt. – Ist okay. – Ja? – Klar. Voll okay. Ist doch das Normalste, oder? – Ja. – Ich denke, sie sagt es dir nicht, weil sie denkt, du nimmst es zu schwer. – Ja. – Du nimmst es doch nicht zu schwer?*

Schweigen. Ein Glucksen im Abfluss. Herzpochen. Die Nachbarin übte wieder am Klavier. *Vielleicht hab ich ja auch wen,* lachte er in den Spiegel. Emmi mit dunkel umrandeten Augen, die Pupillen wach, groß, bereit für die Gegenwart. Knallrot der Lippenstift. Sie grinste, küsste ihn auf die Wange. *Gar nicht verwischt,* murmelte er. *Ich bin ja nicht blöd,* sagte sie. *Und nein, du hast keine. Dafür kenn ich dich zu gut.*

Wieder Schweigen. Die Sonate war ambitioniert gestartet, nach den ersten Takten am markanten Übergang ins übliche Schleudern geraten, stürzte schließlich an der erwartbaren Stelle in die Tiefe, brach sich Notenhälse, zerschellte. Bald würde die Nachbarin von vorne beginnen. *Aber du solltest,* setzte seine frühreife Tochter nach. *Schau nach vorn. Lern wen Neuen kennen. Und wühl nicht in den alten Kisten!*

Die Schachtel mit den Jugenderinnerungen stand mittlerweile wieder in der Wohnung, Emmi hatte sie gestern vom Keller hochgetragen, den verstörten Vater im Schlepptau, und alles fein zurücksortiert in den halb zerrissenen Karton, und dabei gemeint, *du weißt schon, dass da eine Kamera drin ist. Also, so ein altes Ding, das keiner mehr hat, das keiner mehr verwendet, für Bänder, die keiner mehr abspielen kann, die nur verstauben. – Ja,* kommentierte er, *weiß ich. Hab früher viel gefilmt. – Wusst ich gar nicht …*

Seither umschlich Emmi unaufhörlich diese *Versatzstücke des unbekannten Lebens* ihres Vaters. Er beobachtete, wie sie sich den ganzen Abend bereits angepirscht hatte. Und als er vorhin auf die Toilette musste, war ihm nicht entgangen, dass sie erneut die Kamera herausholte, vermutlich überlegte sie, wo vorne und hinten sein könnte, dieses analoge Zeugs sagte ihr sicher nichts, und er rief durch die Tür, *sie geht nicht, der Akku ist aus!* Er hatte den Akku daraufhin ins Ladegerät geschoben, war selbst neugierig geworden, ob das Ding noch funktionierte. Einige der alten Mini-DV-Bänder waren ebenfalls in der Kiste, manche beschriftet: *Almsee. Schulfest. Vorspielabend. Stoderer Dolomiten. Film ohne Namen. Aufnahmeprüfung Filmakademie …* Eine Hülle war leer, die dazugehörige Kassette vermutlich noch in der Kamera.

Es läutete an der Tür und überraschend fand er Klara vor, im Stiegenhaus lehnend, Essen vom Würstelstand dabei. *Sorry, stör ich? – Ich dachte, ihr habt Besprechung? – War kürzer. Hast du einen Moment?*

Dann standen sie zu zweit am Balkon, Klara trank Bier aus der Flasche, rauchte, er zog ein paarmal an ihrer Zigarette, *vielleicht sollte ich wieder anfangen. – Ist das Dümmste, wieder anzufangen,* erhob sie den Zeigefinger, *nimm dir kein Beispiel,* und er überlegte, sie darauf anzusprechen, dass er es nun wisse, dass er auch nichts dagegen habe, wenn sie nun einen Neuen hätte, und sie könne ihm sowas ruhig sagen, *so weit wären wir ja schon …,* hörte er sich innerlich ausführen, aber er schwieg und ahnte, dass es Klara um anderes ging, wenn sie so unvermittelt hereinrauschte. *Du brauchst Hilfe,* sagte sie bestimmt, nach dem nächsten Schluck. *Wieso? Wegen dem?* Er zog seinen Arm zurück, der noch immer schmerzte. *Stell dich nicht blöd,* fuhr sie fort, trocken, dezidiert. *Hab gehört, du wirst geklagt.*

Es ärgerte ihn, dass sein Leben ein offenes Buch für sie zu sein schien, in welchen Chat-Gruppen war sie unterwegs? Hatte sie einen direkten Draht zu seiner Direktorin? Er wandte sich ab, drängte nun durch die schmale Tür ins Wohnzimmer, sie zog ihn zurück. Sowas bleibe heutzutage leider nicht lang geheim, *du alter weißer Mann!* Sie hielt ihm ihr Handy hin, darauf, schlimm verwackelt, ein Video, mit Gekicher und Gekrächze im Hintergrund (wer auch immer gefilmt hatte, hielt sich mit Kommentaren nicht zurück: *Oida, scheiß, Lehrerschlacht!*), und er sah sich selbst, von außen, er hatte die Situation völlig anders in Erinnerung, er wirkte auf diesen Aufnahmen wie ein läppisch aufgepudelter Mann, Hemd in Übergröße und zu bunte Shorts, auf den abgelatschten Schuhen den Dreck eines gesamten Schuljahres, und die Stimme piepsig, sein Blick fremd. So war er doch nicht! Er schlug zu, einmal, zweimal, da lag Kollege Strenzl bereits am Boden (*Der gibt es ihm,* jubelte irgendwer im Hintergrund des Videos. *Hört auf!,* mahnte ein anderer), aber er, Lorenz Urbach, schlug wildgeworden auf den wehrlos Liegenden ... *Tu das weg. – Was war das?,* fragte Klara mit größtmöglicher Ruhe, er wusste, sie hätte losfluchen können, aber vielleicht war es ihr bereits gleichgültig, was er trieb. *Der ist ein Arsch. Der Strenzl. – Kann sein.*

Schweigen.

Wir werden dich vertreten. Er schüttelte den Kopf. *Ich schick einen Kollegen,* fuhr sie fort. *Selbst kann ich das nicht machen. Aber wir müssen wissen, was da los war! Sonst hast du den Arsch offen.*

Schweigen.

Sag meinetwegen, es sind Medikamente, raunte er beschämt. *Macht die Sache nicht unbedingt besser. Für die Disziplinarklage. – Lebenskrise?,* bohrte er trotzig weiter. *Die*

haben viele. Die dreschen deswegen nicht alle wie irre auf die Mitmenschen ein. Jetzt wurde sie hart. *Trauerfall?* Klara dachte nach. *Vielleicht Beleidigung, unangemessene. Hat er dir gedroht?*
Schweigen.
Was hat er denn gesagt zu dir? Ich mein, ihr werdet doch nicht einfach so. – Er meinte, ich soll mir mein Denken in den Arsch. – Ah. Okay. Und das hat dich so sehr? Ich mein. Hallo? Lorenz! Sie hatte den Namen lange nicht mehr so aufgewühlt gesagt. Er war ihr also doch nicht egal geworden, fast durchfloss ihn Erleichterung. *Emotionale Bindung, bis dass der Tod …* Zugleich sah er ihren wohlbekannten, aufkeimenden Zorn, das Unverständnis, diesen Frust, vor einem Individuum zu stehen, das, seit sie sich kennengelernt hatten, unfähig war, konstruktiv einen Konflikt zu schlichten. Genau diese Gespräche hatten in ihrer alten Routine zu weiteren, erst recht unauflösbaren Konflikten geführt. Sie waren sich, wenn er es Revue passieren ließ, wegen Banalitäten in die Haare geraten, zerstörten ihre Beziehung schlussendlich durch Schweigen.
Schweigen.
Er saß wie ein Kind. Trat verlegen von Bein zu Bein. Hob endlich an, Ungeduld bei Klara, er wünschte, allein zu sein, die Welt konnte ihn mal so richtig. *Ja, schon gut. Ich überleg's mir. – Was überlegst du? – Wir machen einen Termin. Bei dir. In der Kanzlei. – Gut. Wann?*
Emmi, die ihre Eltern aus der Ferne misstrauisch beäugte, zu alldem aber schwieg (sie umschiffte drohende Brüche meist mit Heiterkeit), verabschiedete sich mit einem übertrieben gekünstelten *Tschüss, ihr beiden Hübschen* in den Abend. Er rief seiner Tochter noch nach: *Hab dir was hingelegt, bei der Tür … Ein Mascherl. Retro, 90er und so. – Danke, Paps.* Verlegen wandte er sich zu Klara, sie war bereits in ihrem Terminkalender versunken, *seit wann sagt sie Paps? – Seit*

wann trägst du Fliegen? – Hab ich in den alten Sachen gefunden. Wir waren früher öfter auf Bällen, schon vergessen?

Auf der Straße hupte jemand, zwei küssten sich am Gehsteig, dunkle Wolken zogen auf und ein Gewitter bahnte sich an, da meinte er, sie könne doch auch noch hierbleiben, den Sturm abwarten, er hätte auch eine offene Flasche Sekt, der *verrauche sonst noch*. Sie verneinte.

Von oben sah er sie dann die Seitengasse entlanglaufen, es tröpfelte bereits, ein schneller, souveräner Wink, ein Taxi hielt, seine *Exfrau*, er gewöhnte sich nicht an das Wort, sprang hinein. Der Wagen brauste los, sie verschwand, durch die schillernd nasse Nacht.

Er kippte das Restbier in einen der Blumentöpfe, trat vom Balkon in die leere Wohnung zurück, steckte den halb geladenen Akku in seinen alten Camcorder, schaltete in den Wiedergabemodus und spielte die letzte Aufnahme ab, die er mit dem Gerät gemacht hatte. Kurzes Klacken, die Mechanik einer analogen Technologie, das leise Surren, der Geruch der Kunststoffhülle, das Gesicht einer Frau, in Großaufnahme, am seitlich ausgeklappten Display. Der Blick. *Ihr* Blick: Theresa!

8.

Nackt lag er auf dem Bett, tropisch stand wieder die Hitze, Dampf von den Straßen herauf, der kurze Regenschauer hatte keine Abkühlung gebracht. Er scrollte ins Unendliche. Bomben im Nahen Osten. Detonationen in Osteuropa. Schüsse am Balkan. Blutbad in Zentralafrika. Es verschwammen die Ortsangaben, die Gräueltaten, irgendwo lief jemand Amok, irgendwo erschlug einer wieder seine Ehefrau mit einer Axt und die eigenen Eltern mit dazu, irgendwo erhängten sich zwei Unglückliche. Verzweifelte klebten sich an Straßen fest, die Weltbevölkerung erreichte die nächste Milliarde, die Stadt, die ihn umgab, die zweite Million, und in den Tiefen der Alpen sorgte ein sonderbares Wesen für Spekulationen, weitere mysteriöse Schafsrisse, ein *streunender Wolf* wurde gesichtet, andere Meldungen vermuteten einen *monströsen Bären*, die nächste Headline gar eine *Bestie*, es klang nach verfrühtem Halloweenscherz.

Bald ging sein Blick ins Leere. Das Auffinden der alten Aufnahmen hatte ihn verwirrt. Wie lange lag all das zurück? Warum fand er sie genau jetzt? In ihm drehten sich Erinnerungen, die Zeit schien nicht zu vergehen. Irgendwann begann er zu onanieren, das half oft bei Schlaflosigkeit, aber selbst das klappte nicht. Den schlaffen Penis in der Hand, ekelte er sich vor sich selbst.

Theresa.
Theresa.
Er sollte zum Arzt.

9.

Am Weg zur U-Bahn verformten sich die Gesichter. Alle reihten sich ein, Richtung Rolltreppe, *hinter Masken verschwunden, was mal ein Mensch …* Eine Frau neben ihm im lauten Telefonat, *ja, es wäre gescheit wegen dem erhöhten Risiko nun anzudenken …,* die Worte verliefen sich im U-Bahn-Schacht, weitere Fetzen von Alltagsgesprächen, flüchtig in der Menge aus den Mündern geplumpst, ein *naher Verwandter* war verstorben, *es kam plötzlich,* die Lippen sagten es mutlos, bitter, Lorenz, im zu engen T-Shirt, die Jeans klebten an der Haut, versuchte der Trauernden in die Augen zu sehen, diese hatte sich abgewandt, erzählte von der baldigen Bestattung, *eingeäschert.* Die nächste Rolltreppe, der Schacht kam ihm heute unwirklich tief vor, ein Mann mit Aktenkoffer stolperte eilig vorüber, die Stufen hinab, *wenn der jetzt stürzt, bricht er sich alles,* ein Telefon läutete, niemand hob ab, gegenüber ein Liebespaar im Streit, sie könnten sich, würde die Öffentlichkeit sie nicht beäugen, umbringen, der ganz normale Aggressionspegel eines erhitzten Wochentages seiner Gegenwart, dachte er bei sich, vermied Körperkontakte und auch das Rolltreppengeländer wollte er nicht berühren, seit der Pandemie hatten sich die Bilder von Bakterien in sein Hirn eingebrannt, *wir haben unsere Blicke den Mikroorganismen zugewandt und gehen neuerdings von der Unvorhersehbarkeit der Entwicklungen aus,* er durchsuchte ruckartig seine Hosentaschen, vergewisserte sich, ob er den Schlüssel dabeihatte, *Absicherungen haben zugenommen, Misstrauen ebenfalls, Solidarität nur die Hülle eines Wortes,* wann endet denn die verdammte Treppe? Ihm wurde schwindelig, er kniff die Augen zu, wieder das Telefon, das läutete, ein Punk fuhr die Rolltreppe gegenüber hoch, wie aus der Zeit gefallen schulterte er einen Ghettoblaster, Hip-Hop, vermengt mit dem überlauten Geschwätz zweier älterer Damen mit Prada-Taschen und gestrafften Wangen, ihr Enkel habe *eine sonderliche Phase,* raunte die eine, *man stelle sich vor, der ist jetzt für die Reichensteuer, abscheulich, so eine Phase,* sie entschwanden seinem Wahrnehmungsfeld, er wünschte, dieser Enkel liefe im verwöhnten Familienhaus Amok, an den Bildschirmen Werbung für Arbeitsplätze in den städtischen Gesundheitsbetrieben, Parfüm und Urlaub, die Flüge im Billigwettbewerb, als Nächstes eine Laufschrift, ein Spruch, der die Erderwärmung beklagte. Nun roch es nach Wurst und Ketchup, es drängte ein ungut duftender Mensch vorüber, langsam wurde es zu eng auf der Treppe, jemand sang eine schrille Arie, drei Gestalten rezitierten vor ihm kurzerhand eine Schiller-Ballade, wo war er gelandet? Wieder das Telefon, *ja, geht denn endlich wer ran?,* sagte er vor sich hin, es geriet ihm zu einem Brüllen, seine Stimme monströs verstärkt im Schacht, plötzlich stand alles still. Das gesamte Bild, und Gesichter drehten sich in Zeitlupentempo zu ihm, von vorne, von der Seite, er sah in ihre Augen, erblickte Erschöpfung, Krankheit, manchen fehlten die Pupillen, und ein Mädchen stand im Firmkleid, so wie damals die Oma, auf der Fotografie in der alten Stube, das Kind hielt die Finger an die Lippen, *pssst!* Und alle taten es ihm gleich, ein Chor, gespenstisch im Einklang, ihn anstarrend, *pssst!* Wieder, aus einer Hosentasche, das Telefon, lauter und lauter, erst jetzt merkte er: es war sein eigenes. Hastig der Griff zum Handy, es fiel ihm aus der Hand, er suchte es unter den Marionetten in der stillstehenden U-Bahn-Station, endlich hob er ab, alles wartete auf ihn: *Ja?* Er wiederholte die Frage, sprach bedeckt, *ja? Wer ist denn da?* Im Telefon ein Rauschen, eine Fehlschaltung? Rückkoppelung? Ein Sturm? *Hallo?* Er schrie verzweifelt, der Horrorchor sang unisono: *Was haben Sie getan?* Als wär's ein Zaubertrick, verschwand das Telefon, an seiner Stelle in seiner hohlen, zitternden Hand ein kleiner Spatz, bibbernd, so zart, er könnte ihn auf der Stelle zerquetschen, da flog er ihm weg, durch das stumme Bild.

Eine Frau tippte Lorenz auf die Schulter: *Weitergehen!* Er stand noch in der Menge, am Fuß der Rolltreppe, *passen Sie doch auf!* Quietschend, sie donnerte knapp an ihm vorüber, fuhr die U-Bahn ein.

Sein Hausarzt sagte ihm eine knappe Stunde später, es fehle ihm nichts. Es sei alles gut. Das könne nicht sein, meinte Lorenz, er hätte diese Schweißausbrüche. Und Schwindelanfälle. Und Tagträume. Und eine Wut. *Kennen Sie das, wenn Sie so plötzlich einfach wem an die Gurgel wollen?* So kenne er sich nicht, er sei ansonsten sehr kontrolliert. Und, was das Seltsamste wäre, der Haarwuchs hätte zugenommen. S*ollten die im Alter nicht ausfallen?* Er hätte an ungewohnten Stellen fast schwärzliche Borsten, *an der Brust, an den Backen, aus den Ohren heraus. – Hm,* meinte der Arzt. Und sprach in die Befunde hinein, mied den Blick zum Patienten. Das Blutbild sei unauffällig. Puls, Werte, alles normal. Und Haare würden da und dort mal wachsen, *manchmal schwankt das Testosteron im Alter, Sie werden schon kein Affe werden, keine Sorge.* Er empfehle ein paar Tage Schonung. Er sei doch Lehrer, da hätte er doch *eh nun frei.*

Mit einem Unbehagen in der Brust saß er einige Zeit reglos auf einer Bank inmitten einer Einkaufsstraße, an ihm zog der Trubel eines erwartbaren Nachmittags vorüber, Menschen unterwegs von A nach B oder auch ohne Ziel, orientierungslose Touristengruppen, Partylaunige in dummen Kostümen, jemand wurde mit Jägermeister und öffentlicher Peinlichkeit in die Ehe verabschiedet, Obdachlose, je mehr sich der Tag neigte, trostlos lagen Essensreste der Fastfoodkette gegenüber, endlich läutete sein Telefon und riss ihn aus der Starre. *Ja? Sorry, Klara, ich hör nichts, es rauscht bei dir, ja. Ja. Was? Die Ostsee? Ja klar, ja, ist spontan, aber, okay, wenn das auch für Emmi okay … Sie freut sich? Na dann, habt Spaß. Ja. Ja.*

Klar. Ich pass auf mich auf, ja. Wie? Ein Kollege? Peters. Ist gut. Ich geh da hin. Doktor Peters. Ist vielleicht wirklich gut, dass wir das getrennt, also. Dass das ein Kollege übernimmt, ich komm brav zum Termin. Wie? Nein, ich sag das ganz ohne Unterton. Ich komme. Brav. Ich geb mir Mühe, Ehrenwort. Ja. Ja. Dann habt Spaß. Und du, ich übernehm dann die zweite Ferienhälfte, sag ihr das. Ich, ich würd mich freuen, wenn Emmi und ich dann. Klara? Hallo? Ja, der Wind ... Wir hören uns später.

10.

Ein Platzregen ergoss sich über die Stadt. Nach wenigen Minuten stieg der Wasserpegel erschreckend hoch, *sintflutartige Zustände* nannten es die Nachrichten. Lorenz beobachtete von den Wohnungsfenstern aus, wie an manchen Stellen bereits Bäche die Straßen entlangschossen. Als heftige Böen für Endzeitstimmung sorgten, rettete er, unter dem trommelnden Niederschlag heldenhaft auf den Balkon hechtend, einen Sessel, den es beinahe fortzufegen drohte. Die schweren Terracotta-Töpfe waren bereits zu Sumpfgebiet geworden, das Feigenbäumchen trotzte den Windstößen. Schwarz der Himmel, in der Ferne zuckten Blitze.

Zwei Stunden danach dampfte der Asphalt. Das Spektakel war vorüber, die Abendsonne strahlte warm in sein Gesicht, als wäre nie was gewesen. Früher war man gewohnt, von *Kapriolen* zu sprechen. Er bezweifelte, rauchend am Geländer, dass diesen neuen Extremen mit Sprache noch beizukommen war. Eine ganze Packung hatte er sich vorgenommen zu inhalieren.

Viel Spaß beim Mama-Tochter-Urlaub, schickte er eine Nachricht raus. *Ich tauch morgen mal ab. Gänsehäufel.* Smiley mit heraushängender Zunge.

11.

Im Freibad brutzelten die Körper. Fettpölster am Beckenrand. Die Waden eines hockenden Mannes quetschten sich am nassen Pflaster in die Breite. Lorenz schwamm seine Längen im Sportbecken. Er wendete vorzeitig, wollte unnötige Berührungen vermeiden. Die Brille festgezurrt, als trainiere er für einen Wettkampf. Unter Wasser lugte er durch die engen Gläser, beäugte einen knalligen Badeanzug, den Hintern einer Frau, dem schwamm er reflexartig hinterher und rügte sich zugleich, seine voyeuristischen Neigungen nicht in den Griff zu bekommen, *eine perverse Spur in deinen Blicken*, kommentierte er sich, dann beschimpfte er sich, *du Sau, Lorenz!* Er sollte an sich arbeiten.

Der Hintern vor ihm im Auf und Ab der Schwimmbewegung, er kraulte näher ran. *Lorenz, Bub,* hörte er die Mahnungen seiner Mutter, *ich möcht nicht in deiner Haut stecken, heutzutag wirst im Unterricht ja gleich der Vergewaltigung bezichtigt, nur wennst wem auf die Schulter ... – Mama*, hatte er erwidert, sich bewusst, dass die Mutter wenig Talent darin besaß, über den eigenen Tellerrand zu blicken, *es geht doch um keine Schulterklopfer. Die Machtstruktur, die Lehrermacht. Das erfordert Sensibilität, vor allem von mir und nicht von den Kids. Ich bin derjenige, der Gewalt ausüben kann.* Die Frau im knalligen Badeanzug stieg aus dem Wasser, es verschwammen ihre Umrisse, er tauchte weiter ab.

Im Schulkontext hatte er sich antrainiert, durch alle im Raum hindurchzuschauen und jegliche sexuelle Regung zu verleugnen, jedenfalls als Lehrperson, zu sehr war alles aufgeladen. Zu rasch kam man in Verruf. Im Sportbecken des Freibades aber, unter Wasser, wo er sich unbeobachtet fühlte, fielen die Hemmungen. Schamlos stierte er plötzlich allen nach, die sich hier tummelten, glotzte die Extremitäten und

Genitalien entlang wie ein lauernder Jäger, genoss seine Tarnung, und irgendwann lag er am Beckenboden, stellte sich die plantschenden Leiber über ihm als Ballett vor, das sich allein für ihn rekelte, irgendwoher quoll ein trauriger Walzer. Kurz war ihm, als tanzte Klara im Dreivierteltakt durchs Bild, in Ballrobe, wunderschön, wie früher.

Mit allerletzter Luft stieß er sich hoch, kräftig. Über ihm, er durchbrach endlich die Wasseroberfläche, plötzlich ein wohlbekanntes Gesicht, dieses Grinsen hatte er vermisst.

He. – He. – Du da? – Absolut. Du auch? – Yep.

Manu trug einen Strohhut, saß mit offenem Hemd und leichter Wampe am Beckenrand.

Klara schickt dich, schoss er ihm entgegen. Manu öffnete zwei Bierflaschen mit dem Feuerzeug. Unter dem strengen Blick einer Bademeisterin verzogen sich die beiden zum Trinken etwas abseits in den Schatten. *Selbst schuld, dass du deiner Ex immer noch deinen Standort durchgibst. – Sie ist nicht meine Ex. – Klar ist sie deine Ex. Prost.* Ihr letztes Treffen lag länger zurück, sicher vor Weihnachten, *der vielbeschäftigte Therapeut* lasse sich also zu ihm herab, zufällig, nachdem Klara gemeint hätte, sie mache sich Sorgen. *Geh, herablassen. Geh her da.* Manu umarmte Lorenz, er wollte wohl für gute Stimmung sorgen, aber Lorenz misstraute dem Wiedersehen in Badehose, nahm einen kräftigen Schluck und tötete vorüberkrabbelnde Ameisen, zerquetschte sie genüsslich. Die Schwimmerin mit dem knalligen Badeanzug kreuzte seinen Blick, er unterdrückte den Impuls, ihr hinterherzuschauen.

Manu hatte sich selbstständig gemacht. Das imponierte Lorenz. *Ich beneid dich, allein um das Wort.* Lorenz spürte immer ein innerliches Stechen, wenn er in Formularen angab, *Vertragsbediensteter* zu sein, er musste zwangsläufig an *Dienerschaft* denken. *Selbstständigkeit* klang vielversprechender. *Kannst ja gern versuchen,* lachte Manu. *Es fressen dich die Sorgen auf. – Hör auf, du stehst gut da. Die Stadt ist voller Neurotiker. – Vielleicht geh ich ja aufs Land. – Da ist's noch ärger. Aber warum Land?* Natürlich war eine Liebe im Spiel und die wartete nun mal in Maria Zell. *Gefährlich,* Psychoanalyse im katholischen Wallfahrtsort, *leg dich nur nicht mit der Kirche an!* Es wurde das zweite und dritte Bier geschlürft, irgendwann sprangen sie johlend Hand in Hand vom 10-Meter-Brett, als verbände sie eine lange Freundschaft, dabei war Manu anfangs nur ein beiläufiger Bekannter von Klara gewesen, Geburtstagsfeier einer Kollegin in einer Rooftop-Bar, Manu war damals der Verlobte, der sich letztlich davongemacht hatte, bevor es ernst wurde. Seltsamerweise blieb der Kontakt zu ihm erhalten, von der Braut wusste keiner mehr was. Mit Manu konnte man stets gut philosophieren, Gin Tonics vernichten und auf versnobten Galaempfängen von Klaras Kanzlei den *besten Abend ever* verbringen. *Doktor Seelenschau* rockte verlässlich nach Mitternacht die Tanzfläche.

Und sonst?, eröffnete er schließlich die erwartbare Therapiesitzung. Natürlich ahnte Lorenz, dass Klara den Doc geschickt hatte, um abzutasten, ob er *eh nicht in Gefahr* wäre. *Keine Sorge,* raunzte er, sie standen mit Eis in der Abendsonne, *ich bring mich schon nicht um. – Du hast eine Klage wegen Körperverletzung am Hals? – Schaut so aus. – Das kann teuer werden, das weißt. Oder sogar Gefängnis. Ich mein, ich weiß jetzt nicht, was da genau …* Schweigen. Wieder der auffällige Badeanzug, die attraktive Frau, größer als er, älter, vielleicht fünfzig, Kopfhörer, was hörte sie? *Soll ich dich unzurechnungsfähig schreiben? – Spinnst du?* Die schöne Unbekannte holte sich nun ebenfalls eine Kugel, wippte, vielleicht lad ich sie ein, dachte er abgelenkt, Stracciatella?, Zitrone?, während Manu weiterbohrte, ob er Gründe nennen könne, weswegen er sich neuerdings prügle, und ob es ihm gutgetan habe. Lorenz schaltete auf Durchzug, tat auf unbekümmert, *klar hat es gutgetan, es war das Geilste seit Langem. – Es lächerlich zu machen, wird zu keiner Lösung führen. – Für Lösungen braucht es einen Konflikt, den seh ich nicht. – Du könntest deinen Job verlieren? – Geh, die Sache verläuft sich. Jetzt ist mal Sommer, im Herbst schick ich dem Kollegen eine Entschuldigung, einen Präsentkorb mit beschissenem Côte du Rhône …*

Na immerhin, trat Manu etwas zurück, er spürte die Blockade, die Lorenz langsam aufbaute, wollte aber noch einen Anlauf starten. Den Satzbeginn des Freundes unterbrechend, fuhr Lorenz herum, *du, ich würd jetzt dann echt gern heim.* Er wollte bereits los, als er im Augenwinkel wieder die Frau im Badeanzug sah, sie war an der Reihe zu bestellen, da bemerkte er, wie einer rübergrapschte, sie drehte sich weg, dachte wohl, es sei ein Versehen, doch erneut die Dreckshand, die rüberfingerte, unverhohlen in der eng zusammenstehenden Menschentraube, *sorry, ist ein bisserl eng, was?* Lorenz konnte die Lage nicht mehr überblicken, und aus einem Impuls heraus (abrupter Zorn!) platzte er ins Geschehen, *he,* und auf den Dreckstyp zu, *lassen Sie das!* Das Arschloch wollte kehrtmachen, abhauen, *Sie!* Die Menge irritiert in einer Starre, die Frau … Wo war die Frau hin? Verdutzte Blicke auf ihn von überall her. *Der hat sie angegriffen!,* rief er, sich verteidigend, in Rage geraten, *der Scheißarsch hat sie angegriffen!,* und Lorenz, seine Tüte Bitterschokolade matschte auf den Boden, hechtete los, den Täter endlich zu stellen, der stolperte und Lorenz sprang raubtierartig auf ihn zu … *Bist du crazy, Mann?* Und endlich ging Manu dazwischen, packte den Freund, *he, alles gut. – Nichts ist gut.* Die Bademeisterin eilte herbei, die Gewalt aus der Szene verpuffte. Schwerfällig nun sein Körper, *du hast das doch auch …? Manu …!* Der Freund schleifte ihn fort, *entschuldigen Sie, es dürfte ein Missverständnis sein. – Scheiße, der hat … Der … – Beruhig dich endlich.*

Rot unterlaufen die Augen und geballt die Faust und ruhig und eins und zwei und drei und vier und eins und zwei und drei und.

12.

Du hast ein Mückenproblem. Manu hatte Lorenz nach Hause gebracht, *Begleitschutz,* murrte er, *bevor du nochmal wen erlegst. Du Tier!* Lorenz fühlte sich gedemütigt. *Das hat alles nichts zu bedeuten. – Klar. Keine Bedeutung …* Sie standen im Mückengewimmel am Fenster. *Es wird irgendwann enden. Die Fliegen können nicht ewig nisten.* Und wild sprühte er wieder Gift auf das Gewusel, matschte die Viecher gegen den weißen Verputz, erschlug sie alle, *da hast dein Tier!* Manu und er reinigten am Ende alles, Leichenbeseitigung, dann saßen sie mit dem Rücken zur Wand, die Beine ausgestreckt, der Raum still und friedlich.

Schön. Deine neue Wohnung. Schön ruhig hier … – Bin auch ganz schön allein hier …

Schweigen.

Hätt mich früher mal melden sollen. – Schon okay. – Bist du okay, mit Klara und so? – Du denkst jetzt, das hat mit der Trennung zu tun? Mit der verborgenen Wut auf meine Frau, die mich verlassen. – Du hast sie verlassen. – Sie hat mir eine Brücke gebaut. – Ah.

Schweigen. Eine letzte Mücke vor seinen Augen.

Ich brauch keine Analyse. – Sturschädel … Was brauchst du dann?

Es fehlte eine Uhr. Jetzt fiel es ihm ein. Er vermisste schlagartig eine Wanduhr. *Getaktet vom Schulbetrieb …*

Im Ernst jetzt. Was fehlt dir?

Manu begann mit den bohrenden Fragen. Er kannte das, doch ließ er sich mit billigen Psychotricks nicht locken, schenkte lieber Whisky ein, ein paar Schluck, dann würde Manu lustig über Klienten schwafeln, deren Geheimnisse ausplaudern, weil er ab einem gewissen Punkt zu Geschwätzigkeit neigte, spätestens dann hätte Lorenz es hinter sich.

Weiß der Teufel, was mit ihm los war, vermutlich echt nur urlaubsreif!

Du bist auf einem Feldzug. – Blödsinn. – Du fühlst dich moralisch überlegen. Rechtfertigst Gewalt, indem du denkst, für Gerechtigkeit zu sorgen. – Ja, so wird es sein. Danke für die Diagnose.

Dann tranken sie und tranken zu viel und irgendwann stolperte Manu über die Kiste mitten im Gang und fand darin den Camcorder, aufgeklappt das seitliche Display, *ich dachte, du hast das alte Zeugs entsorgt. – Das dachte Klara auch,* raunte Lorenz vom Sofa rüber.

Geht das Teil noch? – Vermutlich. Aber du kriegst keine Tapes mehr für das Ding. Außerdem fehlt mir das Jing-Kabel, und der Flatscreen hat nicht mal mehr eine SCART-Buchse ... – Du redest seltsam ... SCART-Buchse? Manu hantierte an der Kamera rum, wollte auf *Record* drücken. *Lass das!,* ging Lorenz dazwischen, *du überspielst mir noch was.* Er musste selbst darüber lachen. Was für eine unnütz gewordene Formulierung! Und er sah sich kurz (das muss in der vierten, fünften Klasse Gymnasium gewesen sein) seine ersten Videofilme erstellen und nachvertonen, durch das mühsame und ungenaue Kopieren der Aufnahmen von Band zu Band, von Videorekorder zu Videorekorder, *Play, Record, Pause.*

Und was ist das? Manu deutete auf den Pack Wanderkarten, die ausgerollt neben der Kiste am Boden lagen. *Willst du wandern? – Das ist alles vergangen. – An dem Punkt wird's für mich erst interessant. Wenn's um Vergangenheit ...,* lachte der klinische Psychologe und Gesprächstherapeut. Lorenz hatte mittlerweile sein Schallplattenlager herausgekramt, sentimentaler Indie-Rock aus seiner Studienzeit, er wippte betrunken, Manu, am Parkettboden, beäugte derweil minutiös das alte Zeugs in Lorenz' Erinnerungsdurcheinander, sie hörten Musik, bis nur mehr das Knistern der Plattenspielernadel zu hören war. Endlich rückte Lorenz heraus, mit *der Vergangen-*

heit, mit dem Finger fuhr er eine Linie entlang, Markierungen auf einer ausgerollten, länglichen Reliefkarte.

Sie war das. – Sie? – Theresa. Ist das alles abgegangen. Ihre Trauertour. – Was suderst du? Und wer ist Theresa?

Lorenz rappelte sich theatralisch hoch, goss neuen Whisky ein, *Prost, auf die Sehnsucht und die Liebe. Maria Zell, das ist da übrigens auch drauf,* er tastete Erhebungen entlang, Täler, Flussläufe ... *Du lenkst ab.* Da griff Lorenz zur Videokamera und spielte ihm die Stelle vor, die er sich seit dem Wiederfinden der alten Kassetten sicher zehn Mal angesehen hatte, er konnte die Worte mittlerweile nachsprechen, Theresas Lippenbewegungen vorausahnen, den Moment, da sie die Strähne aus dem Gesicht blies, vor laufender Kamera, er spürte wieder die Luft von damals, bei der Aufnahme, und die Weite, endlos, nur sie beide, Theresa und er, sie stapften über Wiesen, später Latschen entlang, dann saßen sie auf einem Felsen. Er filmte, zoomte ihr Gesicht nah heran, sie sagte, *lass das,* er ging noch näher, sie wandte sich ab, lachte ihm, in wilder Kopfdrehung, unscharf ins Objektiv, warf einen Kuss, aus der Entfernung.

Manu schaute gebannt zu, kommentierte die Stellen, an denen Lorenz selbst auf den Videobildern zu sehen war, *voll jung,* lachte er, *wie lang ist das her? Schaust ganz anders, irgendwie so, so ... – So frisch, was?* Er alberte rum und rempelte den Freund neckisch. *Gar keine grauen Haare damals. – Stimmt,* murmelte Lorenz, ins Nostalgische kippend. *Überhaupt ganz anders. Keine Ahnung. Sieben Jahre? Acht? Ein Jahrzehnt.*

13.

Verschwommen setzten sich die Bilder zusammen und mit ihnen die alten Gefühle, die lange gemeinsame Zeit und das Auf und Ab, *Suche nach Verbundenheit,* die vielen Brüche, *ewig nicht mehr dran gedacht,* wo kam das alles her? Der Anfang, als sie sich kennenlernten, der Abschied, der kein Abschied war, ihre letzte Wanderung. Das Gefühl, sein Leben hätte damals, mit Theresa in den Bergen, einen völlig anderen Verlauf nehmen können, niemals wieder hatte er sich so frei gefühlt, niemals hatte er Klara so sehr im Stich gelassen.

Manu stellte noch viele Fragen. Er hatte noch nie von dieser Theresa gehört. Erst dachte er, Lorenz würde ihm eine Geschichte auftischen, damit er *seinen Fall* habe, die wunde Stelle, das dunkle Geheimnis. Es klang tatsächlich erfunden. Wüst. Aber umso packender. *Eine Trauerreise …?*

Sie stand irgendwann mit den Wandersachen da. Vollbepackt. Als würd sie um die halbe Welt … Eine Art Aufarbeitung, haben wir gedacht, sie war ja vollkommen in ein Loch gefallen. Nach dem Tod … Ihre Mutter war gestorben. Viel zu früh … Sie konnte sich nicht mehr verabschieden … Das war ein enormer Schock, und wir fanden, dass …, also Klara und ich verstanden das, am Anfang, ja. Sie ist einfach losmarschiert. Aber sie konnte sich halt echt auch immer reinsteigern. Das wurde zum Exzess. Theresa eben. So war sie. Sie hatte immer sowas, so … – Was? Es kam ihm seltsam vor, es nun auszusprechen. *Was Wölfisches. Sie konnte manchmal wochenlang abtauchen. Intensiv, alles war extrem intensiv, mit Theresa … Sie war dann ja drei Jahre unterwegs. Mit Unterbrechungen, aber drei Jahre in irgendwelchen Unterschlupfen, Waldhütten, Höhlen … Bis wir uns dann völlig aus den Augen …*

Lorenz verharrte. Es kam ihm plötzlich alles sehr weit entfernt vor, auch surreal. Lebte sie denn noch? Ja, natürlich lebte sie noch! Oder nicht? Und er sah sie wieder gehen, mit dem großen Rucksack, Wasserkanister baumelten an Schnüren, Planen für ein Zelt, das Gesicht vermummt unter der dicken Kapuze, oft im Selbstgespräch, gegen Wind und Wetter ... *Was redest? – Ich red doch gar nicht. – Du redest doch. Wer ist denn da? – Nix red ich. Verstehst mich ja doch nicht. Mein Lenz.* Sie fuhr ihm durchs Haar, und Lorenz wagte nicht mehr, ihr zu widersprechen, da sie manchmal abrupt wütend werden konnte, sehr wütend. Er wünschte nur, dass sie irgendwann wieder zur Ruhe käme.

Theresa also, holte ihn Manu aus der Erinnerung. *Ja,* stotterte Lorenz. *Theresa Wolf.* Manu schmunzelte. *Und was war die so für eine? Ist der dann ein Fell gewachsen, auf Reisen, oder was? – Geh,* er schluckte den Whisky, es drehte sich der Raum. *War das deine große Liebe, oder was?* Der Doc rückte nah an ihn ran, schien ihn zu durchleuchten und innerlich zugleich Notate anzulegen. *Das sag ich dir nicht,* maulte Lorenz trotzig. *Geh, komm schon. – Wir sind betrunken. – Ja klar. – Das ist kein Thema für eine Betrunkenheit. – Arsch. – Selbst.*

Fast magisch tönte nun die Sonate der Nachbarin erstmals seit seinem Einzug in makelloser Schönheit, mitten in der Nacht. Bis zum letzten Tastenschlag. Er wollte Bravo rufen.

Dann machen wir hier weiter, lächelte sein Freund, bald würde die Morgendämmerung sie begrüßen. *Genau hier. Ja? – Okay,* gab Lorenz zurück. Er fühlte sich gut. Euphorisch. *Fein!* Manu sprang von seinem Sitz, voller Tatendrang. Er konnte es kaum erwarten und zog sich an, in kindlicher Vorfreude. *Schlaf deinen Rausch aus. Und dann erzählst du mir alles über Theresa. Oder Wolf. Oder eine seltsame Wanderroute, die du so penibel verzeichnet hast, auf einer Landkarte von, fuck, die ist ja von vor-dem-Mauerfall. – Die ist aus dem Lehrerkammerl. – Sowas gibt's noch? – Sowas gab's.* Lorenz fiel nach hinten, Blick Richtung Decke, wohlige Müdigkeit. Die Türklinke, der Freund beim Abschied. *Und die hab nicht*

ICH gezeichnet. Die Route. Das war SIE, rief er ihm nach. *Uhhh, Wolfs Spuren*, hallte es durchs Stiegenhaus.

Er saß noch lange bis in den Morgen über der alten Karte. So oft war Theresa aufgebrochen, in ihrer Trauer verschwunden, *der Welt abgewandt*. Auf Nimmerwiedersehen, bis vereinzelte Briefe kamen, Lebenszeichen, die kurz darauf wieder verebbten. Er hatte sich daran gewöhnt. Er wusste, sie würde am Ende, wie jedes Jahr, zurückkehren. Meist standen sie dann an dem Grab ihrer Mutter. Ihm fiel der Name nicht mehr ein. Eine sehr zierliche, zerbrechlich wirkende Frau, großherzig. *Der Lenzi und meine Resi. Passt's mir auf, aufeinand',* hatte sie immer gesagt, im Singsang, im alten Haus, *passt's mir auf. Ist keine gute Welt nicht. Also passt's auf.*

Der Akku der Kamera blinkte, das Bild wurde schwarz und es fielen ihm die Augen zu. Von weit her tröpfelte Musik aus dem Radiowecker an sein Ohr, die Morgennachrichten verschlief er: Wieder Anschläge in der Welt, neue Morde rund um ihn, und *die Bestie aus den Tiroler Alpen* trieb weiter ihr Unwesen.

14.

Über den Grabsteinen heißer Wind, flirrend in der Ferne die auslaufende Stadt, kaum Verkehr. Die Friedhofsmauer umrankt. Engelsgestalten thronten mittendrin, ihre Flügel gebrochen, abgewettert. Stark verfinstert der Marmor, und ihm kam vor, als trügen manche der Statuetten drachenartige Zacken, tierische Hufe, Mischwesen, die über die Toten hier wachten. Es knirschte der Kies, vertrocknet das Gras entlang der Wege. *Ich mag das. – Was?*, fragte Manu, er trug den Strohhut und dunkle Sonnenbrillen. *Friedhöfe*, raunte Lorenz, das Leinenhemd klebte ihm verschwitzt an der Haut. *Ich hasse Friedhöfe*, entgegnete Manu. *Machen mich immer fertig.* Dabei musste der Tod für ihn als Therapeuten doch etwas Stinknormales sein. *Ist das nicht Teil deines Jobs? Ich mein, wer die Seele kennt ... – Wer sagt dir, dass ich die Seele kenn ...? Sind wir dann endlich da?*

Lorenz hatte den Ort überschaubarer in Erinnerung, kleiner. Es gab für ihn damals eigentlich nur den einen Weg, hin zu dem schmucklosen Grab von Theresas Mutter, wo er stets auf Theresa wartete, das war ihr jährlicher Treffpunkt. Theresa zurück aus ihrer *Wildnis*, in den abgelatschten Wandersachen, verhärmt, dürr. Ihr Anblick machte ihm von Jahr zu Jahr mehr Sorgen. *He*, hatte er damals gesagt, das war am dritten Todestag gewesen, *setz dich*. Sie hatte geschwiegen. Ins Grab hineingeschwiegen. Jeden Moment, hatte er gedacht, bricht sie zusammen. *Komm zu uns, wir kochen was, du kannst schlafen.* Jedes Jahr kroch sie wieder in die kleine *Kammer* bei Klara und ihm, in ihr Gästezimmer, gleich einer Höhle aus Pölstern und Decken. Dort erholte sie sich. Erzählte vom Unterwegssein, von Änderungen der Wahrnehmung, von der Auflösung der Verhältnisse, *Lenz, wenn du mal weg von allem, es zerfällt einem die Dimension, bald merkst du, wie irre die Welt doch, wie wenig es zählt, wovon wir denken, dass es wichtig.* Sie redete abgehackt, als trügen die Worte nicht mehr alles an Sinn oder als fehle die Kraft für ein eigentliches Ende der Sätze. Sie lachte Lorenz an, in Klaras altem Pyjama, abgemagert. *Du solltest was essen, Theresa. – Genügsamkeit,* fiel es ihr in bedächtiger Zurückhaltung aus dem Mund, ohne die harsche Art von früher, als würde das neue Leben, das sie gewählt hatte, das stete Davongehen (von dem Klara meinte, es sei eine Flucht, um sich dem Schmerz nicht zu stellen), als würde dieses Wandern ihr tatsächlich eine nie dagewesene Balance verleihen. *Genügsamkeit. Und nenn mich Wolf. Keine Theresa mehr.* Sie sagte es ohne Gram. Bei sich.

Und du, mein Lenz? Tiefe Falten in der Stirn, Augenringe, müde, dieser Mensch, dachte er. *Immer noch im Betrieb? – Ich bin Lehrer,* gab er zurück. Und er empfände das nicht als Betrieb. Dann beglückwünsche sie ihn und sie hoffe, *die Mühlen des Systems zermalmen dich nicht irgendwann. Wolltest du nicht mal Filme machen?* Sie wurde emotional. *Ich fand deine Filme immer sehr besonders.* Er sah ihr zu, wie sie im Brennnesseltee rührte. Honig hineintropfen ließ. Draußen schneite es, es schneite dicke Flocken, es erschien ihm der Schnee, jetzt in seiner Erinnerung, so weiß, vermutlich war er niemals so weiß gewesen.

Manchmal fragen alte Studienfreunde nach dir, meinte er damals an dem Wintertag. *Die fragen dann, ob wir wissen, wie es dir geht. Wir sagen dann, es geht dir gut. Also besser. Aber eigentlich wissen wir es gar nicht genau. Wie es dir geht. Wie geht's dir denn eigentlich wirklich?* Schweigen. *Wir machen uns Sorgen, wollt ich sagen.– Seit wann redest du eigentlich nur mehr in diesem Wir?,* fauchte sie unvermittelt zurück. Es flackerten alte Aggressionen auf, unter dieser Haut brodelte es noch immer unentwegt, es dampfte der Tee, im Durcheinander des Wohnzimmers, das Klara und Lorenz frisch eingerichtet hatten, überall die Spielsachen (Emmi war noch klein, *da ist es ein Wir, immer!*). *Klara und ich sind eben verschmolzen.* – *Schön,* sagte Theresa und verschüttete die Tasse. Beschämt stand sie und weinte.

Als Theresa nach diesem dritten Winter kurz vor dem Aufbruchstag ihre Schuhe schnürte, meinte Lorenz, *bleib da,* doch sie sagte, sie müsse los, es kribble (so bezeichnete sie es immer, es kribble, mit dem Beginn des Frühlings, ein Drängen, das ihr sage, jetzt wieder raus und weg!), und er entgegnete, vielleicht solle sie sich was suchen, endlich eine Arbeit, er hatte erneut einen Packen Geldscheine in ihrer Tasche deponiert (immer steckten ihr Leute was zu, damit sie irgendwie durchkam), und trocken erwiderte sie: *Das zahlt sich nicht mehr aus.* Vielleicht sei es ja *das letzte Mal.* Ihn riss es. Ihm war, als vertraute sie ihm an, dass sie sich umbringen wolle. In der darauffolgenden Nacht, in der Verschmelzung einer Familie (Emmi war, wie meist, aus dem Kinderzimmer ins Ehebett herübergeschlüpft), gestand er Klara, er fürchte, Theresa meine es ernst. Klara machte Licht und wog, wie sie es immer tat, das Für und Wider gegeneinander ab, insistierte streng: Sie vertraue ihm. Er solle ruhig mitgehen. Aber nur das eine Mal. *Ja?* Er nickte. Und sie fuhr fort, bestimmt: *Das eine Mal, ich mein's ernst!* Das wäre jetzt eine Abmachung. Und *er* müsse das klären, mit seiner Lehrverpflichtung, *ein Sonderurlaub unterm Jahr,* das wäre schwierig, aber er könne es über ihren Vater regeln, der würde ihm womöglich übers Ministerium was ausstellen, *wegen privatem Notfall oder so.*

Notfall, hallte das Wort durch seine Gehirnwindungen, suchte sich einen Weg aus der Vergangenheit heraus. *Ich begleite dich,* hatte er Theresa damals gesagt, und sie war davongelaufen, hatte ihn an der Bahntrasse stehen gelassen. *Ich brauch niemanden! – Dann fahr ich dir nach. – Lass mich. – Warum machst du das? – Warum machst DU das? – Vielleicht sagen wir einfach, wir haben zufällig dieselbe Route …*

Da ist es, deutete Lorenz plötzlich neben Manu auf eine verwucherte Stelle, kaum mehr zu erkennen, zwischen zwei kitschig mit Schleifen verzierten Kränzen, die von den Nachbargräbern herüberragten und den Platz verdeckten, diesen einen Platz. *War lange keiner hier …* Früher pflegte Klara manchmal das Grab, auch er, oder Theresa während ihrer Aufenthalte, da waren dann frische Blumen und Briefzeilen, die bald der Regen aufweichte, bis sie zerfielen. *Bist dir sicher?* Lorenz kniete nieder, dann drückte er mit der Hand die Gewächse auseinander, ertastete das karge Holzkreuz, es musste umgeweht worden sein, oder es war einfach mit der Zeit aus der Verankerung gefallen. Er stellte es auf und starrte nun auf das vergilbte Foto, das in einem Rahmen am Kreuz angebracht war, vom Regen halb aufgelöst, hinter Glas, das Foto von Uschi, Theresas Mutter. Plötzlich war alles wieder da. Der Moment, als das Foto gemacht wurde. Uschi, ihre Tochter leidenschaftlich umarmend, Theresa noch jung, in der Schulzeit, beide die Köpfe geneigt, zärtlich lächelnd. *Er hatte das Foto gemacht, in dem alten Haus …* Er sah es vor sich. Erinnerte sich an den Geruch. Das alte Holz. Feucht und bröckelnd der Verputz. Rundum der Wald, und Uschi überschwänglich, *komm rein, Lenzi, die Resi wartet schon*. Ihr Ruf. *Resi, der Lenzi ist da!* Die Treppe rauf, in Theresas Zimmer: *He. – He. – Na? Alles gut? Was stellen wir heute an?*

Manu ging in die Knie, zu Lorenz runter, während er selbst fast wie in der Kirche einen Knicks vor dem Grab machte, *andachtsvoll,* hieß das doch, in seiner Schulzeit … Er reinigte rasch mit der Hand einige Stellen an dem alten Bilderahmen, befreite die Gravur im Messingschild darüber von Verschmutzung. *Das ist sie. Ulrike Wolf. Aber so nannte sie keiner. Sie war immer nur. Die Uschi … Eine gute Haut.*

Schweigen.

Woran ist sie gestorben? – Das Herz hat ausgesetzt. Plötzlich. Davor war nie was. Also, die Uschi war jetzt keine Sport-

lerin oder so. Aber. Die hat immer gearbeitet. Zu viel. Ja. Weil's halt immer knapp war, bei ihr. Theresa hat gemeint, ist das System, das macht ihre Mutter kaputt ... Krankenpflegerin. Überstunden, Wochenende, kennt man ... Aber dass dann einfach das Herz ... – Am System verstorben ... – Theresa hat das immer so. Also sehr allgemein. Allgemein kritisch halt. Und es ging auch um Geldsorgen. Wegen dem Haus, und. Für Theresa war's am Ende immer das System. Hat ihre Mutter zermalmt ... Und sie gab sich irgendwann selbst die Schuld. Weil sie nicht da gewesen war. Weil sie's nicht verhindern hat können ... Sie war lang nicht mehr daheim gewesen. Sie dachte, sie hätte besser aufpassen müssen und. Sie schützen ... So wie ihre Mutter sie als Kind früher immer beschützt hat ...

Einsam segelte ein Blatt in der heißen Luft. *Und die ist dann einfach nur gegangen? Also. Therapeutisches Gehen. Aber extrem. – Eine Aussteigerin ist sie geworden, ja. – Und jetzt? – Was jetzt? – Gibt's die noch? Deine Aussteigerin? Deine Theresa. Oder warum hast du so sehnsuchtsvoll das alte Video angestarrt? – Gar nicht sehnsuchtsvoll. – Doch. Sehr sogar. – Meine Güte. Hab nur gedacht, ist schon arg, wie schnell die Zeit vergeht ...* Ein Windstoß wirbelte weitere Blätter hoch, die Schläge einer Kirchenglocke.

Ihr habt euch also aus den Augen verloren. – Stimmt. Er wusste, das war gelogen. Es war ein Streit. Ein endgültiger. Auf der gemeinsamen Wanderung, als Klara gemeint hatte, das sei jetzt die Abmachung: *Du gehst ihr nach, du bist bei ihr, du schaust, ob sie es ernst meint, oder ob sie wieder nur dumm spielt. Und ich wette, sie spielt wieder nur mit dir. Okay? Wenn du das machen willst, dann mach das. – Ich muss,* japste er damals. *Nichts musst du,* Klara war erbost, fand die Idee schrecklich. *Ich bin es ihr schuldig,* gab er noch von sich. *Was? Was bist du schuldig?* Die Schwere in Klaras Blick. Vielleicht schon die Ahnung, dass das alles kein gutes Ende nehmen würde. *In drei Wochen bist du zurück! Du hast ein Kind! Und eine Frau, verstanden?* Es waren seine letzten Wochen mit Theresa gewesen.

Glaubst du, die ist da noch irgendwo?, forschte Manu nun völlig angefixt von Lorenz' Bericht. *Da draußen, in den Wäldern, den ... Bergen ...* Sie waren bereits am Rückweg. Die Straßenbahn bog um die Ecke. Achselzucken, das Aufflackern des Feuerzeugs, mit dem sich beide eine Zigarette ansteckten, irgendwo raschelte irgendwas, ein Spuk? Nur der Wind, der Müllreste verwehte? Und das Schweigen zweier Freunde, die sich in Gruselgeschichten verlaufen hatten.

15.

Am Fenster der U-Bahn das verknitterte Boulevardblatt, neben Lorenz ein Muskelprotz im Ripp-Shirt, goldbehangen, als wäre er einem Gangster-Film entsprungen, der grapschte sich das Teil, blätterte beiläufig, Lorenz studierte die Titelseite, fett prangte die Headline: *Ominöses Treiben in den Alpen.* Ein Foto, aufgenommen nachts von einer Wildkamera. *Mensch oder Tier?* lautete die Schlagzeile, unscharf die Umrisse einer Gestalt. *Eine Bestie geht um.*

16.

Das Ambiente war schick. Er hasste den Schnickschnack und den Anzug, in dem er steckte. Immer sträubte sich etwas in ihm, wenn er Erwartungen zu entsprechen versuchte (dass er jetzt extra so *ein Tamtam!*). Aber er hatte Klaras Worte noch im Ohr, sie hatten eben telefoniert, sie im Strandkorb bei Sonnenuntergang auf Holnis, er mit der Krawatte kämpfend: Es gehe *um jeden Eindruck,* ein Treffen mit der Direktorin, *sie reicht dir den kleinen Finger, Lorenz, gib dich reumütig, einsichtig, sei charmant, und schaff die Sache aus der Welt. Und zieh verdammt nochmal was Ordentliches an!* Klara klang streng, wie früher. Sie wusste, wie sie ihn anfassen musste, er wusste, sie hatte recht. Also gab er sich einen Ruck.

Vor ihm der Gastgarten voll Flirtsüchtiger. Verliebte feierten Jahrestage oder Verlobungen. Die Geburtstagsrunde eines alten grauhaarigen Herrn, der Champagner ausschenken ließ. Zwei im Businessoutfit, irgendein Deal, der sich legal gab, aber irgendwem hinterrücks die Hacke ins Kreuz stoßen würde, dachte er bei sich, lieb lächelnd, der bereits wartenden Freudmann in die stark geschminkten Augen blickend. Sie war eine kompetente Leiterin und er mochte sie eigentlich. Überdies hatte er sich bei ihr einen guten Namen gemacht, als Kollege, der auch *neben* dem Unterricht *für Projekte* zu begeistern war, sich gerne um die Kids kümmerte, und daher ließ sie nicht locker ihn zu bearbeiten, endlich eine *Theaterklasse* einzurichten, *das wär doch was für Sie, Sie sind ja sehr. Nun. Kreativ ...* Er setzte sich zu ihr, an den Tisch in der Auslage beim Nobelitaliener.

Es wäre schade, begann die Direktorin nun, *Sie zu verlieren, Herr Urbach,* um gleich darauf ins Amikale zu wechseln, *Lorenz, es ist schon eine seltsame Sache. Hätte nicht gedacht, dass wir mal so, unter diesen Umständen ...* Da kam der

Kellner, die Getränke aufzunehmen, freizügig sprach sich Charlotte (*Nennen wir das Ding beim Namen: Da hast du dir was geleistet, mein lieber Kollege!*) für eine Runde Negroni aus, dabei war es sonderbar, dass sie drei bestellte. Und langsam dämmerte es Lorenz, dass das hier kein Zweiaugengespräch werden würde, sondern eine Versöhnung, so wohl die Hoffnung der Schulleitung. Da marschierte auch schon Kollege Strenzl herein, in Sneakers und Poloshirt, als würde er gerade vom Segeln kommen (geschwollen noch die Visage von der Schlägerei neulich, aber ansonsten *im Glanz*, wo waren die Wunden hin verschwunden?), und Lorenz fühlte sich nochmals unwohler in seiner Aufmachung. *Ach, wie fesch,* ätzte Strenzl rüber, die Hand gab er ihm nicht. Auch Lorenz hatte keine Lust darauf. *Nun, Männer,* lachte Charlotte, *wir können das schnell vom Tisch schaffen und einen netten Abend haben, was ja das Anzustrebende,* und sie sagte es betont, sodass auch die anderen Tische mitlauschten, Lorenz spürte einen Druck, erwartbare Konformität presste sich gegen seine Brust.

Es lag nun an ihm, eine Entschuldigung auszusprechen, eigentlich hätte er einen Geschenkkorb vorbereiten sollen, sülzende Worte, ihm war es ja letztlich *wirklich wurscht,* dieses gutbürgerliche Getue hier. *Meinetwegen,* wollte er loslegen, da kamen die Drinks und Sunnyboy Strenzl hob das Glas in einer Art, die an überheblicher Lässigkeit nicht zu überbieten war, und wendete seinen Kopf nach rechts. Sein Blick ging zum Nachbartisch, dort hockte eine Runde in modischen Trachtenjankern, einer in Verbindungsuniform, ein anderer mit Schmiss, und eitel nickte Strenzl ihnen zu, *wer sitzt denn dort?* Strenzl stockte, tat die Sache ab, *was geht dich das an?* Lorenz fuhr herum, um zu schauen, was für eine Gesellschaft hier noch so versammelt wäre, in der Kollege Strenzl sich wohl nur allzu sehr zuhause fühlte. *Was wir hier eigentlich bereden sollten,* ging Charlotte Freudmann dazwischen, doch sie kam nicht weit. *Wusste nicht, dass Sie mit so Arsch-*

löchern auf Augenhöhe, Kollege ... – *Du, pudel dich jetzt nicht auf. Kollege!*

Gläserklirren. Trauben von Menschen, Gedränge an der Bar, eine Konversation in ihm unbekannter Sprache, er schätzte, es war Arabisch, schämte sich für seine Unkenntnis, so viel mehr müsste man wissen. Wieder die eingebildete Kollegenfratze, Strenzl, der wohl neuerdings Golf spielte, mit der Politik! *Jetzt wollen wir nicht von Politik ...,* die Direktorinnen-Contenance, ihr vorgebeugter Blick, Lorenz aber langsam in Fahrt, der Kollege wüsste doch mit Sicherheit, was diese Herren da am Nachbartisch im Grunde verträten? Es sei doch bitte, so der Konter von Strenzl, kein Geheimnis, dass es diverse Interessen in diesem Land gäbe, *das müssen auch Sie, lieber Genosse, oder was-auch-immer, akzeptieren. Ist ja mittlerweile die Mehrheit schon, was Sie als Arschlöcher ... Würd aufpassen in Zukunft! – Ist das eine Drohung? – Ah geh. Ein Spaß, Kollege. Ein Spaß. Lass dich nicht provozieren.*

Nun wurde die Vorspeise serviert und Lorenz hatte große Lust, sein Gegenüber in Tomatensuppe zu tränken oder ihm die Bruschetta in die Haare zu schmieren, er malte sich aus, wie es wäre, Muscheln nach ihm zu schmeißen oder Sardellenringe in seine Ohren zu stopfen ... *Kollegen!* Die Direktorin ruderte nun vehement, *wäre es denkbar, den Vorfall als sommerlichen Ausrutscher eines verdienten, nach einem langen Schuljahr ferienreifen Lehrers zu betrachten, was diesem sehr, sehr leidtäte, eines Kollegen, der freilich aufkomme für, sagen wir, den Zug, den Kollege Strenzl ob seines Krankenhausaufenthaltes verpasst hatte und der ihn in sein Urlaubsdomizil nach Lausanne gebracht hätte? Auch hierfür, also für Lausanne, wäre von Seiten des Kollegen Urbach, sagen wir, eine finanzielle Geste ...? Im Gegenzug würde jegliche polizeiliche Anzeige zurückgezogen und der Weg über die Gerichte vermieden, denn im schlimmsten Fall,* und sie sah scharf auf Lorenz, bedeutete dies eine Suspendierung und womöglich

(Wir sind eine Privatschule!) ein Unterrichtsverbot, das müsse man freilich erst mit dem Elternverein, aber Sie kennen unseren Elternverein. – Lausanne. – Ja. Lausanne. Schön dort. – Kann ich mir denken.
Schweigen.
Er war kurz davor zu nicken, sich auszurechnen, wie hoch die Kosten für eine Fahrt in die Schweiz, *sicher erster Klasse!,* sein würden, für ein schmuckes Zimmer, *allein oder zu zweit?,* soll er doch das Geld in seinen Arsch gesteckt bekommen!, da sah er in der Spiegelung seines Aperitifs sein schlappes Gesicht, seinen jämmerlichen Versuch eines Krawattenknotens, der ihn zwickte, er lockerte ihn, riss das Ding von sich, Klara hätte gesagt, *lass dein Ego eingesteckt, du kannst nicht die Folgen abschätzen,* aber was Klara sagte, sagte Klara, was sagte denn er, Lorenz Urbach? Und in einer fahrigen Bewegung der Direktorin, die zu sehr mit ihrem Handy beschäftigt war, das nun überdies klingelte, da wohl ihre senile Mutter, pflegebedürftig im Bett, anrief, kippte ihr Glas und im zarten Rot ergoss sich der Negroni über das Tischtuch und eine Spur zog das Gesöff langsam, aber unaufhaltsam Richtung Sunnyboy in seinen weißen Shorts, in denen er einen nächsten Törn vorhatte oder sich nach dem Treffen zu seinen politischen Segelfreundchen nebenan gesellen wollte, es tropfte auf ihn nieder, die Direktorin halb abwesend, deren Mutter schien ein Problem zu haben, *womöglich die Luftzufuhr ihres Geräts,* doch die Sau von Kollege sprang auf, wie von glühenden Kohlen, *ja verdammt,* ätzte er pissig, *können Sie nicht aufpassen?* Zorn in den Augen. Scham in jenen der Direktorin. Und er, Lorenz Urbach, stand auf, sagte *tschüss,* und *alles Gute der Mutter,* und *einen Scheiß* würde er zurücknehmen. *Arschlöcher brauchen irgendwann mal was auf ihre Fresse.* Schritt an den Tischen vorüber, durch den Gastgarten, hörte nur die Worte des verdutzten Strenzl: *Ein Idiot! Den braucht keiner in der Schule!* Es schoss ihm das Adrenalin ein, samt Testos-

teron und Kortisol (er vermengte alle Begriffe, die ihm nach einer raschen Recherche über Wut und Rastlosigkeit im Hirn hängen geblieben waren), es richteten sich die Nasenhaare des gut 42-jährigen Deutsch- und Geschichtelehrers auf, wild und impulsiv drehte er sich um, eilte in Monsterschritten auf das Scheusal von Sport-, Physik- und Chemielehrer zu, der Sprecher im Kollegium war und die *Leistungsgruppe Laptopklasse* führte, und ein nie zuvor vollzogener Fausthieb schob das Gebiss des Verdutzten um einige Zentimeter zur Seite, es knackte, Blut spritzte und ein Aufschrei im Nobellokal mitten in der Stadt, *Sie Sau!* Der Getroffene versuchte sich aufzurappeln, doch er knallte rücklings zu Boden.

Die Direktorin, halb entsetzt, halb ehrfürchtig, starrte von unten den groß gewordenen Kollegen Urbach an, als wäre er zu einem Unwesen mutiert, ihre Augen sagten, sie könne nun nichts mehr für ihn tun, traurig, zugleich nickte sie ihm heimlich, fast verschworen zu: Scheißen Sie sich nichts! Die Schweine haben's verdient ... Lorenz zog weiter. Der Geschlagene lallte: *Was ist in den gefahren? Der spinnt doch. Scheiße.*

Lorenz überkam eine ungewohnte Lust, sich nochmals umzuwenden, um allen ringsum *das Schaudern und Schrecken* zu lehren, dieser geduckten Gesellschaft auf ihren Stühlen. So visierte er tatsächlich den winzig gewordenen Strenzl an, der den Kopf einzog. Und, als wär's ein Theatersatz, sprach Lorenz ins starre Tableau vivant, sein Opfer fixierend: *Das nennt sich Unbehagen. Kollege. Vormärzliches Unbehagen.* Drehte ab, und fort in die engen Gassen.

Aber, raunte jemand, es zitterte noch das Beilagenbesteck, es sei doch *Sommer. Hochsommer ... Was redet der vom März?*

17.

Er lief durch unzählige Straßen hinaus aus der Innenstadt, verirrte sich, der Vollmond groß über den hohen Häusern, mit Schweiß im Gesicht stierte Lorenz hoch, süße Anarchie durchfuhr ihn. Fast wollte er hinaufheulen. Er fiel in die nächstbeste Bar.

Noch immer sah er sich mehr von außen, als dass er innerlich verstehen würde, was vor sich ging, wer dieser andere in ihm war, und ob er ihn mochte. *Doch!,* beschloss er bei einem Glas schweren Rotwein, *den* mochte er, mehr womöglich als den betulich gewordenen, vorhersehbaren *Professor*, er würde wohl bald etwas ganz anderes machen müssen, sich um eine neue Profession bemühen, hoffend, einer Vorstrafe zu entgehen, oder *dem Knast* … Er würde, wenn's *hart auf hart* käme, überhaupt umsatteln müssen, sah sich die soziale Leiter hinabstürzen, Netze rissen, Schlund der Verlotterung und Verkommenheit. *Dann werd ich halt kriminell,* murmelte er mit Galgenhumor. *Scheiß drauf! Und ein Achterl noch, bitte …*

Es blinzelte eine Unbekannte in feiner Robe herüber, ihr Tüll hing allerdings schlapp und zerzaust, als wär sie wüst übertrampelt worden, sie war wohl einer schlimmen Ballnacht entkommen. Schaute er ähnlich *mitgenommen* aus? Wir zwei, was?, wollte er hinrotzen, aus dem Rahmen gepurzelt …, *cheers,* nickte er in ihre Richtung, sie erwiderte. Scheinbar war der neue Urbach fähig, Blicke auf sich zu ziehen, so ein Nicken hätte er sich nicht zugetraut, auch nicht, dass er schnurstracks rüberging, sie betrachtete, sie war allein in ihren Drink vertieft, ein Buch am Schoß, sie hatte eine Zahnlücke. Eine schöne Lücke … Sie meinte, sie genieße es, in Bars in ihrer Lektüre zu versinken. *Versinken …,* wiederholte er, auf ihre Lippen starrend. *Erraten Sie, was ich lese?* Die Unbekannte mimte die Rätselhafte, er genoss das Spiel.

Er tippe auf *Tiefergehendes,* ihr Oberschenkel rückte näher, genetzte Strümpfe unterm Tüll, *nichts zu Oberflächliches,* er geriet ins Stocken, eine erste Berührung, *vielleicht Verruchtes?* Er hörte seine eigenen Worte und dachte, sie kämen von woanders. Er löschte seinen Durst, sie kippte ihren Martini hinunter: *Na …?* Jetzt musste er liefern. Ungeschickt rutschte er vom Barsessel, stieß dadurch an ihren Knöchel, *sorry.* Der alte Urbach kam zum Vorschein, sein Zaudern. Dieser Urbach, der sich eigentlich in Grund und Boden schämen sollte, der sein Dasein zerstörte, durch infantile Aussetzer, und vereinsamt im Alter dahinsiechen würde, seiner Tochter verhasst, *der Papa ein Schläger. Und stinken tut er auch …*

Die Frau vor ihm verlor das Interesse, *na dann tschüss. Sorry.* Sie trat von der Bar zurück, er hielt sie. So fest wollte er sie nicht halten. Er wollte sie gar nicht halten. *Na, na, na! Ich hol gleich die Cops, Mister!* Sie dürfte stark betrunken sein, dachte er bei sich und sagte (es war das Erste, was ihm einfiel), *die Bibel. Sie lesen … die Bibel.* Sie lachte laut auf, ihr kamen fast die Tränen, *du bist ja schräg, die Bibel? Pass auf, dass dir keiner abgeht, Freak.* Und schwebte davon.

18.

Als er das Bild aus der Zeitung riss (er hatte das Boulevardblatt in der U-Bahn eingesteckt, er hatte alles ausgedruckt, was er online zu dem Fall finden konnte, er scrollte durch Nachrichten, Tiroler Lokalsender hatten begonnen, darüber zu berichten, *Mensch oder Tier, Mensch oder Tier?* stand über den Darstellungen des Ungeheuers), und als er nun die alten Videoaufnahmen von der Wanderung mit Theresa dagegenhielt, er kroch förmlich ins Display hinein, da überkam es ihn: War *sie* es, die dort lauerte?

19.

Die Bibel? Manu sah ihn tief an, als wolle er hinter der Stirn die Synapsen bloßlegen, um zu verstehen, was in seinem Freund vorging. *Ja, sorry. War halt das Erste, was kam.* Er sah plötzlich die Großmutter blättern, in der Stube, im ledernen Büchlein, das Alte Testament, vor sich hin wispernd, als wäre alles Dasein nur Buße, in ihrer strengen Sicht auf das, was sein darf, was sein soll, aus der Küche der Geruch panierter Schnitzel, Erbsenreis, aus dem Fernseher *fideler Gesang eines Peter-Alexander-Films*, warum dachte er nun an die Großmutter? *Fühlst du dich denn gar nicht schuldig?*, ging ihn Manu nun vehementer an. *Wegen der Bibel?*, murrte Lorenz verkatert zurück, er hätte fast das Läuten des Freundes an der Tür überhört, es war hellichter Tag. *Nein, Trottel. Wegen den Verletzungen. Deine Auszucker! Du tust deinem Umfeld weh!* Manu nun sehr harsch, wütend. *Was ist verdammt nochmal los? Du hattest bislang eine klare Vorstellung davon, wo Gewalt beginnt.*

Lorenz hörte ihn nicht mehr, er zitterte, er bat Manu, ihn allein zu lassen. Der Doc beharrte darauf, bei ihm zu bleiben. Klara hätte neuerlich angerufen. *Wir sollten einen Plan erstellen, für deine Rehabilitation. Mensch, Lorenz, das ist nicht nichts ... Ich kann dir eine gute Kollegin empfehlen.* Es schwirrte sein Kopf. Er versuchte zu ordnen, was gestern in der Vollmondnacht noch alles passiert sein könnte. Wann war er heimgekommen? *Hörst du mir eigentlich zu? – Ich brauch Kaffee.* Er trottete in die Küche, verschüttete die geriebenen Bohnen, murrte, dann musste er sich übergeben. Ob sich seine neuerliche Entgleisung beim Nobelitaliener bereits rumgesprochen hatte? Ob die Polizei ihn suchte?

Und was ich nicht brauch, ist ein blöder Aufpasser, fuhr ihn Lorenz plötzlich patzig an. Das sehe er anders, bestimmte

Manu hart. Er wollte Lorenz hochhelfen, der spülte, vor der Toilette kniend, sein galliges Innerstes hinunter, spuckte, stieß Manu grob zur Seite. *Dann musst im Stiegenhaus warten, möchte jetzt allein sein.*

Lorenz wurde ungehalten, stierte wild hin und her, wusch sich grob, Kotze am Schenkel, an der Jogginghose, schob die frischen Sachen weg, die ihm Manu rausgesucht hatte, *und lass das, bin kein Kind mehr. – Führ dich nicht so auf, Mann!,* konterte Manu. *Du!,* grabschte Lorenz an die Schulter des Freundes, fast rutschte ihm die Hand aus.

Schweigen.

Der schwere Atem. Der rotierende Raum. Das Erbrochene. Ein stechender Geruch.

Okay, sagte der Psychotherapeut schließlich. *Depp, du. Okay. Wir reden später. Trink mal den Espresso … Bin für dich da.* Endlich schlug die Tür.

Das Telefon stellte er ab. Keine Anrufe. Keine Nachrichten von irgendwem. *Vergesst mich doch!* Alle schienen ihn zu beäugen als *Fall,* als *Patient,* so viel Aufmerksamkeit hatte er lang nicht mehr erhalten. Er schlug nun allein in der Wohnung um sich, es litt der Tisch, dann der Stuhl, er ging an die Bücherwand, las die Buchrücken, sagte, *Bibel, Bibel, so ein Scheiß,* zog die Reihe B heraus, Brecht. Knallte alles hin. Bachmann. Bataille. Bernhard. Bukowski. Bulgakow. Pynchon … Was tat der Pynchon da? Eine konsequent alphabetische Ordnung, war das verdammt nochmal zu viel verlangt? D wie Durcheinander. E wie Eliminierung. F wie Fickt-euch-doch-alle! Er purzelte beim K auf die Knie. Kappacher. Kafka. Kain. Kerouac. Kundera. Kurkow. Dazwischen Haushofer, dazwischen die Müller, dazwischen die Shelley, die Shelley, die gehörte doch ins 19. Jahrhundert, wo war denn sein 19. Jahrhundert? Manisch suchte er nach Büchner, nach Dickinson, nach Woolf. Knallte alles zu Boden. Saß im Blättermeer, wie tief war er wirklich eingedrungen? In das hier? Verlor sich in Baudelaires *Les Fleurs du Mal*, immer hätte er gern besser Französisch gesprochen, rezitierte und verstand rein gar nichts, war plötzlich ergriffen (Emmi hatte das Buch, das er ihr rausgelegt hatte, nicht mitgenommen, es lag vereinsamt noch am Küchentisch) von Thoreau. Henry David Thoreau. *Walden. Oder Leben in den Wäldern.* Da kam er wieder zu sich.

Noch einmal spielte er am Camcorder die letzte Aufnahme ab, Theresas Gesicht, ihr Lächeln, ihre Haare im Wind, diese Augen. *Lass das. Tu das Ding weg. – Ich will, dass du was sagst. – Was soll ich denn sagen? – Was du hier machst? Warum gehst du? Warum gehst du seit Jahren allein durch die Welt? – Bin nicht allein.* Sie trat in den Bildhintergrund, ihr Rücken, die Spuren am Hals, war sie beim Wandern gestürzt? Sie war abgemagert, aber zäh. So würde er sie beschreiben, ein zäher, sehniger, unerwartet ausdauernder Mensch. *Ich hab doch meine Naturwesen. Alles da. Alles Natur.* Die Kamera nun in einer Totalen, Theresa in einem Meer von Steinen, stolz der Blick nach oben, in ein undefiniertes Oben. *Auch wenn alle sagen, das ist irre. Aber für mich ist das hier. Daheim …* Die Kamera verwackelt, Theresa drehte sich in den Wind. *Kommst du jetzt? Komm schon, ich will weiter …*

Dann packte er seinen Rucksack. Es war Mitte Juli.

II.
Wanderung

1.

Die Wolken türmten sich bedrohlich. Er fürchtete, sein Vorhaben frühzeitig abbrechen zu müssen. Immerhin war er gut ausgerüstet. In einem Sportfachhandel hatte er sich noch alles einreden lassen, was die Expertin für *Outdoorkleidung und Survival* ihm riet. *Sie dürfen die Temperaturen nicht unterschätzen, Sie wissen, das Wetter!* Er war nicht unerfahren im Wandern, selbst wenn man es ihm auf den ersten Blick nicht mehr ansah. Ihm rutschte dann gerne jene Floskel heraus, die er zugleich am meisten mied, wenn's ins Biografische ging: Er sei ja *vom Land*. Als wäre es eine Gewissheit, dass Menschen, die in ländlicher Gegend aufgewachsen waren, *das Rüstzeug fürs Überleben in der Natur quasi mit der Muttermilch aufgesaugt hatten* ... Er unterließ alle weiteren Ausführungen, sie wären ihm zu ironisch geraten, auch dachte die Verkäuferin bereits, einen Irren vor sich zu haben, womöglich war er das auch.

Er war aus dem Fenster seiner Wohnung gestiegen, hatte es genauso gemacht, wie es mutmaßliche Einbruchsbanden angehen würden, nur umgekehrt. Übers Fenster im dritten Stock schwang er sich mit einem veritablen Satz auf einen der dickeren Äste des knorrigen Baumes im Innenhof, hantelte sich runter bis zu einem Mauervorsprung, stieg auf die Mülltonnen und landete mit einem Wumms auf dem morgenfeuchten Asphalt. Es dämmerte bereits, als er voll Glücksgefühl, als hätte er eine heldenhafte Großtat vor, in den Flur des Altbaus huschte (er hatte zu Recht befürchtet, dass Doc Immanuel vor seiner Wohnungstür genächtigt haben könnte). Sein Schnarchen hallte durchs Treppenhaus, Lorenz drehte sich nicht mehr um und beschloss, schnellstmöglich aus der Stadt zu verschwinden. Immerhin musste er nach der Sache beim Nobelitaliener damit rechnen, dass in Kürze jemand vor seiner Tür stehen könnte, um ihn auf die Wache zu schleifen, es läge *eine grobe Anzeige vor, Herr Urbach, Schlägerei und Sachbeschädigung, langsam wird es happig.* Innerlich lief er also vor einer ganzen Brigade Uniformierter davon, sie waren in seiner Fantasie schlimm bewaffnet und willig, ihn jederzeit auf offener Straße zur Strecke zu bringen.

Neben dem Trekkingrucksack (bis zu Minusgraden war er gerüstet!) führte er einen kleinen Zusatzrucksack mit sich, den er flexibel an den größeren angezurrt oder bäuchlings umgeschnallt tragen konnte und der seine wichtigsten Papiere enthielt, außerdem Wanderkarten, einen Wanderführer, *Innsbruck und Umland*, den er rasch noch am Bahnhofsbuchladen besorgt hatte, sowie den im Strudel des Vortags aufgefundenen Thoreau. Eine dumme Angewohnheit, rügte er sich später, als er ins wohltuend leere Zugabteil plumpste, immer schleppte er Lektüre mit, die letztlich ungelesen blieb, zumal er doch beständig gegen ein Schwindelgefühl ankämpfen musste, sobald er beim Zugfahren ein Buch aufschlug. Lorenz blätterte durch die ersten Seiten von *Walden*, suchte nach Sätzen, von denen er sich Bestätigung für seinen abrupten Tatendrang erhoffte, fand aber nur diesen: *Aus der verzweifelten Stadt fährt man aufs verzweifelte Land und tröstet sich mit einem Gepränge von Nerz und Bisam …*

Er legte das Buch beiseite, schlecht gelaunt, er besaß weder Nerze noch anderen Prunk, was war es denn bei ihm, das ihn aus seinem Unmut reißen könnte, was suchte er? Was brauchte er?

Er holte die neue Kamera aus dem Kopfteil des Rucksacks, klappte das Hightech-Ding auf, ein 4K-Ultra-HD-Camcorder, frisch aus einem Laden gleich neben dem Outdoor-Shop. Das Geld für einen möglichen Urlaub mit Emmi (die jetzt ohnedies bei Klara an der Ostsee saß) war also in sein Reiseequipment geflossen. Er blickte durch den Sucher, betätigte den Aufnahmeknopf, die Grundfunktionen des Geräts waren wie früher, nur war alles leichter, kleiner geworden, *das Ergebnis ist atemberaubend,* so die freundliche Technikexpertin, die auf ihn eingeredet hatte, *messerscharfe Brillanz.* Er hatte sich vom Kauf überzeugen lassen, mehr von Nostalgie als von Vernunft geleitet. Er hätte ja *noch was zu Ende zu bringen.* Filmte sich selbst sitzend im Zugabteil, auf die Landschaft starrend.

Theresas Wanderkarte musste er in der Wohnung zurücklassen (zu unhandlich war sie, zu groß für den Rucksack). Also begnügte er sich mit abfotografierten Wegen und Markierungen, die Bilder griffbereit am Mobiltelefon, und einer mit fünf Sternen rezensierten Wander-App samt hochauflösenden Detailkarten des gesamten Alpengebiets. Das Wiener Becken ließ er sofort außer Acht. Auch die östlichen Alpenausläufer, das Salzkammergut, die Niederen und Hohen Tauern. Ebenso schieden die südlichen Kalkalpen aus, selbst wenn Theresa dort sicher überall mal gewesen war. Nur erschien es ihm unwahrscheinlich, dass er sie dort finden könnte, oder anders: Alle Anzeichen, die sich ihm in den letzten Tagen aufgedrängt hatten, die Meldungen von diesem unbekannten Untier, das wiederholte Betrachten der alten Videoaufnahmen ... Das musste doch zusammenhängen!

Klick. Sein Handy meldete sich. *Du bist aus dem Fenster gesprungen!?!* Rufzeichen. Fragezeichen. Rufzeichen. Er ließ Klaras Nachricht unbeantwortet, filmte vorbeiziehende Gebiete. *Lorenz, bitte!!!* Dreifaches Rufzeichen. Er ignorierte sie.

Dann schrieb Emmi. Na toll, dachte er. Die Mutter schickt die Tochter vor. Er las die Nachricht. Scheinbar war in der Zwischenzeit in Wien der Schlüsseldienst gerufen worden, um in seine versperrte Wohnung zu gelangen. *Wo bist du, Papa? Geht's dir gut? Immanuel hat gedacht, du hast dir was angetan ...*

Er schrieb an Klara: *Stimmt das? Dein Psychiater-Freund hat meine Wohnung aufbrechen lassen? – Er ist nicht MEIN*

Freund, kam prompt zurück. *Er ist auch DEINER. Er macht sich Sorgen. Wir übrigens auch. Wo bist du, verdammt? Außerdem ist Immanuel Therapeut, kein Psychiater.* Typisch Klara, Korinthenkacke, er verspürte plötzlich einen Drang, was Unvernünftiges zu tun, draußen begannen wilde Schauer.

Du machst doch keinen Blödsinn, Papa? – Nein, schrieb er. *Natürlich nicht.* Er schickte Emmi zur Beruhigung ein Foto von sich im Zug mit Wanderausrüstung. *Im Hintergrund schifft es, Papa. Schaut ungemütlich aus. – Es wird fantastisch.*

Die beiden hockten sicher nebeneinander.

Klara: *Dein Wohnungsfenster stand offen. Sag mal, drehst du jetzt durch?* Lorenz: *UNSER Psychiater-Freund-Therapeut hat es hoffentlich geschlossen. Danke fürs Mitgefühl … Warum darf der überhaupt meine Wohnung aufbrechen lassen?* Klara: *Du bist in einem instabilen Zustand. – Ist das rechtlich gedeckt? Die Kosten zahlt er. – Was sollte er denn tun? Du hast nicht aufgemacht. Er hatte dich mehrmals angerufen. Du warst nicht erreichbar. – Ich hab ihn blockiert. Sag ihm, sorry, aber mir wurde es zu viel. – Wo bist du jetzt?*

Foto von Emmi, sie neben Klara, bei einem Kaffee eingehüllt in Decken. Wind. Lorenz: *Sieht auch ungemütlich aus.* Emmi: *Es würde dir gefallen. – Kann sein … Hab nun meinen eigenen Plan für den Sommer. – Aber wir machen doch noch was … Papa. Wir zwei …*

Er hatte es vergessen. Mist. Er ruderte zurück. *Klar, ja. Ich bin nur ein paar Tage weg … Wir sehen uns und dann machen wir was.*

Seit dem Ausbruch aus seiner eigenen Wohnung hatte er gedacht, er sei im freien Fall. Doch nichts fällt frei. Physikalische Gesetze ringen mit metaphysischen Kräften, soziale Verstrickungen mit der Hoffnung, dass vielleicht alles weg sein könnte, wenn man nur fest genug die Augen schließen, kurz warten und sie hernach wieder öffnen würde. Aber alles war immer noch da.

Die Behörden brauchen eine Adresse, wo du aufzufinden bist.

Ihm verging die Lust auf Konversation. Was scherte es die anderen, was er tat? Durfte er keine alte Freundin aufsuchen, einfach mal so. So. Out of the blue? War das denn so verboten?

Ohne Scheiß. Du giltst sonst als flüchtig. – Spricht da die Juristin? – Ja. Ausschließlich. Und denk nicht, du kannst mich emotional erpressen. Mein Urlaub ist mein Urlaub. Für mich giltst du als erwachsen. – Für mich gelten wir alle als selbstständig und mündig.

Die Fahrkarte, bitte. Er schaute ins Gesicht des routiniert freundlichen Zugbegleiters, der nur seine Arbeit tun wollte, ohne viel Unterbrechung, das gefiel Lorenz: einfach mal sein, ohne Zwischengeräusche, er zog das Ticket aus seiner Geldtasche, unter transparenter Folie schimmerte ein alter Fotostreifen von ihm und Klara heraus, die erste Aufnahme, die von ihnen als Paar existierte (immer noch trug er sie mit sich rum), *gute Fahrt noch!* Es klackte die Schiebetüre im veralteten Euro-City-Abteil, muffig die abgewetzten Pölster auf den Sitzflächen, es schepperte der Deckel am Mülleimer, faulige Bananenschalenreste, und draußen zog im Regen hinter herabklatschenden Tropfen auf der verdreckten Fensterscheibe Landschaft vorüber. Die Ebenen waren verschwunden, hoch ragten Berge am Horizont.

Er tippte: *Innsbruck, Hotel Central. Da residiere ich.*

2.

Im *Central* saß er durchnässt. Innsbruck hatte ihn mit einem wilden Regenguss empfangen. Für den kurzen Fußmarsch musste Lorenz alles an Schutzausrüstung überziehen, was er auf die Schnelle aus dem Rucksack hervorkramen konnte. Als wäre er für eine Everest-Besteigung gekleidet, hatte er schließlich eingecheckt, der Rezeptionist ließ es unbeachtet, in Tirol lief ja andauernd wer mit Gebirgsausrüstung rum. Wenigstens waren ihm die Wege rund ums Bahnhofsviertel noch vertraut gewesen. Klara und er hatten einige Monate hier gelebt. Klara absolvierte damals ihr Praktikum am Landesgericht. Das lag fast 20 Jahre zurück. *Vor Emmi*, wie er gewohnt war zu erzählen. Sein Leben war gegliedert in eine *Vor-Kind-Zeit* und eine *Kind-Zeit*, er hatte kaum ein Bild für das Danach entwickelt.

Er blickte über nasse Dächer, fror im unterkühlten Zimmer, hatte die auf Hochtouren laufende Klimaanlage abgestellt. Abend war es geworden und er lugte die Gassen entlang, erinnerte sich an den Weg in die *Katzung*, da waren sie gern hingegangen, Klara und er, da konnten sie oft gut reden. Er verlor sich in den eng verschlungenen Häuserzeilen der Altstadt, der Blick weiter nach oben gerichtet, dort war alles finstergrau, Nebelschwaden über der Stadt. Das hatte er immer am unheimlichsten gefunden: die Gewissheit, dass hinter diesem Grau die Berge lauerten, wie stets anwesende Riesen. *Andernorts reißt der Himmel auf und eine Weite wird sichtbar. Hier knallt dir der Fels seine Gewalt entgegen,* dachte Lorenz. Er spähte noch weiter hoch, dorthin, wo er die Gipfel der Nordkette vermutete. Schwach fiel ein Lichtpunkt durch die Wolkendecke, als wäre ein Stern verfrüht aufgegangen. Das *Hafelekar*.

Er duschte heiß, sah an sich herab, der schlappe Bauch, die Hände dürr, die Beine schwabbelig, allein die Waden waren ansehnlich. Er betrachtete schließlich seine unförmigen Zehen, die Nägel eingerissen, unschön geschnitten, fühlte, wie so oft, mehr Scham als Stolz seinem eigenen *Leib* gegenüber (dachte an die Kirche, dachte an gebrochene Hostien, dachte an Laibe mit a und Leiber mit e, dachte ans Fußball-Leiberl, ans Gymnasium, Unterstufe, Schulkollegen, die ihn drangsalierten, warum? Er hatte es vergessen, nur den Satz behalten: *Trau di oda varreck, du wiast ka Leiberl haum, Znirchtl!*), Dampf stieg hoch, er genoss es, darin zu verschwinden, lehnte am Glas der Duschkabine, lange, das Wasser rann und rann, er wusste plötzlich nicht mehr, ob er all das wirklich machen sollte.

Er schrieb lange an Emmi. Erklärte seiner Tochter, dass sie sich nicht sorgen solle, dass es ihm leidtäte, aber dass ihm derzeit die Worte fehlten, alles umfänglich und so zu beschreiben, wie sie es verdiene. Und dass es manchmal Dinge gäbe, die noch lasteten, von denen man denke, sie erledigt zu haben, *die einen aber irgendwann einholten*. Da in etwa stünde er.

Er zappte am Hotelfernseher durch Nachrichtensender, hoffte auf Neues über die *Vorfälle* im Karwendelgebirge. Es gab nur Formel 1, Vorabendquizshows und die sicher tausendste Wiederholung von Dr. Quinn, *meine Güte*, lachte er laut, er hatte sich immer vorgestellt, dieser dunkel gelockte, langhaarige Sully zu sein, dieser *Halbblut-Indianer, zwischen Zivilisation und Wildnis*, er trauerte alten Klischees hinterher, lächerlich! Alles an dieser Serie war aus heutiger Sicht borniert und rassistisch. Frustriert wechselte er den Sender. Sport. Energydrink-gesponserte Sky-Diver stürzten sich irrwitzig an Hängen hinab. Werbung. Mineralwasser schlürfende Familien strahlten unwiderstehliches Glück aus. Wieder ein Quiz. Ein untersetzter Mann mit Glatze presste am Glücksrad drehend lispelnd seine Weltweisheit heraus: *Es kummt, wia's kummt.* Es kam *leider nichts*. Dann eine Sonderschaltung in den Nahen Osten. Eskalation im Konflikt. Lorenz drehte reflexartig das Gerät ab. Schwarz der Bildschirm, er darin gespiegelt, hockend, nackt, befremdlich sein eigenes Gesicht.

Der Hunger trieb ihn aus dem Zimmer, leicht nieselte es noch, er lief rasch, saß endlich, nachdem ihm die *Katzung* zu voll und anderes überteuert erschienen war, in einer Seitengasse bei einem Griechen im Gewölbe, dort bestellte er wirr und viel, als spürte sein Körper, *vorsorgen* zu müssen. Er fürchtete, zu wenig *für das Kommende* eingepackt zu haben. Er gab sich maximal eine Woche für seine Expedition, die ihm in wachen Momenten völlig schwachsinnig vorkam, zugleich drängte ihn etwas, genau das nun tun zu müssen. Sieben Tage. Das wäre doch okay. Kein Harakiri-Ritt, aber ein anständiges Abenteuer. Geplante Planlosigkeit, was grundvernünftig klang. Jede Therapiestunde hätte dasselbe zutage gebracht: *Gehen Sie mal raus, in die Natur, atmen Sie frei.* Nichts anderes hatte er vor.

Hinter der Schank des urigen Lokals, in dem außer ihm kaum wer saß und nur eine junge Kellnerin hantierte, die auch die Küche schupfte, flimmerten Nachrichten über ein altertümlich klobiges Fernsehgerät, ein *Revierförster,* so der Untertitel, sprach über die Sichtungen der letzten Tage. Die Musik im Raum war zu laut oder das Gerät zu leise, jedenfalls verstand Lorenz nichts. Er sah ihn nur sprechen, diesen Förster, der mit weit aufgerissenen Augen in die Kamera starrte, aufgebracht gestikulierte, wohl die Dimensionen andeutete, die das *unbekannte Wesen* abmaß, *Rätsel um räuberisches Wildtier geht weiter,* und ein Entsetzen stand nun im Gesicht des Mannes, danach die Fotos eines Kadavers, ein Reh oder ein Hirsch … Eine Telefonnummer wurde eingeblendet und in Laufschrift diverse Ortsnamen, waren das alles Fundorte toter Tiere: *Blutgrabensenke, Jägerkarspitze, Seekarsattel, Seekarspitz, Jagdbach, Gumpenkopf* …? Lorenz fragte in Richtung Kellnerin, ob sie lauter stellen könnte, die reagierte aber nicht und schunkelte mit Kopfhörern beim Spülen der Gläser, verschwand dann hinter einem Dunstabzug. Lorenz saß im Halbdunkel bei Sirtaki-Klängen, Cordon bleu und Erdäpfelsalat, erhob sich in Unruhe, trat nah an die Schank, reckte den Kopf Richtung Fernseher, der Förster nun in Großaufnahme, schweißgebadet, *grausig,* sagte er, das verstand Lorenz, *grausig, gebt's Acht!*

Von der Wand des Lokals, wo verstaubt allerlei Krimskrams auf Regalen rumstand, Trophäen und Pokale, Fotos irgendwelcher Inseln mit Meer und Steinstränden, Glaskugeln, Krüge voller Messer mit Holzgriffen, grabschte er sich, einem Impuls folgend (es wäre wohl klug, Derartiges für das Kommende mit sich zu führen), eine lange Klinge, einen alten Säbel (Machete wäre das passendere Wort). Er schritt mit ihr unterm Arm heroisch in die aufgeklarte Sternennacht.

Vor dem tiefen Blau des Himmels stand die Bergwand und wisperte: *Du bist nichts, Mensch, schau her, so klein und verletzlich …*

3.

Schlaflos starrte er aufs Display seines neuen Camcorders. Nahm Botschaften an Theresa auf. Löschte sie wieder. Stellte sich ans Fenster, draußen hatte es abgekühlt, und legte die Hand auf die Scheibe.

Weißt du's nicht mehr?, ätzte sein Spiegelbild ihm entgegen, er schüttelte den Kopf, mehrmals, wischte alles an Bildern weg, und sie kamen doch wieder. *Du weißt es doch noch ...* Ein Lachen von irgendwoher. Ein wütender Ausbruch von Klara: *Du und dein Sehnsuchtsblick ...!* Er verscheuchte die Worte aus seinem Kopf, hörte, vernünftig, sehr vernünftig, Immanuels Stimme, was verstand der schon? Was verstanden alle anderen? Er schaute sich selbst tief in die Augen, kroch in sich rein.

Wie das war? Echt jetzt? Es war genau so. Ha! Er schlug mit der Stirn gegen das Glas, im Selbstgespräch. *Ja!* Und sah wieder alles: Theresas Gesicht, minutenlang abgefilmt, minutiös abgetastet. Als ein Fremder zoomte er sich an sie heran. *Genau so war's!*

4.

Die Nordkettenbahn brachte ihn am nächsten Morgen zeitig hoch. Das Tal rückte in die Ferne, vereinzelt machte er Punkte im Gelände aus, Wandergruppen, die sich den Hang hinaufschoben, sie wurden bald von Natur verschluckt. Mächtig fächerte sich die Bergwelt vor ihm auf, kristallklar zeichneten sich die Alpenzüge gegen Süden hin ab, die Felsen glänzten und ihre höchsten Spitzen waren noch mit Schnee überzogen. Massiv reihte sich an Massiv, er verlor sich im Zählen der Gipfel.

Ein Steinbock kauerte an der Ausstiegsstelle unterhalb der Metalltreppe, die von der Bergstation ins Gelände führte, faul und müde, er hatte das majestätische Tier beinahe im Grau der Felsen übersehen. Lorenz trottete den anderen Ausflüglern hinterher, die mit ihm hochgefahren waren, alle folgten der einen oder anderen *Versprechung der Wildnis*, oder einfach einer *Liste von Hotspots*, die Tirol zu bieten hatte. Schmunzelnd beäugte er das Durcheinander an Kleidungsstilen in dieser Schar, die nun den Weg hoch zu einem Gipfelkreuz suchte, Touristinnen in kurzen Hosen und Cowboystiefeln, eine Familie in indischer Folklore und Flip-Flops, ein schmusendes Pärchen hinter Designer-Sonnenbrillen, in Anoraks gehüllt, als drohe ein Schneesturm. Sie alle purzelten nach der wenig aufwändigen Gondelfahrt auf über 2300 Metern ins schroffe, unwirtliche Hochgebirge. Nach einigen schnellen Fotos machten die meisten bald kehrt und redeten von der *Kaspressknödelsuppe* im nahen Gipfellokal. Er ließ das alles rasch hinter sich, mit hohem Tempo, folgte motiviert, fast euphorisch und mit zunehmender Besessenheit seinem inneren Plan. Er hatte vergessen, wie schön es hier war.

Der *Goetheweg* führte ihn erst entlang eines Grats, dann hinter einem beeindruckenden Zacken vorüber, der *Mandl-*

spitze, er durchstieg die *Mandlscharte* oberhalb der *Arzler Scharte*, und steuerte alsbald die *Pfeishütte* an, dort hatte er die erste Rast vorgesehen, bevor er nach mehrstündigem Abstieg und Aufstieg dem *Adlerweg* folgend die Ankunft am *Hallerangerhaus* anstrebte, sein erster Etappenstopp, wo er nächtigen und das weitere Vorgehen durchdenken wollte. Die *Blutgrabensenke*, der *Seekarsattel* sowie der *Jagdbach*, wie er sich präzise auf seinen Unterlagen notiert hatte, wären von dort in einem weiteren Tagesmarsch schaffbar, er müsste sich nur für eine der drei Optionen entscheiden. Außerdem hoffte er auf Rückruf des Revierförsters aus den gestrigen Lokalnachrichten, dem er aufs Band gesprochen hatte. *Etwas würde sich weisen.*

Bald versank er in der Eintönigkeit des Gehens. Die Latschen am Wegrand erschienen ihm, als hätten sie Arme, die nach ihm fassen könnten, also mahnte er sich, mittig am Pfad zu bleiben. Er nahm sich vor, den Schritt schnell zu halten, wenig Pausen zu machen, pausierte aber gleich darauf, um die Schuhe neu zu binden. Alles war zu eng. Später musste er die Jacke ausziehen. Alles war zu heiß.

Er hatte plötzlich zu kämpfen, um nicht abzurutschen. Aus seinen Gedanken gerissen, spürte er bald ausschließlich die Mängel seines Körpers. Dem wollte er mit noch größerem Tempo entkommen, bis er außer Puste kam und nervös am Stand schnaufte, *jetzt reiß dich,* betete er vor sich hin, *reiß dich.*

Irgendwann war ihm, als würde er beobachtet. Er schielte in die Umgebung. Theresa?

5.

Er sah ihre erste Begegnung vor sich, Jahrzehnte war es her: Theresa im Eck eines Vortragraumes in der dörflichen Musikschule, halb verdeckt von verdorrten Zimmerpflanzen, am Klavier. Sie begleitete das Celloduett von Lorenz' Schwestern, er sollte den Vorspielabend filmen, *für die Familie*. Bereits die Firmung hatte er auf Video festgehalten, einen *flotten Zusammenschnitt* erstellt, wie der Vater befand, sowie Sommerurlaube, Schulveranstaltungen und vieles andere. Es war das Jahr, so schimmerte alles überbelichtet hell in seiner Erinnerung, dessen er vorwiegend durch den Sucher seiner Kamera gewahr wurde, er hatte sich regelrecht in sein neues *Hobby* versenkt (seine gesamten Ersparnisse waren für technische Anschaffungen draufgegangen). Manche in seinem Umfeld meinten, *der Bub tobe sich halt aus, kreativ … Ist doch ein Kreativer, der Lenzi …,* in Wahrheit war es andersrum: kein Toben. Keine Entfaltung. Eine Begrenzung nahm das Filmbild für ihn vor! Es maß die Welt in einem klaren Raster ab. Seine Deutung der Wirklichkeit konnte er letztlich selbst am Schnittpult bestimmen, im Überspielen der kleineren Hi8-Kassetten auf die größeren VHS-Kassetten, später von MiniDV über seine erste digitale Schnittkarte auf den alten PC mit Windows 96: Bildreihenfolge, Perspektive, Dauer, Emotion, Nähe, Distanz, freilich alles sehr naiv und amateurhaft, doch er begann sich einzulesen. Schaute, von Videotheken ausgeliehen, alles Mögliche, russische Avantgarde, französische Nouvelle Vague, italienischen Neorealismus, anfangs oft nur inhaltsleere Begriffe, unaussprechlich, aber er baute sich aus ihnen seine eigene *Kammer* (es war tatsächlich ein mit allerlei Zeugs, Stativen, Scheinwerfern, Lichtreflektoren, Nebelmaschinen verstellter Bereich in seinem Kinderzimmer), ein Fluchtort, *vielleicht war ich einfach immer zu wenig wie die anderen,* sagte er irgendwann mal später, viel später, zu Klara, als sie über ihre Vergangenheiten und Herkünfte sprachen, *oder sie langweilten mich, die anderen.* Die Kamera und er, der Introvertierte und allzu gern unauffällig an Rändern sich Aufhaltende, waren bald wie zusammengewachsen, ein Schutzschild sein Objektiv, bis *sie* auftauchte, Theresa, und ihn sprengte, den Raster seiner Welt.

Der Lenzi hat uns gar nicht wirklich gefilmt, maulten die Schwestern. Monatelang hatten sie für den Auftritt geübt. *Er hat an uns vorbeigefilmt!* Die Szene ging in die Geschichte der größten Peinlichkeiten ein, als Lorenz seiner Mutter, die so stolz auf ihre beiden Töchter war (*Die haben's so fein gemacht, so fein …*), erklären musste, dass ihm die Kameraführung wohl leider diesmal missglückt wäre. Er hätte nicht wirklich durchgeschaut, log er. Er hatte freilich ziemlich genau durchgeschaut, gebannt von diesem neuen Mädchen, älter als er, neu in der Gegend und nun, mitten im Jahr, plötzlich auf seiner Schule, zwei Klassen über ihm. Dunkles Haar, schwarz geschminkte Lippen, schwarze Shirts, zu weite Jeans, secondhand, immer Kopfhörer und Discman dabei (jeder Alltag war bei Theresa von einem Soundtrack untermalt). Doc Martins.

Die Videoaufnahme, 3 Minuten 43 Sekunden plätschernder, meist halbwegs ordentlich, mitunter unangenehm quietschender Schubert und nur sie im Fokus, behielt er für sich. Er gestand es ihr nie. Doch ab diesem Moment hoffte er, sie würde ihn wahrnehmen, also legte er vermehrt die Kamera ab, stellte sich in ihr Sichtfeld, auffällig unauffällig. Irgendwann nickte sie ihm zu. Als gäbe sie ihm zu verstehen, dass sie ihn bemerkt habe. *Okay. Registriert. Du bist da …*

Sein innerer Film flackerte weiter, der Film seiner Jugend. Spulte vor, spulte zurück, hielt wahllos an einer Stelle, Gegenlicht, grell, er, der junge Lorenz, torkelnd. Ein Weizenfeld im Wind unter seinem Elternhaus, der Fußball darin verloren, er lief und lief eine Ewigkeit, verlor die Orientierung, weinte, weil es gewitterte. Eine Friedhofsmauer, darauf tanzten fantastisch die Toten des Dorfes, er rief sie beim Namen, sie verbeugten sich, varietéartig mit Zylinder und im Frack. Ein miefiger Bus, auf dem Weg zur Schule, draußen rollte der Morgen los, leichter Niesel, Herbstkühle, der Hals kratzte, ihn fröstelte, einigen Halbstarken fiel plötzlich ein (er war ein leichtes Opfer), Lorenz großmäulig anzugehen, ihn ob irgendeiner Äußerlichkeit lautstark fertigzumachen (die Haare? Seine Gangart? Seine schwache Brust?), da verteidigte sie ihn, Theresa (sie war kein Opfer, sie wollte nie Opfer sein). Sie bäumte sich unerwartet hinter den pubertären Burschen in ihren verschwitzten Adidas-Shirts auf, drängte sie zur Seite, meinte, der Kleine stehe unter ihrem Schutz, und nachdem sie den Wortführer der Gruppe mit einem rüden Schubser und einem Tritt in die Eier abgewürgt hatte, wodurch eine gröbere Eskalation im Raum stand (*Was willst denn von dem Znirchtl?*), da küsste sie Lorenz abrupt auf den Mund und wisperte ihm insgeheim zu: *Wehe, du steckst mir die Zunge rein, ich beiß sie ab ...* Ab nun machte der Haufen Idioten einen Bogen um ihn, sie hatten gehört, die Neue trage ein Springmesser bei sich und habe in Linz in der Altstadt Skinheads verprügelt. Das war freilich gelogen, aber er genoss es, dass sie alle nun anders auf ihn schauten. Theresa nahm ihm die Angst. *Und einen Knutschfleck werden wir dir machen,* raunte sie ernsthaft am Schulbusfenster, er bekam schlagartig einen Ständer und schämte sich, spielte mit dem Gedanken, zumindest ihre Hand zu berühren, er wusste aber, sie würde es kindisch finden. Sie waren nie ein Paar. Sie waren wie *die Kugelwesen,* sagte sie später einmal nach ihrer Philosophiestunde, sie hatten sich heimlich aufs Schuldach verzogen. *Zerteilt in zwei Hälften wandelten die Kugelwesen über diesen Planeten ... Nie ganz ... Vielleicht machst du mich ganz. – Du meinst, du liebst mich? – Geh, bild dir nichts ein.* Sie schrie über die Schule hinweg, hemmungslos, irre, aus dem Tal raus. *Schrei mit! Komm schon! Schrei!*

Für kurze Zeite dachte er, sie habe ihn auserkoren. Aus der Menge herumstreunender Hälften habe sie ihn eher zufällig, einfach so gewählt, nur um ihrer Einsamkeit zu entkommen. Er empfand diesen Gedanken keineswegs als demütigend, es befreite ihn sogar, die eigenen Erwartungen an sich selbst zu relativieren: *Wenn ich nur ein Zufall für sie bin, dann bin ich auch zu nichts verpflichtet ...* Je mehr er nun an diese umständliche Verdrehung der Tatsachen zurückdachte, dieses Zurechtbiegen einer doch augenscheinlichen Nähe und Intimität zwischen ihm und Theresa, desto seltsamer erschien Lorenz nun seine eigene damalige jugendliche Gedankenwelt. Hatte er es nicht wahrhaben wollen? Natürlich war er *ihr* Zentrum geworden, ihr Halt! Aus keiner belanglosen Laune heraus gingen sie durch diese gemeinsamen Tage. Es war beinahe (er stemmte sich durch seine Weigerung, die Bedeutung ihrer Beziehung anzuerkennen, wohl gegen den Begriff) schicksalshaft. Wäre *sie* nicht gewesen, er hätte niemals erkannt, *wer er wirklich sein könnte*. Er mauserte sich, so sagte man es doch! Die Mauser war das Ablegen des Gefieders, der alten Schale. Darunter wuchs ein anderer Lorenz heran. Einer, der plötzlich unangepasste Sachen anzog, der widersprach, sich aus dem Unterricht schlich und ins Caféhaus setzte, mit ihr an seiner Seite. Theresa meinte, das Café sei der einzige Ort dieses Provinznestes, wo eine Form von Stadt möglich wäre, sie durchblätterte den Politikteil diverser Zeitungen, maulte über die Zustände, das System, die Naziärsche, die Kapitalistenschweine, die ihrer Mutter im Genick hingen: *Die wird irgendwann mal austicken, die Mama ... Wer nicht? Alles Ärsche ...* Er las meist nur die Überschriften, fühlte sich aber allein dadurch bereits etwas reifer, der Blick auf sein Dorf veränderte sich durch sie. Dorffeste, Fronleichnamsumzüge, Erntedanktamtam, Maibaumkraxeln, Blasmusikgegröle im Feuerwehrzelt samt Tequila-Exzessen ... Er hatte all das bislang beiläufig hingenommen. In Theresas Beisein nabelte er sich davon ab. *Du gehörst da eigentlich gar nicht hin, bist mehr als das, Lenz ...* Irgendwann nannte sie ihn nur mehr so: *Lenz. Klingt besser. Klarer. Härter. – Bin nicht hart. Und ich mag das hier. Red jetzt nicht blöd über mein Dorf, nur weil du und deine Mutter ständig umziehen ...* Sie sprang auf: *Wie war das?* Sie fasste ihn am Hals, krallte seine Haare, noch heute konnte er dort am Hinterkopf eine Narbe ausmachen. Sie verbiss sich in ihm: *Klar bist hart. Weißt gar nicht. Aber du ... du schaust. Durchleuchtest. Entlarvst. – Was suderst du?* Sie hatte zu viel von der Zirbenschnapsbar erwischt. *Ich red von dir.* Nah an ihn ran. Fast küssten sie sich ... *Ich film doch nur,* stotterte er. *Ist nur eine Kamera. – Vergiss die Kamera.* Sie stieg auf einen der Biertische. *Das bist du!* Sie grabschte sich den Camcorder, sprang auf den biergetränkten Boden und lief davon, aus dem Festzelt. *He. Gib's mir zurück!* Sie entfloh dem dörflichen Tumult, huschte durch Reihen Besoffener, raus auf den Acker, wo das Rauschen der Autobahn herüberdrang, und ihre Blicke folgten den Lichtern des Regionalzugs ins sich auftuende Tal. *Pass auf,* schnaufte er außer Puste. Er hatte sie endlich eingeholt. *Verdammt, Theresa! Wenn das Ding kaputt ... – DU sollst nicht kaputt. Verstehst?* Sie fasste seinen Nacken, fuhr zart über sein Gesicht. *Versprich's mir. Nie sollst kaputt gehen. An der ganzen Scheiße hier.* Er wusste nicht genau, was sie so wütend gemacht hatte, so aufschäumend, unberechenbar. So emotional und zärtlich. *Schau auf dich. – Ja, ist ja okay.* Er bebte. War wild verliebt. *Gut,* meinte sie, Kuss auf die Stirn. *Dann ist ja gut ...*

Sein innerer Film spulte weiter vor, raste, Lorenz griff mit der Hand in die diffuser werdenden Bilder, wollte sie anhalten, spürte aber ein plötzliches Stechen, er war in einen hastigen Laufschritt geraten, stand wirr nun vor einem Wegweiser, da riss sein Erinnerungsfaden.

6.

Steil abfallendes Geröll lag unter ihm. Hoch stand die Mittagssonne. Er spähte übers Gelände, brütend die Luft. Sein Gesicht brannte. Gleißend der Fels. Schweiß rann an ihm herab. Er zog das T-Shirt aus, stand die letzten Meter des heftigen Anstiegs mit bloßem Oberkörper am Berg, es kreisten große Vögel über ihm, vielleicht Adler, Habichte, keine Ahnung. Er war immer schon schlecht in sowas. In Emmis Erziehung hatte er das Naturwissenschaftliche gern Klara überlassen. Welche Blumen da wieder am Wegrand wachsen? Wiesenschaumkraut? Buschwindröschen? Was das Licht zum Brechen bringt, und warum es zu den Farben des Regenbogens kommt? Bitte frag deine Mutter! *Und wie verdammt nochmal der Strom in die Steckdose kam,* es blieb ein Mysterium für ihn. Nur manchmal, zum Beispiel, als er seiner Tochter in überraschend anschaulichen Worten die Funktionsweise eines Siededampfkraftwerks erfolgreich zu erklären begann, durchfloss ihn der Stolz, womöglich etwas Prägendes in dem Kind hinterlassen zu haben. Fast gerührt stand er mit der staunenden kleinen Emmi vor den Geräten im Technischen Museum: *Welt ist Zusammenhang, weißt du? Nichts ist lose. Schau überall nach den Verbindungsstellen,* und die Kleine nickte an seiner Hand. Mittlerweile war ihm Emmi freilich davongewachsen. In vielem überlegen. Sie sah sich bereits Pharmazie studieren, las dicke Wälzer. *Du hast noch Zeit, Emmi,* wollte er ihr gerne entgegnen, aber Emmi war so versiert und begabt wie ihre Mutter, da hielt er lieber den Mund, der Papa, den sie nur mehr fragte, wenn's ums Geschichtliche ging, um Kunst, vielleicht bei Fremdsprachen, oder bei Deutsch, das musste er ja können. *Der Papa ist ja Lehrer …* Sie sagte es in letzter Zeit immer etwas entschuldigend. Vielleicht hatte sie es ihm irgendwann angesehen, dass er den Lehrberuf weniger enthusiastisch ausführte, als er vorgab, dass er den verpassten Chancen im Leben weniger mit Humor, denn mit Kränkung nachtrauerte, dass er die alten Kameras nicht aus Platzgründen in den Keller verbannt hatte, ja, auch aus Platzgründen, aber mehr noch *aus Wut über sein Scheitern* (so hatte er es irgendwann mal zu Klara gesagt und Emmi war im Raum gewesen, er hatte nicht gemerkt, dass sie sich spätabends noch ein Müsli in der Küche hergerichtet hatte). Emmi wüsste nun wenigstens, was das für Vögel waren. Er machte ein Foto, schickte es durch den Weltäther, kaum Empfang.

Sorry. Ein Ruf von hinten, Lorenz fuhr erschrocken hoch, aus den Gedanken gerissen, und schwerelos schwebte etwas nah an seinem Kopf vorüber, er brauchte einige Sekunden, um zu verstehen, dass ihn eben jemand überholte, im leichtfüßigen Laufschritt, nur mehr den Rücken nahm er wahr, im Glanz der Sonne ungewöhnlich schillernd, die Arme weit vom Körper gestreckt, als wäre es das Einfachste auf der Welt, dieses Gebirge zu durchfliegen, *ein Engel,* fuhr es ihm durchs Hirn, oder Hermes, götterbotenhaft, *dumme Sau!*, rief er aus, neidisch und schmerzverzerrt, er spürte ein Stechen in der Brust, das Wetzen im rechten Schuh würde außerdem zu einer heftigen Blase führen (warum hatte er die Ferse nicht vorsorglich mit Blasenpflaster geschützt?), darüber hinaus war ihm im Schreck über den unerwarteten *Sportfreak* sein Handy in den Hang gefallen. Lorenz bückte sich, merkte, wie das Gestein unter ihm in Bewegung geriet, er fiel, sich abstützend, auf spitzen Untergrund. Die Oberfläche des Telefons hatte einen Riss.

Erschöpft sank er in eine Stille.

Wo war er bereits? Er kontrollierte, ob er noch *da* sei, ob da noch der blaue Punkt auf der *digitalen Verzeichnung seines Seins* wäre, sein *Signal an die Welt*. Am Handy erschien die Umgebungskarte. Er atmete wieder langsamer, wurde ruhig.

Damals, mit Klara in Innsbruck, stand alles an der Kippe. Sie wussten nicht, ob sie ein Paar bleiben sollten. Sie wussten nicht, ob sie Kinder haben würden. Sie wussten nicht, ob das Leben anderes für sie bereithielt als das von ihnen zu Überblickende. Immer wenn sie hier auf den Hängen hochgingen (ihm war plötzlich, als wäre er genau diesen Weg bereits einmal gegangen) und dann ins Tal blickten, das so breit und ewig lang erschien, malten sie sich aus, wo sie sein würden, in Jahren, in wie vielen Jahren? *Wie weit rechnest du nach vor? Du lieber Depp, du,* und sie lachte ihn an. Er hätte auch anderes angehen können. Sein Lehramtsstudium schmeißen. Seine Vorsätze brechen. War es hier, in diesen Bergen, dass sie beschlossen hatten, zu heiraten? Als Festigungsversuch, um dem Gefühl des Zerfallens, das bereits bestanden haben musste, etwas entgegenzusetzen? Jener Ahnung, *dass wir, trotz Liebe, an uns zerbrechen werden* … Einmal, da gingen sie durch eine langweilige Ausstellung und er stand vor langweiligen Gemälden und schaute ewig in eines hinein. Klara fand das alles furchtbar, wollte zum Sport, verstand nicht, was ihn daran faszinierte, *hör auf jetzt, ich geh*. Und er, verloren in einer unbedeutenden Biedermeierdarstellung, kitschig idyllisch, verharrte in ungewollter Rührung. Er rannte ihr erst hinterher, als er merkte, wie die Galerie die Lichter dimmte. Für einige Augenblicke hatte er sich wohl damals tatsächlich abhauen gesehen, unerwartet, *in Öl auf Leinwand*.

Klick. Am Handy eine Nachricht. Emmi schrieb. *Schön. Ein Steinadlerpärchen. Wo ist ihr Junges?* Er schickte ein Herz zurück. Und: *Ich halte Ausschau.*

Er war im Erwartbaren geblieben. Emmi hätte es wohl sonst nie gegeben.

Hast du denn schon gefunden, wonach du suchst? – Keine Ahnung. Ich halte Ausschau. – Mach das. Aber nicht zu lang. Punkt, Punkt, Punkt.

7.

Das *Hallerangerhaus* strahlte in der tief stehenden Abendsonne, gräuliches Mauerwerk, das obere Stockwerk mit brauner Schindelfassade und am Dach eine Solaranlage. Ringsum die saftigen Wiesen, stilles Idyll, gewaltig dahinter die hochragende *Sunntigerspitze.* Ihm war, als kenne er den Ort. Er lief die letzten Meter.

Wie ein Stein schlief er in dieser Nacht, umgeben vom chorischen Schnarchen einer Gruppe *schwäbischer Ornithologinnen und Ornithologen,* aber nach den Anstrengungen der Etappe war ihm das egal.

Den Schlafplatz hatte er sich vorab reserviert, zum Glück, es war Hochsaison. *Alle Plätze belegt*, hieß es auf einem Schild im Eingangsbereich. So richtig erkannte er das erst am nächsten Morgen, um 5 Uhr 40 riss ihn das Geplärr eines englischsprachigen Mannes aus dem Schlaf, dem war wohl das Duschwasser zu kalt. Lorenz schleppte sich mit Muskelkater in den Frühstücksraum, fast hordenhaft erschienen ihm die vielen Menschen, allesamt in *optimaler Funktionsausrüstung* und mit *Hightech-Bewaffnung,* um hochauflösend die *Schönheit und Einmaligkeit der Alpen* fotografisch im schier *unbegrenzten Speicherplatz ihrer Gegenwart* zu reproduzieren. Traurig schaute er auf sich selbst, er passte gut zu ihnen.

Die Hütte lebte, offensichtlich trotz der unheimlichen Nachrichten der letzten Wochen, als hätte die Aussicht, hier in den Bergen einem Unwesen zu begegnen, noch mehr Outdoor-Narren angezogen, waren sie ebenfalls *dem Unheimlichen* auf der Spur? Oder saß er hier einer Einbildung auf? Der aufgeheizten *Story* wenig vertrauenswürdiger Schmierblätter, die rein gar nichts mit der Realität dieses wanderlaunigen Sommers im Karwendelgebirge zu tun hatte? Er schielte verunsichert um sich, überall unverdächtiger Smalltalk, Gelaber,

Gelache, fast bizarr, wie launig es hier zuging, als wär's ein Promenadencafé, mit U-Bahn vor der Tür, er verzagte über einem Marmeladenkipferl, *wo willst noch verloren gehen, in diesem gondeldurchzogenen Land?*

Es füllte der seltsame Kellner das Wurstbuffet. Den könnte er ausfragen, gewann Lorenz wieder an Zuversicht, gestern Nacht waren sie einander bereits im Gang zur Toilette begegnet, Lorenz hatte ihm freundlich zugenickt und der knochige junge Mann hatte ihm im Schatten stehend zugeraunt, jetzt *spuke* es wieder, und durchs Fenster rausgedeutet, auf einen der höheren Gipfel, *die Bergschrate und Gnome* ... Er sagte es ironiefrei, als glaube er felsenfest an Märchengestalten. Lorenz ließ es unkommentiert. *Wissen Sie, wo man hier ein Handy anstecken kann? – Der Mensch ist per Du. Da. Am Berg.* Daraufhin hatte der Kellner Lorenz' Gerät an sich genommen, er war unsicher, ob er es je wiederbekommen würde. *Danke fürs Aufladen*, winkte er ihm nun am Frühstücksbuffet zu, einen zweiten Kaffee herunterlassend, doch der schräge Vogel ging nicht auf ihn ein, war mit Speck und Salami beschäftigt, Lorenz fielen einige Zettel zu Boden (er trug seine gesammelten Unterlagen in einer Mappe unterm Arm, seine Recherchen und Wanderkarten, um Tag zwei durchzuplanen). Da neigte sich jemand zu ihm runter, während er seine Notizen hastig vom Boden aufhob, als sammle er Verbotenes ein: *Sie recherchieren auch?*

Ein verschwitzter Typ in altmodischer Leinenhose starrte ihn an, von einer ausgebreiteten Tageszeitung halb verdeckt, die Titelgeschichte des Blattes ließ Lorenz schlagartig aufhorchen. *Eine tote Kuh*, hauchte der Mann mit unangenehmem Mundgeruch, der an Lorenz' Verhalten wohl dessen Interesse am Zeitungsbericht abgelesen hatte. *Arge Sache*, wispelte er weiter. Dicker als Lorenz war er und etwas älter, allein saß er auf einem Seitentisch, *nördlich vom Karwendelhaus* ... Er flüsterte das Folgende, als ginge es tatsächlich um Geheimes:

Schauen Sie sich um. Alle tun so, als wäre nichts, doch alle wissen, es IST was. Verschroben rührte der Typ, der Lorenz nun wie sein eigenes entstelltes Spiegelbild vorkam, in seinem Kaffee, er riss umständlich ein kleines Päckchen Zucker auf, es schwappte die Tasse über, er öffnete ein weiteres Päckchen und ließ dabei den Frühstücksraum keine Sekunde aus den Augen, *alle sind nur DESWEGEN hier,* und nickte, bevor er ausführte, was Lorenz bereits wusste, *Unheimliches* ginge vor, *seit gut drei Monaten. Schauen Sie. Erst die Wanderer aus Deutschland,* nun klatschte auch sein Gegenüber eine Mappe auf den Tisch und durchsuchte das Durcheinander an Kopien, Schweißgeruch, stierender Blick, *da haben wir's ja,* ein etwas zerknittertes Papier, *ein Ehepaar aus Kempten! Panisch sind die beiden bei Maurach im Tal angelangt, haben völlig außer sich von EINEM SONDERBAREN WESEN erzählt, es wäre,* so die Frau, *AUS DEM NICHTS plötzlich aufgetaucht! In der Beschreibung gab es freilich Widersprüchliches, einmal war es bärenartig, dann wieder mehr einer Wildkatze gleichend, wie das halt so ist, mit dem Menschen und seiner Wahrnehmung, was?* Lorenz wollte etwas wegrücken von dem ungut riechenden Mann, überlegte, weil der exakt dieselben Informationen referierte, die ihm in seiner eigenen Mappe auflagen, ob er nicht besser überhaupt den Tisch verlassen sollte, doch griff der andere, manisch blätternd, nun nach Lorenz' Arm und fuhr fort: *Eine Mitarbeiterin eines Seefelder Gondelbetriebs meinte, KRALLEN AN DER BESTIE erkannt zu haben, eine Sportlerin wiederum, die einen Höhenlauf absolvierte und an einem Kontrollpunkt oberhalb von Mittenwald, wo sie Wasserreserven deponiert hatte, nur mehr ein geplündertes Lager vorfand, glaubte aus der Entfernung schlicht eine sehr verwilderte, doch MENSCHLICHE Gestalt erkannt zu haben. Da! Was sagen Sie? Was sagen Sie?* Lorenz schluckte, hielt den Atem an, suchte sich nun in der Reflexion dieser fast wahnsinnig wirkenden Augen. *Der Mensch hört und sieht, was er will, was? Aber, und jetzt kommt's,* nochmals drückte der Unnachgiebige sein Handgelenk, übergriffig und ungeniert, *als ein Jäger bei der Schreckenspitze in der Dämmerung DAS BÄRENVIEH, wie der es hieß, ins Visier seines Gewehrs bekam, da wurde es rasch anders, und die Polizei war alarmiert. Weiträumiger wurden nun Beobachtungen gesammelt, und tatsächlich scheint hier ETWAS in den Wäldern und Felsen zwischen bayerischer und Tiroler Grenze zu hausen, da und dort, an sehr unterschiedlichen Orten nachts sich vorzuwagen, in besiedelte Gebiete, ansonsten hat es sich wohl in der Tiefe des hiesigen Alpenmassivs unmerklich eingenistet. Von EINER GEFÄHRDUNG sei wohl auszugehen, so schreiben's die Zeitungen bald einhellig, vor allem so lange noch unklar wäre, WAS ES DENN SEI. Ha.* Der Mann, von sich selbst begeistert, schlug die Mappe zu, als hätte er Weltveränderndes vorgetragen, verrührte eine weitere Packung Zucker, Kaffee ergoss sich aufs rot-weiß karierte Tischtuch, der Inhalt der Tasse wild verschüttet, so suderte er unbeirrt in den Raum hinein: *Und DAS wissen die alle. GENAU wissen die das. Aber sie TUN NUR SO, als tangiere es sie nicht.* Der Unbekannte verließ seinen Platz, bald ging er Lorenz im Gewusel der Leute am Buffet verloren.

Leer blieb der Tisch zurück. Ohne Tasse, ohne Flecken. Als hätte nie jemand hier gesessen. Allein die Zeitung mit der Schlagzeile lag noch da: *Neues Blutdrama am Karwendelhaus! Wer stoppt das Horror-Wesen?*

8.

Er trat aufgewühlt vors Schutzhaus, sollte er dem Zeitungsbericht und dem Unbekannten trauen? Wohin nun? Träge sein Körper.

Auf geht's, johlte ein vorlauter Typ in den dämmernden Himmel, *Morgenstund hat Gold, was? Fuck.* Der aufgeputschte Sportler in seinen engen Laufsachen spuckte ans Hauseck, schnürte seine auffällig glänzenden Schuhe, den aerodynamischen Rucksack umgeschnallt, den Trinkschlauch mit Mundstück, topmotiviert reckte er sich, *wird gut, fühl ich, wird saugut.* Es war der *golden schillernde Vogel,* der ihn gestern im Geröll erschreckt hatte. Jetzt erkannte er ihn. Arsch, dachte Lorenz abrupt. Zwang sich zu einem Lächeln. *Bin auf Rekordkurs, weißt? 6000 Höhenmeter in einer Woche. Verausgabung, sag ich, bis zur Erschöpfung. Natur bezwingen. Die Grenzen eliminieren.* Hatte der was eingeworfen? Eine Gruppe mit Walkingstecken schlurfte im Gänsemarsch knapp an dem penetranten Selbstdarsteller vorüber, da dieser mit seinen Verrenkungen die Stufen vorm Hütteneingang blockierte. *Kannst nicht aufpassen, dumme Kuh?!,* schnaubte er einer Frau hinterher, *Fettarsch, was? ... Und du?,* grinste er erneut zu Lorenz herüber, als wäre seine chauvinistische Entgleisung nebensächlich oder bereits vergessen. *Wo treibt's dich hin? Wetter soll ja göttlich ... – Mal schauen,* gab Lorenz kühl von sich. Verkniff sich die Schmerzen beim Zuschnüren der Wanderschuhe. Scheiß Blase! *Karwendelhaus ...* Es war das Erste, was ihm einfiel, es brannte die rechte Ferse. So hatschte er die ersten Meter. *Verkürzung,* kommentierte der Sportlergott, *solltest mal was tun!* Es fehlte nicht mehr fiel und Lorenz hätte dem Präpotenten gerne eine reingehauen. Etwas in ihm fletschte die Zähne, sollte der doch in eine Schlucht stürzen oder sich sonst wie den Tod ... Der Typ steckte Lorenz eine Visitenkarte zu: *Ich seh sowas. Aber kein Ding, mit konsequenter Therapie. ARBEIT AN DIR SELBST.* Dann schwebte er engelsgleich davon.

Lorenz zerknüllte die Karte, schmiss sie zu Boden, bückte sich aber schließlich, *bring deinen Müll ins Tal, lieber Wanderer!* Er tapste los, das Kärtchen des unbekannten Läufers in der Hosentasche verwahrt.

Es winkte ihm die Altwirtin, die greise Frau, die der gute Geist der Hütte war. Sie stand in der Morgensonne. Er winkte zurück. Sie musste wohl seine Unschlüssigkeit erkannt haben, da er sich mehrmals im Kreis gedreht hatte, unsicher, wohin er nun aufbrechen sollte. Jedenfalls trat die Alte plötzlich an ihn heran und rief ihm zu: *Na? Hast dich entschieden? – Wegen dem Weg?*, fragte er sanft zurück. Er wisse tatsächlich gerade nicht, ob er hier überhaupt richtig wäre. Da grinste sie: *Nein. Wegen dem Alpenverein. Trittst du jetzt bei? Kriegst auch einen Gutschein, wennst jetzt gleich bei mir unterschreibst, für eine Nacht gratis,* das Strahlen eines faltendurchzogenen Sonnenscheins, *auf einer Hütte deiner Wahl, junger Mensch … Na?* Er verneinte dankend. *Schad,* sagte sie. *Bringt das Unheil?*, fragte Lorenz nochmals retour. Sie blieb fröhlich: *Nicht wegen sowas.* Und sie drückte ihm ansatzlos, sie stand im schlichten schwarzen Kittel, ihre eisigen Handflächen auf beide Augen (tat sie das bei all ihren Gästen?), in einem sonderbaren Singsang, es erinnerte ihn an Messfeiern (er als Kind in der Kirchenbank, in den grotesken Darstellungen der Deckenfresken verloren, *der Stein ist weg, das Grab ist leer …*), und strich mit rauer Haut an seinem Gesicht entlang. *Für deinen Weg,* flüsterte sie. Er wusste nicht, wie ihm geschehen war. *Weil trägst eine Traurigkeit, junger Mensch,* einmal noch glitten die Hände der Alten über seine Stirn, die Wangen, als würde sie Energieströme verorten, *nie sollst traurig da rein, in die Berg.* Er setzte an, um etwas Angemessenes zu erwidern, gerührt und geängstigt zugleich, meinte aber nur schlicht: *Okay. Dann kann ja nix mehr passieren, was?* Und ergänzte, aus einem fatalistischen Drängen heraus, das er nicht zu kontrollieren imstande war: *Wenn mir da draußen jetzt das Monster ...*

Abrupt wendete sich die Altwirtin her: *Was sagst?* Finster schaute sie mit einem Mal, die eben noch hellfreundlich gewesen war, und schaurig lief's ihm nun über den Rücken, weil sie auch was Gespenstisches in sich trug: *Is' nix zum Lachen, wenn's ums Wesen da draußt! Hast du's g'sehn? Hast du sie denn gesehen? – Sie ...,* stotterte er eingeschüchtert, rücklings tretend. *Die Wildgestalt.* Es schnalzten die Silben am alten, ausgetrockneten Gaumen.

Kannst von der Fern nimmer unterscheiden, vom Fels, vom verwucherten Hang, den herabstürzenden Bäch ..., die Gestalt da draußt, so erzählte sie weiter, *sie haust für sich alloanig. MIT SICH ALLOANIG. Tut jagen, was s' jagen muss, um durchzukommen. Ist auf der Flucht, wie's scheueste Wesen, wenn's Taglicht zrück. Oder einer sie aufsuchen kommt. Ist im Versteck ...*

Endlich brach es aus ihm heraus: *Es ist also keine Einbildung? Sie haben die Frau gesehen?* Die Alte riss die Augen auf. *Frau?,* stieß sie ihm entgegen. *Frau? Ein ganzer Haufen ist da.* In Lorenz wuchsen Zweifel ob der Wahrheit dieser nun anhebenden Suada.

Ich erzähl dir eine Gschicht, raunte die Alte in die Ferne blickend unbeirrt weiter, *eine wahre, von einem wirklichen Grauen. So ein Wildmenschenantlitz tu ich genau noch erkennen. Von meinem Vatern! 43. Hat sich versteckt. 43, 44. Mit anderen, ein ganzer Haufen. Monate. Jahre. Auskommen nur von den Dingen, die d'Widerständler im Fels sich finden und erlegen konnten. In Mordsangst, entdeckt zum werden, Im Rossloch. Ausgemergelt, der Vater. Im Rossloch. 43, 44, 45. Und ist ein anderer gewesen. Nimmer in seiner Haut. Ist z'rück, hab ihn noch vor mir ... Geh, Cilli, geh hin zum Vatern, hat die Mutter mich geschubst, geh hin ... Seine Rippen. Sein fahles Gschau. Augen in toten Höhlen, geh hin! Cillilein ... Und ich im Schrecken nur geweint! Wildgestalt, kein Mensch mehr ... Im Rossloch ...*

Schweigen. Schneeweiß ihr Haar. Ruckartig kehrte sie ihm den Rücken zu, tat alles ab, mit fahrigen Handbewegungen, als wären ihre vorherigen Worte nur *Schall und Rauch gewesen,* ging ihrer Arbeit weiter nach. *Haben Sie jetzt was gesehen oder nicht?,* rief ihr Lorenz verwirrt hinterher. *Wer oder was ist da draußen?*

9.

Ihn trieben die Worte der alten Frau. Er wusste nicht, ob sie ihm Irrlichterndes aufgetischt hatte, ob sie alte Geister hier wandeln sah, Wesen der Vergangenheit, verwoben mit Familienschicksalen. *Rossloch, Rossloch …*, rumorte es durch seine Gehirnwindungen, bislang war ihm dieser Ort noch nicht untergekommen, auch war die Bezeichnung seltsam ungenau (meinte die Alte den Grat hin zur *Rosslochspitze*? Meinte sie die abfallenden Wände durch die sogenannte *Schneepfanne* in einen Kessel, verzeichnet als *Hinterer Boden*?). Er schätzte die Entfernung dorthin als etwa Sechs-Stunden-Marsch ein, beschwerlich, aber machbar. Keine toten Tiere waren bislang von dort gemeldet worden. Auch wurde keine *Wildgestalt* gesichtet. Vielleicht aber auch gerade deswegen: *Weil's irre wär, dorthin zu gehen, für eine gesunde Menschenseel …* Er folgte diesem Gedanken, der ihn in den Bann zog. Schaute auf seine Unterlagen, faltete die Detailkarte aus, auf der er sich Punkt für Punkt alles markiert hatte, die Tatorte, die Tierrisse, die Sichtungen, alles, was er wusste, aus Internetsuchverläufen, Zeitungsmeldungen, samt den Informationen, die ihm die Menschen bislang auf seiner Reise zugesteckt hatten (der Lobby-Boy im *Central*, der Gondelwart zum *Hafelekar*, der gruselige Hüttenkellner, der Mann mit schlechtem Mundgeruch …), alle ihre Hinweise ergaben nun, da er seine Karte ausbreitete, einen großen Kreis, eben genau um jenes abseitige Gebiet: *Rossloch, Rossloch …* Als wäre überall ringsum das gesuchte Wesen auf Beutezug gegangen, nicht aber dort, wo es letztlich hauste. Als wolle es seinen Aufenthaltsort nicht gefährden. Lorenz verband die Markierungen mit einer Linie, es entstand strudelartig ein Gebilde, ein Orkan, aufgemalt auf dem Faltplan, in dessen Mitte, dem Auge des Sturms, ganz klar nun ein Graben auftauchte, namenlos, fehlte die Benennung auf seiner Karte? War sie abgekratzt, war er zu unbedeutend? Er griff nach seinem Mobiltelefon, versuchte in der Wander-App mehr Auskunft zu erhalten. Was er vorfand, war grau meliertes, scheinbar schwer begehbares Gelände, geröllartig erschien es am Satellitenbild. Die Wege, die dorthin verliefen, brachen allesamt ab.

Das macht Sinn, murmelte er in die klare Morgenluft und trat voran, ostwärts, einen langen, mühsamen Pfad hinein in eine stetig sich zuspitzende und finsterer werdende Talenge.

10.

Dass Theresa mit dieser *Wildgestalt* da draußen zu tun haben musste, stand für Lorenz mit einem Mal außer Frage. Es passte ins Bild. Sie hatte ihm bereits in der Schulzeit beigebracht, im Aubach Forellen zu fangen, aus Eibe und Ahorn Bögen zu spannen, aus Fichte die Pfeile zu schnitzen, Gruben mit Laub zu verdecken und zu schauen, was sich alles fangen ließe. Sie erstellte Listen *mit dem Lebensnotwendigen und dem Überflüssigen auf Reisen durch die Welt*, sie lasen sich wie Gedichtzeilen, für sie war das alles bitterer Ernst. Sie klärte ihn über genießbare und giftige Gewächse auf, lehrte ihn, mit welcher Messerklinge zuzustechen wäre, mit welcher aufzuschlitzen … Sie konnte Feuer machen. Lachte in diesem Feuer allen Frust hinweg.

Woher kannst das?, rief er durch die Flammen. Sie setzte an. Zu einem übermütigen Satz. *Traust dich, Lenz? Trau dich.* Und sprang. Warf ihn dabei um. Sie wälzten sich. *Sorry. Hast da was. Von der Erde. – Alles gut*, zitterte er erregt. Nackt sprangen sie in den arschkalten Bach.

Von meinem Papa, meinte sie später, Fisch am Stecken bratend. *Der ist so ein Weltreisespinner*. Lorenz wollte immer gerne mehr über Theresas Vater erfahren. Sie wich aus, in Märchengeschichten, und ohne viele Worte war klar, der Typ hatte die Familie sitzen gelassen. Seit sie mit ihrer Mutter daher *alleine hausen* musste (sie überspielte Schmerz mit überschwänglicher Fröhlichkeit), bildete sie sich ein, alle Reparaturarbeiten am Haus übernehmen zu müssen. Sie kannte sich plötzlich mit Schaltkästen und Stromleitungen aus und verspachtelte einen ganzen Sommer lang sämtliche Risse, die sie vorfand: *Scheiß Risse!* Theresa entschied, jedes der Zimmer in dem verfallenen *Hexenhäuschen* am Waldrand, über das im Dorf die wildesten Geschichten kursierten, mit einer anderen Farbe auszumalen. Immer wenn er Theresa besuchen kam, war sie woanders anzutreffen, meist in dem langgestreckten, von Spinnweben durchzogenen Dachboden, vollgestellt mit Gerümpel. Sie schliff einen verdreckten, klapprigen Tisch fein säuberlich ab, setzte neue Winkel, bis er stabil stand, ölte Oberflächen mit Naturharz. Magisch schwebte der Staub, Sonne fiel durch die Dachschräge: *He, Lenz! Hab dich gar nicht kommen gehört.* Und ewig redeten sie, tranken, hörten Musik, oder sie spielte ihm was vor, auf einem arg verstimmten Pianino, das die *Vorvorbesitzerin dieses Anwesens für opulente Feste und rauschhafte Orgien* angeschafft haben musste (sie kleidete sich überfallsartig in verrückte, zusammengewürfelte Kleider, tat auf Bohèmienne, derweil saßen sie in der Pampa). Theresa versank in einer selbst erfundenen Melodie, spielte wunderschön. *Vielleicht werd ich mal berühmt,* säuselte sie bald bekifft. *Und du mit mir ... Sind wir dann eine Band? – Klar,* lächelte Lorenz an ihrer Schulter und war verliebt. Für sie blieb Lorenz immer was anderes. Ihr kleiner Bruder, vielleicht. Ihre zweite Hälfte. Seelenverwandte.

So schillerte lang Vergessenes aus der Erinnerung hervor. Lorenz schüttelte die Bilder ab, ging zunehmend vereinsamt.

Jetzt machte der Pfad eine Biegung, verlief sich im Gestrüpp, Lorenz wusste nicht mehr, wo er hintreten konnte, suchte nach Markierungen an den Baumrinden, drehte sich zweimal im Kreis, hatte er eine Abzweigung verpasst? Zwischen Ginster und Brennnesseln endlich wieder ein Anzeichen von Weg.

Er bereute, kurz stehen geblieben zu sein, um sich zu vergewissern, dass ihm niemand folgte ... *Wenn eine Stille dich umgibt und Gräben aufreißt, dich verschlingt?* Er lachte den Anfall von Angst hinweg, schritt zügig voran: *Blödsinn, Lenz. Blödsinn. Was kann Natur dir schon anhaben? Ist sie nicht der friedlichste Ort?*

Um seine Gedanken woandershin zu lenken, filmte er sich beim Gehen, hielt die Kamera senkrecht. Irgendwann hatte er Hunger, packte einen Teil seiner Jause aus, schwer lastete der Rucksack auf seinen Schultern, müde war er, merkte er besorgt, er streckte im feuchten Gras einer malerischen, doch unheimlichen Lichtung die Beine aus, schnürte die Schuhe lockerer, es zwickte alles. Etwa zwei Stunden noch! Motivierte er sich. Dann sollte ihn eine Bachmündung wieder in eine breitere Talöffnung führen. Davor lag aber eine mühsame Hangüberquerung, die oberhalb der Baumgrenze verlief (teil dir die Kräfte ein!). Wenn er sich alles richtig gemerkt hatte, ging es hernach dafür pfeilgerade runter (alles easy, Lenz, alles easy!), da waren dann Häuser oder Hütten. *Wird schon gut gehen,* murmelte er vor sich hin. Überprüfte den Klang seiner Stimme. *Gut gehen …* Und notfalls, dachte er nun erstmals, hatte er doch ein Zelt dabei. So what? Ein, zwei Nächte Wildnis, das geht doch, *oder?,* lachte er laut. *Oder was?* Rief es raus, spähte die weit vor ihm hochragenden Hänge hinauf, zwischen die Baumreihen, Fichten, Tannen, keine Ahnung, *oder was? Resi. Theresa.* Er brüllte im Übermut. *Bist du da? He.* Es hallte leicht die eigene Stimme. *Oder soll ich dich Wolf …?*

11.

So viel konnte er mit Gewissheit sagen: Etwas war über die Jahre in ihm gewachsen, womöglich eine ähnliche Rastlosigkeit wie jene Theresas. Hatte er sich ihr angeglichen? Oder waren sie *aus ein und demselben Holz,* wie es Theresas Mutter immer vor den Schnapsgläsern am Küchentisch gesäuselt hatte. *Der Lenzi und meine Resi. – Bin aus keinem Holz,* hatte Theresa geschnauzt, nie wollte sie gelten lassen, was ihre Mutter über sie dachte. *Und hör auf, mich so zu nennen! – Aber bist doch meine Resi, so schwer bist mir aus dem Leib, weißt?* Und er musste die Balance halten zwischen der alleinerziehenden Mutter und der rebellierenden Tochter, an diesem wirklich niederschmetternd trostlosen Tisch, immer stand verkrustetes Geschirr herum, immer lagen Tschickstummeln, immer Fett, angerotzte Taschentücher, nicht Identifizierbares … Sie ergriff seine Hand, die Mutter der Schulfreundin. *Behalt dir den,* die Mutter schielte höhnisch zur Tochter, Theresa, unter Kopfhörern abgeschirmt, überlaute Musik, wie weggebeamt, also schrie die Mutter durch den Raum: *Der ist schon ein ganz Besonderer … Du schaust doch auf sie?* Rot angelaufen, Lorenz, Lenzi, *Lenz,* wie ihm Theresa zuflüsterte, dann zog sie ihn zu sich in ihr Zimmer …

Vor ihm nun ein halsbrecherischer Aufstieg. Ein Trampelpfad unter einer überhängenden Felsenformation hindurch, ein eindrucksvolles, von Zeit und Witterung ausgewaschenes Gebilde, *klein geht der Mensch, und demütig.* Er griff nach dem Stahlseil, das da hing, und hantelte sich entlang. Stockte. Sammelte Mut. *Bist du da?* Das Echo seiner Stimme. Vervielfachter Sehnsuchtsruf.

Gesessen waren sie ewig in die Nacht, im Versteck an der hinteren Hauswand, bröckelndes Mauerwerk, Fenster waren zu tauschen, Böden fehlten, der Verputz sowieso. Theresas

Familie hatte das *Hexenhäuschen* günstig erstanden (*ein Fehlkauf,* raunte die Mutter), der Vater hatte es herrichten wollen, ehe er verschwand. *Nach Kanada,* behauptete Theresa, später waren es alle möglichen und unmöglichen Orte, und die beiden *mussten schauen, wo sie blieben*, Uschi, Krankenschwester in der Bezirkshauptstadt, trug die Last. Die offenen Rechnungen. Die Schulden. Die Tochter, die immer schlechtere Schulnoten heimbrachte. Vielleicht sagte sie es deswegen in einer Art Mantra: *Behalt dir den, der ist was Besonderes. Dein Lenz.* Hatte sie erhofft, er würde sich mal um Theresa kümmern?

Seine Hand am porösen Fels, trat er nun in größter Vorsicht voran, jederzeit bereit, sich an die Wand zu werfen, falls der schmale Pfad vor ihm sich auflösen würde, *gottverdammt, was treibst?*, rief er sich selbst zu. Wieder war er einige Meter hochgestiegen, das Waldstück, in dem er kurz gerastet hatte, war nur mehr ein kleiner Punkt. Er suchte ihn auszumachen, sein Blick streifte über die weit unten liegenden Bäume, ihm wurde schwindelig, er setzte sich, die Füße baumelten in eine Schlucht hinab. Er wollte erneut seine Verortung überprüfen (es nahm die Angst überhand, sich verlaufen zu haben), doch der Akku des Mobiltelefons war fast leer, was ihn erschreckte. Er kramte in den Taschen des schweren Rucksacks nach der mobilen Ladestation, die er mitschleppte, auf Anraten einiger Postings in einem Webportal, das er vor der Abreise noch zwecks Crashkurs Outdoor-Survival konsultiert hatte. Er fand sie nicht auf Anhieb, drehte den Rucksack, öffnete ihn von unten, es fiel die Regenjacke heraus, das Wechselgewand, der Winterpullover, die Sonnencreme, die er besser benützt hätte, doch auf die er ganz vergessen hatte, auch das geklaute Messer von der Wand des Griechen, er hielt kurz den Griff, zog die Klinge aus der Hülle.

Es raschelte neben ihm, er hatte eben die Box mit der Jause niedergestellt, um weiter nach der Ladestation zu kramen, *dumm eingepackt, dilettantisch,* fluchte er, da schoss ein pechschwarzer Salamander über den Felsvorsprung, Lorenz riss es, er fuhr hoch, und reflexartig knallte er die Klinge der Machete in Richtung des *Angreifers*. Der Salamander verschwand pfeilschnell in einer der Rillen im Gestein. Lorenz stöhnte auf, gab einen Schrei von sich, schüttelte den Kopf ob seiner Schreckhaftigkeit. *Sei nicht blöd, Lenz, sei nicht so blöd,* als wäre Theresa irgendwo in seinen Gehirngängen, *halt's Maul, Wolf!,* gab er zurück. Und lachte impulsiv auf. Wie seltsam er wirken musste, sein Selbstgespräch am Berg, mit der Machete in der Hand …

Eine Schar Gämsen sprang in der Ferne die Felsen entlang, sie sonnten sich im rötlich-grauen Gestein, leckten einander ab, achteten auf den Nachwuchs, ruhten und zogen wieder weiter, parallel bald mit ihm. Lorenz wurde ruhiger, von diesem Anblick beseelt.

Alles gut, schrieb er später, da lag die schwierige Überquerung endlich hinter ihm, und er schaute wieder nach vorn, ewig weit in ein nächstes, sich öffnendes Tal. Und er griff sein Telefon, trotz Powerbank kaum aufgeladen, und machte ein Foto von sich (ein letztes womöglich, um Energie zu sparen), das er zusammen mit den Worten an Klara verschickte: *Alles gut … Bussi an Emmi. Die Landschaft ist traumhaft.*

Die Nachricht ging raus, in eine Welt, die ihm mehr und mehr, wie Theresa es wohl genannt hätte, *entrückt* vorkam. Dann endete der Empfang.

12.

Die nach dem *Überschalljoch* verzeichneten Hütten standen leer. Sie glichen Baracken, Unterständen für Schlechtwetter, der Wind hatte sie geneigt, Moos wuchs die feuchten Latten entlang, es roch modrig. Er steckte den Kopf in die erste. Stockfinster da drinnen. Er traute sich nicht hinein, nicht einmal ein Hallo kam ihm über die Lippen. Er umkreiste die armseligen Behausungen, war entmutigt. Trottete weiter, die Augen zugekniffen, ein Wegweiser klapperte an einer Kette, halb vom Unwetter fortgerissen. Der Pfeil deutete weiter Richtung Osten. *Rossloch,* stand per Hand hineingeritzt darauf, *ca. ½ Tag* … *Schön,* stieß er hervor, *toll.* Er hatte sich in Schwierigkeiten gebracht, und um umzukehren, war es zu spät.

Irgendwann brach er zusammen, brennend heiß der ganze Körper, er fürchtete, sich überanstrengt zu haben.

An einem herabbrausenden Gebirgsbach, der von hoch oben inmitten eines paradiesisch verwunschenen Mischwaldes einige Meter in die Tiefe einer Schlucht stürzte, wusch er sich. Wasser perlte seine Schultern hinab, um seine Taille, vorne über die Brust, er rieb sich Schweiß und Schmutz aus den Augenhöhlen, die Wangen hielt er lange hinein und trank gierig. Unter ihm sammelte sich Gebirgswasser, gespiegelt, in tausend flirrenden Fragmenten erschienen seine Umrisse. Er sah sich, da alles in heftiger Bewegung war, an dieser fragilen Oberfläche als unzusammenhängendes Wesen. Nägel formten sich zu Krallen, die Hände glichen fleischigen Pranken, haarig das Maul, das der Mundpartie entwachsen schien (seltsam: ich war stets nur *ein Bubi*, schwächlich und verlacht, jetzt stülpt sich mir eine andere Haut über den Körper …). Er sank nieder, in die eisige Pfütze, blieb still, bis die durcheinanderquellenden Einzelteile eine Ahnung von einer Gesamtheit ergaben.

Wie lange er so kauerte, wusste er bald nicht mehr. Wolken zogen rasch. Der Wind brauste orkanartig. Verstummte plötzlich, als würde eine Hand ihn besänftigen. Bald brütend heiß die Luft um ihn. Eine Trance hatte eingesetzt.

Alles an Natur war mit einem Mal still. Auch das Wasser im herabstürzenden Bach, ein Bild ohne Ton. Er tat den Mund auf. Worte fielen heraus, klanglos, leer. Erdrückende Beklommenheit, traurig watete er durch diese verschluckte Welt, bis seine Hände endlich, so kam es ihm vor, einen Riss im Panorama schufen, da trat er hindurch, und bald war wieder alles, wie es sein sollte, so erwartbar, wie jedenfalls der Verstand es uns vorgibt. Angenehm fuhr ihm der Wind durchs Haar und er sang unwillkürlich, oder in Furcht, die Wirklichkeit könnte ihm nach der nächsten Biegung erneut wegbrechen, ein Lied vom *Wandern*, von der *Lust*, vom *Frühtau* und vom *Land, das nirgends ein schöneres*, et cetera.

13.

Er beschloss, zu biwakieren. Fast stolz betrachtete er nach dem Einschlagen der Heringe und dem Festzurren der Schnüre das beachtliche Ergebnis, und schaute der selbstaufblasenden Matratze zu, wie sie langsam wuchs, wie ein Stück Teig, das aufquoll, er wünschte, sich *in Kaiserschmarrn zu betten*, und musste an Essen denken. Ausgiebiges und gutes Essen. Über der Flamme des kleinen Gaskochers, der den alten Bunsenbrennern aus dem Chemieunterricht seiner Schulzeit ähnelte, wärmte er sich eine Dose Fertigcurry und dachte wehmütig an Emmis Kochkünste, er vermisste seine Tochter.

Im Zelt war es warm und beengt, er schloss alle Öffnungen, Insekten tummelten sich bereits entlang der feinmaschigen Netze, auch eine Blindschleiche glaubte er auszumachen, die sich entlang des Vorzelts schlängelte, es wuchs die Sorge, womöglich auch anderem zu begegnen, *Kreuzottern waren häufig über der Baumgrenze anzutreffen*, er zog die Reißverschlüsse fest zu und las im Licht der Stirnlampe einige Seiten Thoreau. Irgendwann kühlte das Gebirge ab. Endlich. Seit Monaten hatte er keine solche fast wohltuende Kälte mehr gespürt. Alles wurde ruhig. Alles kam zu sich. Es fröstelte ihn sogar leicht, wie schön, dachte er. Ein wirkliches Frösteln. Er fühlte das Kribbeln an seiner Haut, kramte einen weiteren Pullover hervor, verkroch sich behaglich in den Schlafsack (er roch noch nach Südamerika und Klara): *Es kann keine schwarze Trauer geben für den, der inmitten der Natur lebt und seine Sinne noch beisammenhat.* Er glaubte dem Satz kein Wort und schleuderte das Buch übermütig gegen das Moskitonetz, das Zelt wackelte, Getier fuhr hoch, Vögel flatterten durch die Nacht, alles um ihn in Bewegung.

Dann träumte er von Theresa.

14.

Einmal stand ein Mann vor Theresas *Hexenhäuschen*, er pochte, da das Haus keine Klingel hatte, und trat dann einfach ein, Lorenz schaute verschreckt auf Theresa, sie meinte, *schon okay. Ein Freund von Mama.* Und dieser *Freund* verschwand dann mit Uschi in der Küche und Theresa und Lorenz sollten die Küche nicht betreten, auch am besten das Wohnzimmer nicht. *Komm,* raunte Theresa genervt, aufgewühlt, sie zerrte ihn auf ihr altes Moped, die Puch Maxi heulte auf, er hielt ihre Hüften umklammert, drückte sich in den Kurven die enge Waldstraße runter ins Dorf eng an sie, sie mochte es, zu schnell zu fahren, *heute sind wir mal weg,* sie schrie es in den Fahrtwind. Sie landeten in der Bezirkshauptstadt, tranken, und Theresa traf sich mit irgendwelchen Typen, die er nur aus der Ferne kannte, älter als er, mit Jobs und mit Muskeln und mit Geld. Einer spendierte eine Runde und füllte Theresa ab, sie genoss es an diesem Abend: *Scheiß Erwin, soll er doch die Mama vögeln, aber wehe, wenn der zu mir ...* Lorenz erklärte sich ihre Wut damit, dass sich in Theresas Augen niemand in ihren sicheren Hafen einzumischen habe, ihr Zuhause, das in ihrer Idealwelt unverändert fest von Rosenranken umwachsen lag: *Wenn der Papa das wüsst!* Sie tanzte ausgelassen und vulgär am Dancefloor der schmuddeligen Stadtdisco, ließ sich anmachen, ließ sich begrapschen, ließ einem die Hose runter, lachte den Trottel aus, bis ein anderer, der Rundenspendierer, sie heißblütig an sich zog, Theresa wurde wild und wilder und schlug, schlug um sich. Der Typ wurde zornig: *He, spinnst? – Fick dich,* rief Theresa, und Lorenz hastete endlich, nach der Stunde, in der er allein an der Bar gekauert und Cola-Rum gesoffen hatte, zu ihr, wollte sie beruhigen: *Jetzt lass das, Resi. – Die ist nix für dich, Kleiner,* raunte der Typ, es kam zu einem Handgemenge. *He,* fuhr erneut Theresa hoch, jetzt brach die Musik ab, Unruhe auf der Tanzfläche. *Niemand motzt den Kleinen an!* Und sie schlug den Übergriffigen ans Kinn, der sank verblüfft zusammen, fasste sie an den Haaren, Theresa verfing sich in seinem Arm, biss ihn. Lorenz wusste nicht mehr, welcher Körperteil wem gehörte und wer das alles hier losgetreten hatte, einer stellte sich ihm in den Weg. *Schlag zu,* rief Theresa, im Rausch, *los, mach schon! Lenz!* Er schlug. Und sie umarmte ihn heftig und irgendwie flüchteten sie in die Nacht zurück, die Puch Maxi schnaufte die Hügel hoch.

Am Morgen, sie lagen umschlungen im Hexenhäuschen am Wohnzimmersofa, verknotet, verwachsen, glücklich, trat Erwin nackt heran. *Morgen ...,* grunzte er, und Theresa starrte an ihm hoch. *Stehst mir in der Sonne. Mensch.* Und sie lachte in ihrer Restalkoholseligkeit verächtlich, abfällig.

Stille.

Stille.

Lorenz hörte nun alles wieder. Diese Sekunden vor dem Ausbruch ihrer Gewalt.

Sollst verschwinden, wütete sie, ansatzlos, brüllte und tobte. *Ist ja gut, Kleine.* Erwin, schlaftrunken, wankte rückwärts. *Hörst, fick dich. Oder ich mach dich kalt,* ihr Gesichtsausdruck war in diesen Augenblicken so unbestimmt, so ungreifbar für Lorenz. Waren es die vielen Tequilas der vergangenen Nacht? Wut einer Pubertierenden? Alles nur Theater? Oder drohte sie dem Lover ihrer Mutter tatsächlich? *Ich sag's dir, ich zerfetz dich. Ich stech dich ab.* Die Kaffeemühle, es knarrten die alten Latten, und Uschi schlapfte mit ihrer Tasse herüber, nur im Slip, Lorenz drehte sich beschämt in den Couchpolster hinein, die Mutter gab der Tochter einen Gutenmorgenkuss. *Lass das, Mama.* Die Tür knallte.

Uschi bekam noch mehrmals Besuche von fremden Männern. Theresa ließ sie alle am Leben, doch immer startete sie ihr Moped und riss Lorenz mit sich: *Geh her da. Sonst werd ich noch zur Mörderin …*

15.

Mitten in der Nacht, er fand die Stirnlampe nicht, ein Knurren vor dem Zelt. Reflexartig griff er zur Machete ... Dumme Fantasie! Endlos dumme Fantasie! Er verdrängte die Einbildung, nahm einen kühlenden Schluck. Seine Wasserreserven gingen zur Neige. Morgen musste er den Weg zurück *in die Welt* finden.

16.

In der Ferne lief jemand. Ein Stück weiter oben, den Grat entlang, wo Frühnebel hochzog. Lorenz war gerade am Packen, presste Biwak samt Gestänge, Matratze, Schlafsack, alles ineinander, es erschien ihm, als schleppe er mehr als bei seiner Abreise, da kreuzte ein dunkler Punkt im diesigen Grau sein Blickfeld. Ganz sicher, *da war wer*. Er rief den Hang hoch: *He! Hallo!* Schnürte den Rucksack zu, hob ihn auf seine Schultern, ein rascher Blick über den zurückgelassenen Schlafplatz, der Thoreau lag noch da! Er schnappte sich das feucht und erdig gewordene Büchlein und hastete bergauf. Kurz war ihm, als hätte sich da jemand, einige steile Serpentinen weiter aufwärts, nach ihm umgedreht, wurde er gehört? *He!* Im Laufschritt kämpfte er sich voran, fixierte den sich rasch voran bewegenden Punkt.

Er griff nach seiner Videokamera, das Bild unscharf, er zoomte den Ausschnitt möglichst groß heran, wild verwackelt, endlich stellte der Fokus scharf. Er vermeinte, den Rücken eines Menschen zu erkennen (*eines Wesens?*), mit Rucksack? Wandertrage? Etwas Behäbiges, Kantiges umgeschnallt, im raschen Schritt, Lorenz hatte Mühe, den Punkt im Bildausschnitt zu halten, kam außer Puste. *Das Etwas* am Horizont entwischte ihm.

Er kniete in der Nebelsuppe, hatte keine Ahnung mehr, wo er genau war, kalt die Stirn.

17.

Aus künstlichen Nebelschwaden strahlte Theresa hervor, an einem Mikrofon stehend, sie sang, was war das für ein Abend gewesen? Er suchte erneut in seinen Erinnerungen, fasste nach einem Bild, in dem er in einer Menge versank, sie im Scheinwerferlicht, hatte er sie zu einem Auftritt begleitet? Sie wollte für kurze Zeit mal Sängerin sein, sie hatte es sich in den Kopf gesetzt, wie so vieles, hatte den Klavierunterricht verflucht, die Schule beinahe geschmissen, hörte harten Techno und diverses Zeugs, was ihm unbekannt war, auch unverständlich blieb. Sie stand in dem Bühnenlicht eines verrauchten Clubs (wo waren sie damals gelandet? War das alles wirklich passiert?) und ihre Stimme mühte sich ab, sie war keine Sängerin. Sie wusste das auch, und trotzte dieser Einsicht. Niemand applaudierte. Alle warteten auf den Hauptact des Abends, sie war völlig deplatziert, schickte ihren Song (melancholische Elektroklänge) hartnäckig über die Köpfe der Anwesenden hinweg. Erste Rufe, sie solle sich verziehen, sie hielt unbeirrt an ihrem Ding fest. Irgendwann schielte sie auf Lorenz, eingequetscht zwischen grölenden Heavy-Metal-Fans, und lächelte. Sie sang nur für ihn.

Er sah ihr Glühen. Ihr ungebändigtes Leuchten. Ihre Wucht. Auch ihre Großherzigkeit. Wo sie Ungerechtigkeiten witterte, wurde sie laut. Er liebte ihre Loyalität (wer einmal mit ihr verbündet war, blieb es), er liebte ihren Hang, Kindisches zu tun, herumzualbern, wenn andere alles peinlich fanden und unangemessen. Er liebte das Unangemessene. Dass da jemand war, der Situationen zu sprengen vermochte. *War's too much? Sag schon, Lenzi, war too much, oder? Sorry ... It's me, Babe ...* Sie schob die Sonnenbrille lässig zur Nasenspitze vor, lugte darüber hinweg, Theresa war Theresa, Wolf war Wolf, sie ließ sich auf keinen Nenner bringen, konnte tottraurig sein, überbordend heiter, wochenlang verbittert, aufgrund von Banalitäten, aus denselben Gründen kurz darauf die Achseln zucken und alles für nichtig erklären, teilnahmslose Phasen wechselten sich mit hochemotionalen ab. Lorenz, der immer um Balance und Ausgleich bemüht war, rieb sich an diesem *wilden Ritt,* wie er ihre Freundschaft manchmal bezeichnete. Sie, in einen Winkel ihres Zimmers zurückgezogen, kühl, unnahbar ... Er griff zur Kamera und filmte sie. *Hör auf,* schnauzte sie. *Du sagst doch immer, du magst meine Filme,* entgegnete er und wollte sich diesmal nicht einschüchtern lassen. Wollte diesmal der Stärkere sein. *Nicht jetzt!* Sie warf einen Polster in seine Richtung. *Ich durchleuchte dich,* provozierte er sie. *Ich entlarve dich. Was steckt da? Wolf? Was ist unter dieser ... Wolfshaut ...* Sie fauchte ins Objektiv. Mimte hernach ansatzlos größtmögliche Coolness: *Fuck off!,* und posierte lasziv. Wo hatte er all diese Aufnahmen?

Du bist schön. – Gar nicht. – Doch. – Ich bin hässlich. Mein Bauch. Da. Die Brüste. Er schwieg lange im Off. Tiefer Atem. Sie ganz bei sich. *Filmst du mich? Nackt?*

Wer immer brennt, verglüht irgendwann, sagte Lorenz' Vater eines Abends, als er ihn abholte, vom Hexenhäuschen, den Hang runter ins Dorf wollte Lorenz nachts nicht zu Fuß gehen, der Wagen von Uschi war in der Werkstatt, die Puch Maxi hatte Theresa zu Schrott gefahren. Also saß er wieder wie ein braver Sohn am Beifahrersitz, der Vater lenkte bedächtig, wie immer, den Wagen die Serpentinen den Hügel runter. *Schon eine Nummer,* sagte er, *deine Theresa. – Ist nicht meine Theresa. – Okay. Ich dachte nur ...* Ihre Blicke begegneten sich, der Vater seit Langem wieder mal wirklich interessiert an dem, was seinen Sohn eigentlich umtrieb. *Aber eine Nummer, die Frau ... Immer was los. Immer am Sprung. – Hast was dagegen?* Er wollte nicht so trotzig sein, hätte gerne ein ehrliches Gespräch mit seinem Vater geführt. Wenigstens hatte er noch einen. Theresa nicht. *Find ich ja gut, wenn wer so brennt,* lachte der Vater dann, daheim in der Hauseinfahrt. *Aber wer immer brennt, verglüht irgendwann.* Es war der überraschend tiefsinnigste Satz, den sein Vater je von sich gegeben hatte. Er sollte recht behalten.

Neongelb verfärbte sich das Nebelmeer, Theresa sang in seiner Erinnerungsschleife, ihre Stimme brach und Gesteinsbrocken fielen herab, Lorenz erschrak.

18.

Er war auf einer Hochebene gelandet. Kaum Vegetation. Felswüste. Ringsum gigantisch aufragende Spitzen. Er kannte diese beeindruckenden Bergriesen aus einem der Wanderführer, jetzt ließ er den Rucksack von den Schultern rutschen, kramte im Kopfteil, blätterte wild durch seine Reiselektüre: *Dreizinkenspitze.* Konnte es sein, dass er bereits so weit hinaufgewandert war? Er drehte sich im Kreis, es sah letztlich alles sehr ähnlich aus, Labyrinthe aus Stein.

Da sprang eine Gams, allein, ohne Herde, zwischen stufenförmigen Vorsprüngen im Gestein hin und her, kein Mensch hätte dort einen Fuß hinstellen können, das zarte, fast zerbrechliche Tier balancierte der Schwerkraft trotzend in der Vertikalen, und in steter Wende sowie mit erstaunlich kräftigen Sprüngen gelangte sie aufs Plateau herab. Sekundenlang schaute Lorenz reglos dem Tier zu, wie es leichtbeinig und anmutig diese schroffe Bergwelt durchkämmte, wohin war es wohl unterwegs? Was hatte es dort oben, auf dem atemberaubenden, fingerartigen Felsen, gewollt? Warum war sie allein? Vielleicht war die Gams krank und ihr Rudel hatte sie verstoßen, so einsam stakste sie durch diese unwirtliche Gegend, ausgesetzt auf einem fernen Planeten. Dann verschwand das Tier unterhalb eines weiteren Felsvorsprungs, sagte Adieu zu Lorenz, als hätte es nur kurz mal *nach einer Freiheit gesucht.*

Schlafwandlerisch und durstig tapste Lorenz durchs Gestein, nur vereinzelt dürres Geäst, das sich um Granitbrocken krallte. Und endlich, aus dem Nichts, erblickte er (er misstraute erst der Wahrnehmung) Markierungen. Tatsächlich: Rot und Weiß, da war wieder ein Pfad. Und ein gelbes Schild (der Metallmast strahlte ihm verheißungsvoll im Sonnenlicht entgegen) wies eine unverhoffte Route aus: *Höllerhütte, ½ Stunde.* Er wollte den Wegweiser küssen.

Hey, filmte er sich selbst, *keine Ahnung, wie ich das jetzt sag,* den Camcorder auf einen Stein platziert, das Objektiv auf sich selbst gerichtet, *ist vielleicht dumm, und.* Er stockte, stand da, verloren auf dem Plateau, dem Planeten, der ihm nun als Endpunkt seines Aufbruchs erschien, was irgendwie gut war, aber doch auch nicht, und er wollte einfach nur da runter, wo in einer Hütte ein Bett auf ihn warten würde, wo er sich neu sortieren könnte, um (es war für ihn durchaus okay) wieder zurückzufahren (er war ja doch kein Alpinist und ertappte sich dabei, von einer U-Bahn-Station zu träumen), *also, du wirst das auch nie sehen oder hören, aber. Ich wollt nur sagen. Ich war da. Vielleicht passt das auch so. Einfach so. Dass ich mal wieder an dich gedacht. Mehr braucht's vielleicht nicht ...*

Er schritt auf die Kamera zu, sinnierend, abwesend, es wurde das Bild der Aufnahme schwarz, weil er vors Objektiv trat, er wollte alles abstellen, endgültig, *Record Off,* da riss ihn ein Knall aus seinem Zustand.

19.

Mehrere Schüsse fielen, ihr Widerhall umzingelte ihn von allen Seiten, unwillkürlich überkam ihn das Gefühl, sich auf den Boden werfen zu müssen, den Kopf geduckt. Ein weiterer Schuss! Lorenz fuhr herum, was passierte da? Einige Gesteinsbrocken, die vom Hang runterrieselten, er hielt den Atem an. Dann erneut, in knapper Folge hintereinander, ganz deutlich aus der Schlucht vor ihm, er hechtete voran, Schüsse aus einem Gewehr, er steckte den Kopf über die Felskante, von dort konnte er hinabspähen.

Da sah er die Gams, torkelnd, blutend, im Fels, er ging in Deckung, eine Jägergruppe unterhalb des Felshanges, die das Tier ins Visier genommen hatte, und einige Rufe, ein Lachen, einer ging heran, an die Gams, sie lag wehrlos, Lorenz erwartete den Gnadenschuss, stattdessen schleifte der Jäger sie einige Meter im Hang hinab, stieß sie mit dem Bein, es bekam das Bündel an Tier Übergewicht, rollte voran, wand sich, reckte erneut den Kopf und nahm alle Kraft zusammen, *schaut's, des Viech wüll lebm,* wieder ein Lacher, *knall's ab! Nach einem Untier schaut's ja nicht aus. Gemma weiter. – Wart,* sagte der Peiniger, die Gams, dürr auf den Beinen, stemmte sich hoch, wollte voran, knickte zusammen, *is des a Sturschädl, was?,* und das Tier rollte den Abhang weiter, brach sich einige Knochen, ächzte, der Jäger, langhaarig, breite Schultern, grüne Jacke und Hose, wieder rasch heran, nun hob er es hoch, das Tier strampelte, blutüberströmt, *du, stirb,* lachte der Jäger, *jetzt stirb doch,* und warf es von sich, Gejohle weiter unterhalb, da ging einer in Position, *wait, I do this, I do this,* knallte drauflos, die Schüsse in den Hang hinein, *du Trottl, besoffen ist der Russ,* hörte er einen anderen sagen, *der Russ,* der wütend wurde, ging näher ran, an die dahinsiechende Gams, setzte den Lauf an, *du zerfetzt den Schädl, den brauch ma noch,* es schubste der eine den anderen, dann ein Schluck aus der Flasche, und der Anführer der Truppe riss das Tier an sich, stach sein Messer durchs Fell, ließ es hinter sich her schleifen, es strampelte noch, eine Blutspur weithin. Es wurde unten geschultert, von drei weiteren Jägern, sie verschwanden, ihnen voraus jagten Hunde ins Tal.

Er hatte alles mitgefilmt. Zitterte, es rollte vor ihm ein letzter Stein hinab in die blutdurchzogene Schlucht. *Horch,* sagte einer, *da is' was.* Sie drehten sich nochmals in seine Richtung, *'s Monster! – Geh! Siehst Gespenster!* Stille. Und ab.

20.

Eine Ewigkeit war vergangen. Erst jetzt traute er sich hervor. Ging hinein, in den Hang, wo sich die Tat ereignet hatte, immer bereit loszulaufen, falls einer aus dem mörderischen Trupp von vorhin zurückkehren würde, fort, einfach fort. Hatten sie ihn gesehen?

Rasch wollte er die Stelle hinter sich bringen, in Panik, seine zu große Fantasie habe dieses perverse Grauen erschaffen, als sei er einem Wahn aufgesessen. Nein! Raunte er mantraartig vor sich hin, kein Wahn. Es war echt! Und die Videoaufnahmen beweisen es, sie würden von dem Verbrechen *zeugen*, doch hatte er Sorge, zu lange nun auszuharren, auch senkte sich bereits die Sonne hinter den Felswänden hinab. Ekel überkam ihn.

Es wurde Abend und von einer Hütte noch keine Spur.

Lebst du noch?, erschrak er plötzlich, vom Signal seines Telefons aus dem schneller werdenden Gang hochgerissen. Eine Nachricht war eingegangen. Er hatte wieder Empfang! Rasch, die Finger taten es automatisch, klickte er in die Oberfläche des Geräts hinein. Klara! Sie musste die Worte irgendwann gestern geschrieben haben, oder vorgestern? Wie lange war er in diesem Funkloch gewesen? Wie lange hatte er schon das Gefühl, verloren zu sein? *Lebst du noch?* Ja, wollte er ausrufen, tippte hektisch ins Gerät, zittrig die Finger, *ich lebe,* schrieb er zurück, drückte auf Senden, doch keine Nachricht wurde gesendet, es schaltete sich das Handy völlig ab. Tot.

Grabesruhe über dem düster werdenden Gelände.

Den gelben Schildern folgend stapfte er zügig und zunehmend ermattet hunderte Meter weiter abwärts (wie oft war er bereits bergauf und wieder bergab gestapft? Er hasste das Wandern mit einem Schlag, er hasste nichts mehr auf dieser

Welt, als zu wandern!), es schluckte ihn das tosende Rauschen eines Baches in der Schwärze einer Schlucht.

In der Ferne die Rotorblätter eines Hubschraubers. Da flog, so dachte er in seiner Not, *die Mörderbande ins Tal, mit blutiger Hand.* Hernach wurde es unendlich still um ihn.

21.

Eines Tages war Theresa einfach verschwunden. Er war in Panik geraten. Uschi beruhigte ihn, das sei die Resi, das habe sie von ihrem Vater, sie tauche ab, verschanze sich irgendwo, *die liebt den Wald, keine Sorge, die kennt sich aus,* und dann kehre sie zurück. Lorenz verstand die Gelassenheit nicht, mit der die Mutter das Verschwinden der Tochter abtat, es könne doch Schlimmes passieren. *Mehr passiert unter Menschen als alleine im Wald,* lachte Uschi und saß am Tisch, stapelte erneut Rechnungen, Augenringe von der Nachtschicht im Krankenhaus, Furchen an der Stirn, *willst was essen?* Es stank aus dem Kühlschrank. Er beschloss, ihr zu helfen, und kochte für beide, sie schaute ihm zu und sang, immer sang sie was, summte, spielte Fröhlichkeit, schaute auf die Fotos an der Wand. Die Familie hatte es zerschlagen, sie und Theresa waren auf sich gestellt.

Nach drei Nächten kehrte Theresa zurück, als wäre nichts gewesen. Gab der Mutter einen Kuss auf die Wange, und weil Lorenz auch an diesem Tag bei Uschi im Haushalt half, ihm gleich noch einen Schmatzer auf die Stirn: *Was schaust so verdattert, Kleiner? Hab einen Hasen erlegt, ich zeig dir, wie man dem toten Tier die Haut abzieht.*

III.
Fieber

1.

Die *Höllerhütte* erreichte er vor Einbruch der Nacht. Von Weitem sah er ein kleines, erhelltes Fenster. Im kargen Schein seiner Stirnlampe watete er die letzten Meter durch gatschigen Untergrund, starrte auf die heruntergekommene Behausung. Das Schindeldach reparaturbedürftig, die Veranda abgewettert, einige Schäden mit Wellblechresten ausgebessert, ein Plastiktisch stand da, mit einem Bierglas voller Zigarettenstummeln, die Fenster klein und mit groben Gittern gesichert, ein offener Fensterladen klapperte im Wind, Geweihe von Hirschen, Gämsen, Widdern an die Holzfassade genagelt, eine kreisförmige Öffnung fiel ihm auf, er musste unwillkürlich an Schießscharten denken, wie bei alten Festungen. Überm Eingang auf eine Tafel geschnitzt der überraschend literarische Vermerk von Heinrich Heine: *Auf die Berge will ich steigen*. Derb und triefend von Chauvinismus standen daneben allerhand handschriftliche Abwandlungen, die davon kündeten, was die hier Nächtigenden noch alles zu besteigen gedachten.

Er stemmte sich, mit dem Gefühl, es womöglich besser zu unterlassen, erschöpft gegen die Holztür, sie ging nur schwer und unter Quietschen auf: im Raum der Dunst von Fritteuse und kaltem Fett, Tabakschwaden, schummriges Licht in der beengten Stube, um einen Holztisch versammelt eine Gruppe Männer, zusammengerückt an der Eckbank und auf kantigen Stühlen, was ihn schlagartig an die Wirtshäuser seiner Kindheit erinnerte (Großfamilienfeiern in der *Dorfstubm*, kratzige Festtagspullover, eng zusammengepfercht die weitschichtige Verwandtschaft, Kerzenwachs, zerronnen auf gehäkelten Tischtüchern, darf ich mit dem Finger durch die Flamme, Mama?).

Abrupt verstummte die Hüttenrunde, die aß und trank und Karten spielte, sie beäugten ihn vom hinteren Winkel des Raumes aus, Lorenz im Eingangsbereich, verschwitzt, ermattet, mit dem schweren Rucksack, er brachte ein zögerliches *Hallo* über die Lippen. Sein Begrüßungsversuch verebbte in der dunstigen Stube, und lange wurde darauf nichts erwidert, sie schauten verdutzt, bis endlich einer ausrief, mit einer Wurst noch halb im Mund, *Sepp, do isch ana*. Und mit fettigem Haar und triefender Stirn, weil er wohl gerade aus dem Küchendampf getreten war, stand der Wirt nun vor ihm, Nase an Nase, er glotzte, als sei Lorenz eine wundersame Erscheinung aus dem Wald oder als wäre es undenkbar, dass ein Fremder die Hütte hier betreten könnte, schließlich nickte er murrend: *Da nimmst Platz*. Und Lorenz rutschte artig auf die langgestreckte Eckbank, der Runde gegenüber, an einen kleineren Tisch, und der Wirt schob ihm unaufgefordert ein Stamperl hin, *für den ersten Durscht*. Als sei es die größte Heldentat, kippte er mit zugekniffenen Augen den Schnaps, *ein Teufelszeug, was?,* wie gefordert runter, schon dachte er, den hiesigen Willkommensritus hinter sich zu haben, da überkam es einen, er war mächtig wie ein Bär, der meinte mit sonorer Stimme, *geh, Sepp, schenk nach*. Und der Sepp schenkte nach und Lorenz zögerte erneut, und Augenpaare beäugten wieder den Fremdling, der hier hereingefallen war, die Rufe schwollen an: *Einer geht noch, einer geht noch*. Und *der Eine* musste also noch gehen. Erst als drei weitere Gläser von Lorenz widerwillig geleert worden waren und die Stimmung am Nachbartisch sich zu einem *Schau-dich-an, Ja-so-gehört-sich's, Kommst-wohl-aus-der-Stadt?* gewandelt hatte, japste er etwas mitgenommen, er bräuchte einen Schlafplatz für die Nacht. *A geh,* sagte der Wirt, süffisant und übermäßig laut, dem bärigen Typen zuzwinkernd, *was, Feichtschlager? Ich hätt ja dacht, das Znirchtl übernachtet heut da draußt im Felsen.* Großes Gelächter.

Die Runde gewöhnte sich langsam an den Zuwachs in der Stube, Lorenz zählte, samt dem Wirten, sechs Männer und einen großen, schwarzen Hund, der unter dem Tisch lange völlig bewegungslos gelegen war. Dem warfen sie dann und wann etwas von den Essensresten hin. In den Gesprächen ging es um *Abschüsse* und *Jagdgründe* und um ein Revier, scheinbar etwas nördlich der Hütte, wo es tags darauf hingehen sollte, dann verfielen sie in einen Flüsterton. *Ein Gulasch hätt ich noch,* raunte schließlich der Wirt einigermaßen freundlich (vielleicht wollte er Lorenz auch nur ablenken, weil sie sich von ihm gestört fühlten), es sei zu empfehlen, jedenfalls wäre noch niemand dran gestorben, wieder einige Lacher, und der Feichtschlager gab zum Besten, dass er dem Sepp das Fleisch fürs Hirschgulasch eigenhändig gebracht habe, *frisch erlegt, das Viech.* Wo er denn her sei, schrie dann ein anderer, ein Rothaariger, den alle nur den Schweizer nannten, im tiefsten lokalen Dialekt. Lorenz überlegte, dann meinte er vage, er sei *aus der Umgebung von Linz,* obwohl er eigentlich seit der Matura nicht mehr dort daheim war, doch erschien ihm diese Notlüge als *unverdächtiger,* jedenfalls wollte er etwaigen Konflikten vorbeugen. Als Linzer würde er wenigstens nicht als Großstädter gebrandmarkt, so seine Hoffnung. *Ah, ein Linzer,* schallte der Schweizer. Und Lorenz korrigierte, *in der Nähe, also eigentlich eh vom Land. – Schon gut, Znirchtl,* stieß der älteste der Männer hervor, der scheinbar ein Pinzgauer war, glatzköpfig, mehrfach um den Hals und am Arm tätowiert. Solange er nicht *jenseits der Arschlochgrenze* beheimatet wäre.

Nun wurde groß und breit erklärt, was es mit der Arschlochgrenze auf sich habe. So sei, nach Logik der hier versammelten Männlichkeit, dort nur Dummheit, Abgehobenheit sowie Naturfremdheit zuhause, wo es an Bergen fehle, ergo dort, wo die Berge aufhörten, verlief die Grenze zum Areal der Arschlöcher. Jenseits derer wäre es fast *unsittlich* zu leben, so fasste es ein langgestreckter Dürrer mit Gamsbart, den sie Mike nannten, beinahe eloquent zusammen. Diesseits der Grenze aber sei der Mensch noch *a Mensch* und alles an Natur und Zusammenleben *noch normal.* Dieser Logik folgend (und mit einigen Hochprozentigen intus) musste es weiters für diesen Mike gerade dort besonders gut zu leben sein, wo ausschließlich Berge waren, also inmitten der Alpen, so wie hier. In anderen Worten: *Doda bischt nu bei dir! Vastehst?* Er sei ja *viel rumgekommen, in der Welt. Ist wirklich schlimm oft, wie's zugeht. – Und was treibt dich da her, aus Linz?*, bohrte etwas misstrauisch der Schweizer weiter. Jetzt erst fielen Lorenz die im Eck stehenden Gewehre auf, waren sie geladen? *Ich mach nur Ferien,* stotterte er eingeschüchtert. *Ein Lehrer bin ich. Nur ein Lehrer. – Arme Sau,* sagte da der Mike, und nach einer jammervollen Analyse des Untergangs des hiesigen Bildungssystems, wie es Lorenz die letzten Jahre ein jedes Mal kopfnickend über sich ergehen lassen musste, sobald er im Smalltalk gestand, im pädagogischen Feld tätig zu sein, verlief sich die Debatte endlich, nun ging es um Kochrezepte, Pilzragout, und die neuen Rumäninnen unten im Tal, *nach der Glatzerten musst verlangen, Feichtschlager, die Glatzerte,* die sei *die Geilste beim Wetzen.*

Von der Seite nun, es schnalzte plötzlich eine Tür zu einer Kammer auf, trat ein weiterer, ein Siebter zu der Runde hinzu, seine Lederhose halb noch geöffnet, sein langes Haar schob er nach hinten, es verstummte jegliches Gelächter, wie ein Anführer nahm der den Raum ein, hievte sich auf einen Stuhl, der ihm freigemacht wurde, der Hund kam heran, leckte an der Hand des Mannes. *Gibt's noch was für mich oder habt's schon alles ausg'soffen? – Immer, Schubert, immer*! Der Wirt griff erneut zum Schnapsvorrat. *Wenn ihr so lang braucht's.* Der Pinzgauer kicherte. Dem Schubert hinterher schlurfte eine junge Frau aus dem Seitenzimmer hervor, enge Jeans, fettig die Bluse, die Haare zu einem Zopf gebunden. *Was, Moni? Hat er's dir gut besorgt?* Der Schweizer wollte auflachen, der Schubert schob das Kinn vor, der Feichtschlager klopfte dem Rädelsführer besänftigend die Schulter, füllte die Gläser. *Und gebt's ihr auch was ab, auf die fesche Moni.* Die junge Frau trank mit, schwieg, lächelte, machte dann Lorenz am anderen Tisch aus, ein kurzer Blick, den er nicht einordnen konnte, verängstigt, angeekelt, leer? *Na, na, na, nicht fürs Rumstehen wirst bezahlt,* raunte der Wirt, ihr Blick sank nach unten, vermutlich eine Leere, und sie begab sich in die Küche, *der Gast kriegt ein Gulasch.* Da erst fuhr der Schubert herum, von seinem Stammplatz hochblickend, stierte ungläubig auf den unsicher verstummten Lorenz. Der erkannte den Mann sofort. Es war der Jäger vom Nachmittag, mit seiner blonden Mähne, unzweifelhaft, dieser hier hatte vor wenigen Stunden ein Tier zu Tode gequält. Reflexartig huschte Lorenz' Blick zu seinen Wandersachen, dem Rucksack samt der Kamera, alles noch da. Er schielte weiters durch die Runde, eine Fliege verfing sich in der Deckenlampe, waren sie alle beteiligt gewesen? *Was schaust denn so?* Schweigen. Tropfen vom Wasserhahn. Rauschen eines Radios mit schlechtem Empfang. An der Wand ein Regal, darauf eine Ausgabe des Alpenvereinsjahrbuches 1941. *Der ist in Ordnung, Patrick,* sagte rasch der Mike. *Ein Lehrer, was? Nur einer, der sich die Beine vertritt.* Gelächter. Es knurrte der Hund, *passt schon, Burli, kannst ihn später beißen gehen, den Lehrer.*

Dann kam das Gulasch. Die junge Frau kam möglichst unauffällig in die Stube zurück, servierte wortlos, ein Pfiff von der Männerrunde. Lorenz wünschte sich weg. Weit weg. Sein Planet der Einsamkeit von Barbaren gekapert, dachte er bei sich.

Später, drüben war die Runde ins Kartenspiel vertieft, nur mehr Getuschel drang herüber, setzte sich die Frau kurz zu ihm, Zigaretten dabei. *It's okay when I smoke?* Sie hielt ihm eine Packung Gauloises hin. Klara rauchte manchmal dieselben. Sie hatte dunkle Augenringe, einen müden Blick, blies nervös den Zigarettenrauch aus, schlug die Beine hektisch mehrmals von links auf rechts und umgekehrt übereinander. Aschte, weil sonst nichts da war, in eine verstaubte Tasse, in Frakturschrift drauf ein Spruch, *Ehre die Erde, aus der du stammest.* Gulaschsaft rann ihm aus den Mundwinkeln zurück in den Teller, es war ihm unangenehm. *Good?*, fragte sie. *What?*, fragte er. *The Gulasch,* meinte sie. *Yes. Very.* Er musste lachen. *Not really, what?* Sie lachte auch. Sie lachte schön.

Der Tabak roch angenehm. Er genoss den seltsam intimen Moment, ließ sich von ihr nun auch eine Zigarette anzünden, Blicke durch die Flamme des Feuerzeugs, wohlig der Geschmack. Dann musste er husten, zu fest hatte er inhaliert, sie grinste, *not really a smoker. – Not really,* bestätigte er und musste an Klaras mahnende Worte denken, es sei das Dümmste, nun im Alter wieder anzufangen. *Alter,* raunzte er innerlich. Und rauchte wütend weiter. *Du kompensierst etwas, Freund,* hörte er nun Immanuels Therapeutenstimme in sich wispern, *du bist auf einem Feldzug. Und hast eine Lust, dich dabei selbst zu quälen.* Lust und Qual. Lorenz schüttelte die Gedanken ab, Tiefenanalyse könne ihn *heut am Arsch!* Und wieder die Wut. Er rauchte die nächste und sah seine aufgebrochene Wohnung in Wien vor sich, *fickt euch doch alle,* Fetzen verbaler Entgleisungen, die ihm viel zu leicht über die Lippen gingen. *What?* Die fragenden Blicke der fremden Frau gegenüber. *Nothing,* schüttelte er alles ab, plötzlich wieder in der festen Überzeugung, genau hier richtig zu sein. Inmitten dieser Mörderbande.

Hi. Lorenz, sagte er dann. Ihre Hand war warm. *Hi. Sladjana. But you can call me Moni.*

Die Frau wurde ruhiger. Dann griff sie zu ihrem Telefon. Scrollte durch einige Nachrichten, steckte es aber wieder weg. *Internet is dead.* Dann zündete sie sich eine weitere Zigarette an, das Feuerzeug rutschte etwas zu weit von ihr weg, in seine Richtung, sie griff herüber, sein Blick folgte ihren Fingern. Es fehlte ihr einer. Er zuckte zusammen. Tatsächlich. Da waren nur vier Finger an ihrer rechten Hand. *Internet is only good when the weather is good.* Sie zog ihre Hand absichtlich rasch zurück. *But they say, in the radio, there will be bad weather the next days.*

Warum fehlte ihr ein Finger? *You shouldn't stay too long.* Jetzt wurde sie ernst. *Why are you here?* Er musterte diese Frau nun genauer. Dürr war sie, knochig um die Wangen. Sehr streng konnte sie schauen, ruckartig beugte sie sich näher, senkte die Stimme. *Just for nature?* Sie bohrte weiter. Er meinte, er sei nur zum Wandern hergekommen. Es sei doch eine schöne Gegend. *Isn't it nice here? – You know, there is something outside.* Sie sagte es langsam. Bedacht. *Something.* Was da draußen sei, fragte er zurück. Wusste sie etwas über Theresa? Er schob seinen Teller zur Seite, wischte sich den Mund, eine Schwere nun im Magen, etwas zäh vielleicht, der Hirsch. *You come for the monster?* Er räusperte sich. *Geh, Moni,* rief der Wirt in diesem Moment. *Was suderst so viel mit dem Lehrer? – Everything good, Sepp,* rief sie schnell zurück. *He says, your Gulasch is delicious. – Wos?,* stutzte der Sepp. *Dei Gulasch, Sepp,* übersetzte der Mike. *Olles guat.* Das Surren einer sterbenden Fleischfliege. Das Klappern eines Fensterladens im Wind. Ein Radio, das plötzlich ein paar Takte Schlager von sich gab. Und ihr verschworener Blick, ehe Sladjana, die alle hier nur Moni nannten, Richtung Küche verschwand.

2.

Er schlief an dem Abend mit der Machete neben sich, hielt sie umklammert, bereit für einen Kampf, von dem er nicht wusste, gegen wen oder was er stattfinden sollte. Jedenfalls traute er der Runde hier nicht. Er fürchtete, erkannt worden zu sein, zumindest dieser Schubert schien Verdacht geschöpft zu haben. Lorenz war sich nun sicher, auch in den anderen Männern die Jägerschar wiederzuerkennen, welche die Gams zu Tode malträtiert und deren Gesichter er alle herangezoomt auf Video festgehalten hatte. Er lauschte nach unten. Hörte sie noch lange lachen.

Mit Sladjana hätte er gerne länger geredet. Hatte sie Theresa gesehen? Wusste sie, wo er sie finden könnte? Rätselhaft hatte ihr Gespräch geendet, rüde unterbrochen, erst vom Wirt, mit seiner befehlenden Art, dann noch von diesem Schubert, dem wohl seine abrupte Nähe zu Sladjana missfallen hatte. Oder war es an diesem Ort nicht erwünscht, über *das Monster* zu reden? Ging es in der geplanten morgigen Jagd genau darum?

Einmal noch riss es ihn aus dem Schlaf, es zwickte der Bauch, er stieg benommen aus seinem Bett, ein knarrendes Gestell, tapste in dicken Wollsocken hinab, stieg in die Wanderschuhe, die er vor der Tür hatte abstellen müssen, wie ein Klotz lag dort der riesige Hund, sein Fell glänzte im schwachen Mondlicht, das durch die Wolkendecke schimmerte. Lorenz vermied es, ihn zu wecken, knipste seine Stirnlampe aus. Ein leichtes Brummen, das Tier drehte den Kopf in seine Richtung, schlief aber weiter. Ohne Licht bahnte Lorenz sich den Weg zu dem rustikalen Plumpsklo, seine Augen stellten sich rasch auf die Dunkelheit ein. In der morschen Holzkabine (herzförmig war ein kitschiges Guckloch in die wackelige Tür geschnitzt) verrichtete er sein Geschäft, immer noch die Machete umfassend.

Grillen zirpten, das Geschrei und Getuschel und Geflirte der Nachtvögel nahm er wahr, ungewöhnlich klar und vielschichtig hörte er hinein, in die Finsternis, ihm war, als könne er das Kriechen mancher Würmer erahnen, ein Schnattern, ein Schwingen, Äste knackten, Laub im Wind, Gräser, durch die Streuner huschten, Raubtiere auf Beutezug, dann ein Scharren in der Nähe, er begann, höchst alarmiert, hellwach, seine Waffe zu schwenken. Sah an sich herab, die Körperbehaarung erschien im Halbdunkel des Plumpsklos seltsam fellartig. Auch hatte er sich schon des Längeren nicht mehr rasiert. Kurz war ihm, als dringe ein fernes Geheule nun an sein Ohr. Vermutlich eine Illusion, lachte er über sich selbst. Die Holzrillen entlang krabbelten Ameisen, und allerhand Mücken hatten sich in einem großen Spinnennetz über seinem Kopf verfangen, er hatte Mühe, seinen harten Stuhl herauszudrücken (zu wenig Flüssigkeit in den letzten Tagen! Kopfschmerzen plagten ihn, auch ein Ziehen im Bauchbereich, das Gulasch, wer weiß …).

Gemurmel plötzlich vor der Hütte. Er versuchte sich hochzustemmen, die Hose noch runtergelassen, und lugte durch die Herzöffnung nach draußen, im Finstern nun das Glühen zweier Zigaretten. Er wischte sich den Arsch aus, mit den Resten einer alten Jagdzeitschrift, lautlos segelte die Notdurft samt Papier in die Senke unter ihm, kurz hielt er die Luft an, danach drückte er sich wieder an die Tür, um von innen zu verfolgen, was dort vor sich ging. Es war der Schubert und ein weiterer der Männer, derjenige, der in der Runde vorhin am wenigsten geredet hatte, unscheinbar war der nur im Eck gesessen, hatte mit seinem Messer gespielt, es in den Zwischenräumen seiner gespreizten Finger tanzen lassen, artistisch, hatte Lorenz gedacht. Der war es, der nun mit dem Rädelsführer etwas spätnachts vor der Hütte zu bereden hatte, aufgeregt ein Mobiltelefon aufklappte, in dessen Schimmer die Gesichter Konturen erhielten, bis der Schubert plötzlich lauter wurde, den anderen heranzog, und kurz ging dessen Faust nach oben, was war da los? *Das Geld,* fiel das Wort nun, *denkst, ich bin blöd? Alles vom Russ! Kapischo?* Das Messer, das Stunden davor noch getanzt hatte, wurde nun schlagartig gezückt, der Schubert erstarrte, der andere auf ihn zu, doch jetzt bellte der Hund, herangehechtet von seinem Schlafplatz. Drei laute Kläffer. *Gusch, Burli!,* fauchte der Schubert. Wies das Tier an, Platz zu machen. Ein Knurren. Der mit dem Messer wurde unsicher, der Schubert fuhr herum und drückte den Überraschten, dessen Waffe er mit einem Hieb in die gatschige Erde schleuderte, nun gegen die Hüttenwand, ihm den Mund zuhaltend. Dann ließ der Schubert ab, griff dem anderen in die Jacke, holte irgendwas aus dessen Tasche, klopfte dem Zermürbten auf die Schulter, *geht doch, Ivo, geht doch.* Der ging davon, spuckte auf die Stufen zur Veranda der Hütte. Der Schubert kraulte den Hund, rauchte zu Ende. Einmal noch bellte das Tier, es war Lorenz, als hätte es seine Witterung aufgenommen. Das Glimmen erlosch.

Minuten später, vielleicht war auch eine halbe Stunde vergangen, die Lorenz angespannt im Dunkel des Plumpsklos abgewartet hatte, schlich er endlich zurück, stieg rasch aus seinen Schuhen, vom Wachhund war keine Spur mehr, und zog die Tür sachte hinter sich zu, dennoch konnte er nicht verhindern, dass ein langgezogenes Quietschen sich über die leere Stube legte, die vielen Schatten der Gläser und Flaschen, er wollte rasch zurück in sein Lager, da hielt ihm wer eine Taschenlampe direkt vor die Augen, geblendet hob Lorenz die Hände samt Machete, jemand trat ihm vor dem Treppenaufgang entgegen, *Lehrer! Was treibst um die Uhrzeit?* Der Schubert. *Hab nur schiffen müssen,* gab Lorenz in Abwehrhaltung zurück. *Das wird man wohl noch, oder …?* Er schluckte seine Angst runter. *Ah,* kommentierte es schlicht der Schubert. *Mit dem Ding da? – Ist nur für alle*

Fälle. Kann man ja nie wissen. – Stimmt. Lehrer. Und mit dem Finger fuhr der Schubert die Klinge von Lorenz' Messer entlang. *Ist aber stumpf, dein Ding.*

3.

Er erwachte arg verschwitzt, in der Hütte stand der Dampf, beschlagen die Fenster, von draußen das Gebell mehrerer Hunde, sie sprangen aufgeregt, in einem Zwinger etwas abseits der Hütte, soweit Lorenz es durch das kleine Mansardenfenster erkennen konnte. Sein Alptraum hatte sich verzogen, eine seltsame Gestalt hatte sich um ihn gelegt, ihn fast erdrückt, so hatte er es im Schlaf gefühlt, in Atemnot war er daher erwacht, jetzt kläfften die Köter noch wilder. *Was ist los?,* rief er nach unten, in der Luke zum Schlafplatz stehend, die Holzstufen, schmal und steil, nach unten steigend, aber in der Hütte war niemand mehr. Überstürzt hatte man hier die Tische verlassen, auf denen, neben den Resten der Nacht, nun auch frische Kaffeetassen herumstanden, die Tür klapperte, Wind fuhr herein. Rasch zog er sich das Hemd von gestern an, trotz dem Dreck und dem Schweiß, aber er nahm sich keine Zeit, was Frisches aus dem Rucksack zu kramen, suchte vor der Hütte nach seinen Schuhen, sie standen an seltsamer Stelle, er meinte, sie nebeneinander fein säuberlich postiert zu haben, sie lagen aber abseits, halb in der Erde, er zog sie an, da bemerkte er Blut an seiner Ferse. Die eitrige Blase musste aufgesprungen sein, er drückte dennoch den Fuß hinein, stöhnte vor Schmerz. Erst jetzt sah Lorenz den Wirt am Eck der Hütte, der nervös an einer Stange Salami kaute. *Was ist passiert?,* fragte er. Der Wirt starrte in den Wald rein, mit der Wurststange deutete er nach vorne. Lorenz verstand nicht. Der Wirt kaute, spuckte seitlich Schleim, dann endlich ein paar verständliche Brocken: *Die Bestie!* Er sagte es nicht im Scherz. Sehr ernst sah er drein. *Die hat heut Nacht die ganze Kuh zerlegt. Ein scheiß Massaker.*

Lorenz schnürte rasch die Schuhe, wollte aufbrechen. *Würd mir das nicht anschauen, Lehrer,* pfiff ihn der Wirt retour. *Kein guter Anblick.*

Unweit der Hütte sah er die Jäger eine Stelle in der abfallenden Wiese umrunden. Sie trugen ihre Waffen, tauschten sich verschwörerisch aus, deuteten in verschiedene Richtungen, auf die umliegenden Hänge und Felswände. Die *Höllerhütte*, so erkannte er nun, lag in einem Kessel, umzingelt von Felsgiganten, saftig breiteten sich Weideflächen aus, eine Kuhherde machte er aus, wohl aus dem Tal über den Sommer hier heraufgetrieben, das Vieh wirkte ebenso verwirrt wie die Jäger. Vor den Stiefeln der Männer eine Blutlache, ein kaum mehr zu erkennender Haufen Tierfleisch, Fliegenschwärme tummelten sich. Gedärme lagen aufgerissen. Der Schädel des Tiers, nun war Lorenz an die Gruppe herangetreten, war nach oben gedreht, das Auge der Kuh offen. Es kniete der stämmige Feichtschlager sich hinab, schien eine der Bissstellen zu untersuchen.

Muss ein enormes Trumm sein, das Viech, sagte er. *Vielleicht ein Bär. – Geh,* widersprach der Dicke, *welcher Bär? – Ist keine zwei Jahre aus, da war einer da. Was weiß ich? Oder soll's ein Wolfsrudel? – Du denkst, es sind mehrere?* Der Schubert beugte sich zu ihm.

Schuberts Hund schnupperte an dem toten Tier, harsch wurde er zurückgezogen, *das Fleisch ist noch warm.* Der Schubert spuckte ins Gras, *gemma, das Viech hol ma uns, das kann nicht weit sein!* Zog mit seinem Köter in eine Richtung los. *Du da,* der Schweizer sah Lorenz fest an, *Lehrer. Du bleibscht do. Hüfscht da Moni.*

Der Morgen wurde damit verbracht, die Reste der Kuh auf einen Hänger zu verfrachten und sie zu zerteilen. Sladjana zersägte und zerhackte die schweren Gliedmaßen, trennte alles vom Rumpf, vollführte große, exakte Schnitte durchs noch warme Tierfleisch. *Help me,* befahl sie ihm, mit dem Schlachtermesser in ihrer Rechten, ohne fünften Finger. Sie standen hinter der Hütte, dort war ein Unterstand, wo bereits andere tote Tiere an Balken hingen, um auszubluten. Aus Eimern roch es bestialisch, es schwammen im Blut-Wasser-Gemenge einige Tierköpfe samt Geweih, Lorenz machte bald auch den traurig verwesenden Schädel einer Gams aus, es wurde ihm übel. Sie trugen schwere Schürzen und Sladjana deutete ihm, die Kettenhandschuhe überzuziehen, sonst wäre schnell was ab. Wieder ihr schönes Lachen. Lorenz hantierte ungeschickt mit dem scharfen Gerät, Sladjana hatte es vor seinen Augen nochmals geschliffen, schwitzte unter der schweren Montur und schälte verkrampft aus Rippenpartien alles heraus, was ging, es grauste ihn. *Kann ja keiner mehr essen, was? Nobody can eat this. Perhaps it's bad, because of the monster. When the monster …* Er stotterte. Stellte sich vor, dass all das Fleisch ungenießbar sein musste, war es doch von einem unbekannten Raubtier gerissen worden. Kontaminiert … Aber Sladjana reagierte nicht. Womöglich wurde hier heroben jede Mahlzeit so lange verkocht, bis alle Bakterien und überhaupt alles an Leben vergangen war.

Im Grunde ließ er sich in die Aktion hineinziehen, nur um mit ihr endlich tiefer ins Gespräch zu kommen. Er wollte über das Vorgefallene sprechen, wer oder was diese Kuh erlegt haben könnte? Ob sie wirklich glaube, dass etwas Abartiges in dieser Natur hause? Oder ob es schlicht, wie der Schubert und der Feichtschlager behaupteten, ein Tier im Blutrausch wäre, eine Art *dysfunktionales Jagdverhalten* krankhafter Wölfe, womöglich, so vermuteten sie, ein ganzes *entartetes Rudel* auf einem Raubzug. Aber Sladjana schwieg und stöpselte sich mit Musik zu, es dröhnte Punkrock aus ihren Kopfhörern, während sie mit heftigen Armbewegungen Fleischbrocken von den Knochen löste, rauschhaft erschien sie ihm in ihrem Tun, als reagiere sie sich bei dieser harten Tätigkeit an etwas noch viel Schlimmerem ab.

Später zog sich Lorenz zurück, abseits der Hütte übergab er sich mehrmals, alles an ihm roch nach dem rohen Fleisch, es stank, so war ihm, sogar aus ihm heraus, er fürchtete, sich was eingefangen zu haben.

Erst mittags, als die Runde sich hingelegt hatte (es waren in der Stube Pläne des umliegenden Reviers ausgerollt worden, der Pinzgauer hatte ins Tal gefunkt, um endlich was *in die Gänge zu bringen*), brach Lorenz heimlich auf, legte dem Wirt das Geld hin, für Nacht und Verpflegung, und haute ab. Er dachte an Theresa. Wenn sie es wirklich war, dort draußen, war sie in Gefahr.

Er nahm die Route zurück an den Ort der nächtlichen Tat, zu der Stelle in der Wiese, wo nur noch das Blut davon zeugte, dass hier ein Tier verendet war. Er drehte sich, lugte in die Wälder, wieso konnte er nicht anders, als sich Theresa hier vorzustellen? Er malte sich aus, sie säße inmitten dichter Baumreihen, hätte ihn bereits ausgemacht, ihn im Visier, noch satt von ihrer Beute, die sie im nächtlichen Kampf erlegt und zu verzehren begonnen hatte (bereits in einem anderen Zustand, so musste es sein, in einer animalischen Gestalt, so wucherten nun die Bilder in ihm).

Wolf, rief er plötzlich in die Landschaft hinein, seinen Camcorder auf das Gelände gerichtet.

Er hörte sich atmen. Fliegen, womöglich mit Blut des Kadavers an den Beinchen, surrten vor seinem Gesicht, er verscheuchte sie mit einer Handbewegung, sah die Wolken, die sich langsam über den Kamm schoben, dunkel, Wetterleuchten kündete ein nahes Gewitter an. Dann stapfte er weiter, nicht zurück zur Hütte, sondern einem ausgetretenen Pfad folgend, Hufe der Rinder, Fußabdrücke der Jäger, die hier alles durchsucht hatten, aber auch einige sonderbare Stapfen, von denen er nicht sagen konnte, wovon sie stammten. So verließ er die Wiese, hinein ins Dickicht.

Als der Regen einsetzte, war Lorenz bereits mitten im Wald, auf Markierungen hatte er nicht geachtet, allein auf die Abdrücke in der Erde, die manchmal deutlich einige Zentimeter tief ins Lehm-Kies-Gemenge gingen, dann wieder verschwanden, später einige hundert Meter entfernt erneut sichtbar wurden. Auf einer Lichtung, wo Laub sich häufte, als wäre es dort aufgetürmt worden, verliefen sich die Abdrücke in mehrere Richtungen, es war nicht mehr deutlich, wohin sie führten, Lorenz hielt inne, da erst bemerkte er das Regenwasser, das ihm übers Haar lief.

Tief im Matsch watete er ins Dickicht zurück, suchte Schutz unter den größeren Bäumen, bald rann auch durch das Blattwerk der Regen. In der Eile zog er sich die Jacke über den Kopf, die Regenhaut hatte er irgendwo im Rucksack vergraben, so flüchtete er von Stamm zu Stamm, ehe er sich unter den tiefhängenden Ästen einer mächtigen Kiefer hinkauerte, als wäre er ein Wurm. Ein Wurzelgeflecht, samtig mit Nadeln überzogen, weich die Erde, bot ihm ein gutes Bett. Er sank in einen Schlaf.

Er musste bis zur Abenddämmerung hier gelegen haben, als wäre der Tag in rasantem Tempo vergangen, die Wolkengebilde regneten sich ab, rissen auf, gaben die Abendsonne preis, die surreal rosa über der Gebirgslandschaft strahlte, ehe die Nacht anbrach und das Geheul irgendwelcher Tiere ihn weckte. Lorenz kroch aus seinem warmen Lager, aufgetrocknet, eine zarte Mondsichel zwischen wild brausenden Wolken, starker Wind, seine Augen schielten ins Finstere, wieder hatte er den Eindruck, messerscharf alles zu erkennen. Es schreckten einige Eulen auf, er suchte nach seiner Stirnlampe, doch fand er sie nicht, er fürchtete, sie in der Hast seines Aufbruchs vergessen zu haben, griff zu seinem Telefon (wenigstens hatte er daran gedacht, es in der Hütte aufzuladen), doch das Licht des Handys war wenig hilfreich, vielmehr stieg seine Sorge, in diesem grellen Kegel könnte er das Ringsum abseits des Lichtstrahls nicht mehr *spüren*. Er schaltete das Gerät wieder ab, vertraute allein den eigenen Sinnen.

Mitten zwischen Brennnesseln stolperte er, erst langsam begriff er, dass hier Konservendosen lagen, leer, Reste einer Mahlzeit tropften zäh heraus, er schwenkte den Blick, nahm etwas Höhlenartiges wahr, aus Ästen war an dieser Stelle ein Unterschlupf errichtet worden, dann erkannte er frische Abdrücke im noch nassen Boden, festes Schuhwerk, ganz deutlich, fuhr herum, als er ein Scharren in der Nähe vernahm, seine Hand ging an die Machete, die seitlich im Rucksack geschnürt hing, *ist da wer?* Plötzlich war ihm, als wäre etwas hinter ihm. Er hielt an. Mit der Machete in der Hand, fuhr herum. Wild, in Panik, ins Nichts hinein mit der Waffe. Ein Knacken von Holz, *he,* rief er, *he,* he, he ... Das Echo schwebte um ihn herum, er verlor die Orientierung, *bist du da?* Bist du da, du da ... *Lass den Scheiß,* den Scheiß, den Scheiß ... Etwas streifte seine Wange, eine Hand? Er lief, hetzte los, überschlug sich an einer Stelle, sammelte Herausgefallenes ein, ein langer, weiter Hang lag plötzlich vor ihm, unklar, wie tief, nicht erkennbar, ob da eine Schlucht ... *Hör auf, auf, auf,* ein Schnauben, und er fiel auf Stein.

4.

Als Lorenz zu sich kam, lag er wieder in seinem Schlaflager in der *Höllerhütte*, ohne Jacke und Schuhe, auch die Hose hatte ihm jemand ausgezogen, ihn zugedeckt, sein wundes Bein war verbunden. Wie spät war es? Er hörte das Klappern der Fensterläden, blinzelte in grelles Tageslicht, er richtete sich auf, das Bettzeug nass von seinem Schweiß, es drehte sich der Raum. Tee dampfte aus einer alten Keramikkanne, die neben seinem Bett auf einem Tablett stand, Blumenmuster, die Tasse mit der Aufschrift *Ehre die Erde, aus der du stammest.* Der Körper schwer, ermattet. Er nahm vorsichtig einige Schlucke, befeuchtete seine Hände, rieb sich Wangen und Stirn, endlich erkannte er, dass jemand seine Sachen durchwühlt hatte, einiges an Gewand lag herum, dazwischen seine Wanderkarten, die Zeitungsartikel über die Tierkadaver, seine Videokamera … Er kniete sich nieder, wollte überprüfen, ob da ein Fremder dran gewesen war! *Hast Glück g'habt, Lehrer,* hörte er plötzlich eine Stimme hinter sich, Lorenz fuhr herum, der stämmige Wirt war's, der riss eben das Fenster auf, ließ Luft herein, *du Depp bist in den Abhang rein, wenn der Patrick dich nicht hochzogen hätt.* Langsam fand Lorenz wieder seinen Halt, fasste auf den Balken über ihm: *Ich muss los. – Nix da, hast Fieber. Derrennst dich nur wieder. Morgen früh fahr ich mit dem Wagen runter. Da kommst mit. Bis dahin kurierst dich aus. – Mir geht's gut!* Er log. Es ging ihm übel. *Schaust aus wie a Leich, leg dich nieder …* Er bückte sich fahrig zu seinen privaten Dingen, aufgebracht (war er beraubt worden?), stopfte sie, ohne viel Zeit zu verlieren, in den offen im Eck lehnenden Rucksack zurück, überprüfte nur rasch, ob sein Geld noch da war, sein Handy … (es ließ sich nicht mehr aktivieren, die Oberfläche nun vollends zersplittert, von seinem Sturz?). *Wir haben die Sachen z'sammentragen*, murmelte der

Wirt, *war ja alles verstreut. Du warst ohnmächtig …* Lorenz misstraute ihm, er würde ihn am liebsten niederringen, er spähte um sich, saß er in einer Falle?

Was hast denn dort wollen?

Er wühlte nochmals alles aus seinem Rucksack hervor, drehte ihn mit dem Kopfteil nach unten, es fielen vertrocknete Dragees heraus, Tabletten gegen Kopfweh bei Wetterwechsel, die Reisekaugummis. *Mein Pass*, stotterte er, fixierte den Wirt, der fast ängstlich zurückwich, als wäre an Lorenz etwas Abschreckendes sichtbar. *Mein Reisepass!*, wurde er laut. Baute sich vor ihm auf.

Cool down, Lehrer. Der Wirt richtete sich Hose samt Wanst. *Ist bei mir. Fürs Protokoll. Muss doch wissen, wer da in der Hütt'n bei mir zu Gast …* Lorenz schnaubte. Was war noch passiert in den letzten Stunden? Er versuchte sich zu erinnern. Er war auf dem Waldweg, dunkel war's, irgendwas war hinter ihm, er hatte es doch gehört, gespürt … Hatte er nicht Theresa gesehen? Er war sich nun sicher, letzte Nacht da draußen angegriffen worden zu sein, oder lag alles noch viel länger zurück? Wieder drehte sich alles. *Mein Messer*, sagte er, in Erregung, angespannt. *Ich hatte mein Messer bei mir. Eine Machete …* Er wollte an dem Wirt vorüber, dann wurde ihm schwindelig, der nach Fett riechende Klotz fing ihn auf, *he*, zog ihn zu sich hoch. *Alles gut. Kriegst ja deinen Pass. Herr Lorenz Urbach.* Lorenz versetzte es einen Stich, seinen Namen nun zu hören. Als würde die Feststellung seiner Identität die letzte Hoffnung auf ein Erwachen aus diesem Albtraum zunichtemachen. Kurz wollte er weinen. *Leg dich hin. Und von einem Messer weiß ich nichts. Ist bei deinem Absturz verloren gangen, was weiß ich?*

Er ließ ihn zurück, Lorenz sammelte sich. Schnell kontrollierte er den Camcorder, es musste jemand dran gewesen sein, das Ding steckte andersherum in der Lederhülle, als er es, seiner Erinnerung nach, hineingesteckt hatte, mit Schweißhänden aktivierte er den Wiedergabemodus, scrollte übers Display, die letzten Aufnahmen waren jene von seiner Suche, als er Theresa nahe der Wiese mit dem getöteten Rind vermutet hatte, vor dem heftigen Regenschwall, er wollte sie abspielen, alles war noch da, nichts gelöscht. Er sank zu Boden und seine Finger folgten zittrig den Rillen im alten Holz. Er schaute an sich entlang, die Arme schlaff, die Beine schwer, musterte seine Rippen, die unter der trockenen Haut hervortraten, und die Haare. Fellartig schossen sie ihm regelrecht aus den Poren, kurz stützte er sich ab, kroch auf allen vieren, um sich aufzurichten, wollte sein Spiegelbild in der Fensterscheibe kontrollieren, ob es noch sein Gesicht wäre, so stand er einige Sekunden still, draußen brannte die Sonne über dem Gebirgszug, es war mitten am Tag, die Stirn glühend, vielleicht sollte er in einen kalten Bach springen.

Da! Der Wirt kroch erneut, erstaunlich wendig trotz seiner Masse, in Lorenz' Schlaflager hoch, hielt ihm den völlig zerzausten und vergilbten Thoreau hin. *Das Büchl war ganz nass, hab's dir in der Sonn trocknet.* Lorenz nickte bemüht wohlwollend, obwohl er sich bestohlen fühlte, gefangen! Unterm niedrigen Dachgiebel! (*Was wollt ihr von mir?*, lag es ihm auf der Zunge.) Er steckte den Thoreau in den Rucksack zurück, noch bereitete er sich insgeheim vor, im ersten Moment neuerlich von hier abzuhauen. Er lese ja ebenfalls gerne, führte der Wirt nun unaufgefordert aus (Lorenz' Fieber stieg wieder), Lesen sei durchaus was für Schlechtwettertage und gegen *die scheußliche Einsamkeit manchmal.* Er sagte es mit kurz aufflackerndem Stolz. Er, Lorenz, könne ja gern in der bescheidenen Hütten-Bibliothek schmökern, *unten neben dem Schnapsschrank.* Auch wenn er davon ausgehe, dass der Geschmack des Lehrers wohl gediegener sei als die hiesige literarische Kost. Da wolle er sich gar nichts anmaßen. Lorenz dachte, er würde ihn verarschen, vermutlich lägen dort nur alte Pornohefte, wollte er provokant retourschleudern, *danke,* sagte er, *für den Thoreau. Und die Rettung. Was ist denn genau passiert? – Musst meinen Bruder fragen. Der Patrick ist grad wieder unterwegs, sie wollen heut die Häng durchsuchen, bis runter ins Rossloch, irgendwo muss das Wolfsviech ja hausen. – Ist es denn ein Wolf?,* fragte Lorenz zurück, er setzte sich, sah das Wort ROSSLOCH vor sich, finsterer Schlund, verschluckte Welt. Der Wirt lachte, schwieg dann, schaute durchs kleine Giebelfenster raus, dort hatte sich die Sonne verzogen, ein heftiger Wind trieb graue Schleier vorüber. *Freilich ist's der Wolf. Was glaubst denn du?* Die DNA-Auswertungen der bisherigen Fälle hätten zwar nichts Eindeutiges ergeben, doch mittlerweile wäre er es leid, auf *die Hansln* von der Behörde zu warten. *Sehen hier alle so.* Es sei außerdem alles andere als ein Geheimnis, dass im Alpenraum der Wolf zu einem massiven Problemfaktor geworden wäre. *Wennst mich fragst, Lehrer, ist ein Versagen von der Politik. Ist in eine falsche Richtung gangen, die Politik. Hast das mal gesehen? Wenn ganze Schafsherden gerissen, Kühe in Panik versetzt, ein schwangeres Muttertier wurde angefallen, in Deutschland, Blutrausch. Scheußlich. Dauert nimmer lang und die Viecher reißen die ersten Kinder beim Spielen am Waldrand. Hat in Südtirol schon eine Frau erwischt, die wollt joggen. Sag ich danke, weißt, Lehrer, danke, Ökofuzzis! Der Wolf ist ein Arschloch, so schaut's aus,* schloss der Wirt sein Plädoyer, Lorenz hörte zwischen den Zeilen ehrliche Besorgnis heraus, blickte ins schroff gewordene Gesicht des Mannes, der Wind und Wetter trotzte und wohl bereits viel mitgemacht hatte, ausgesetzt in der Hochgebirgshütte, und dessen Weltbild letztlich nicht mehr zu korrigieren wäre, am wenigsten wohl von einem aus der Stadt, *ein Arschloch,* wiederholte er nun, *und du übrigens auch, was?* Instinktiv witterte Lorenz die ihm bereits vertraute innere Aggression, ein Schnaufen, dem Wirten entgegen, der auf ihn nun verächtlich herabsah: *Lehrer. Aus Wien, was?*

Der Wirt knallte ihm seinen Pass aufs Bett, nun wollte sich Lorenz protestierend erheben, aber ihm wurde schwarz. *Bin kein Arschloch*, stotterte er, nur mehr halb verständlich, und versuchte mit schwacher Hand, sein Geld aus dem Kopfteil des Rucksacks hervorzukramen, einige Scheine hinzulegen. *Die eine Nacht noch. Morgen bin ich weg. – Komm mal zu dir. Wiener.* Der Wirt verließ ihn.

Später, er fühlte sich noch immer wie gerädert und wusste nicht, wie viel Zeit vergangen war, stieg Sladjana über die schmale Holztreppe zu ihm herauf, lächelte mild, sie hatte Suppe dabei, *you should eat*. Sie deutete ihm, er solle sich aufsetzen, was er tat, und dann schlürfte er und sie sah ihm zu.

You are ill, sagte sie. *We are all ill*, antwortete er. *Pessimistic view*, lachte sie.

Sie trug ein dunkles Shirt, diabolisch schlängelten sich Tentakeln um eine Teufelsfratze, ihre Haare nass, ein Handtuch zu einem Turban gebunden, Jeans, barfuß kauerte sie vor ihm, Wind fuhr über die Hütte, alles an Außenwelt vernebelt.

How is your leg? Sie deutete auf seine bandagierte Ferse. *You were full of blood.* Er meinte, er spüre gerade gar nichts mehr wirklich, es sei alles irgendwie taub, sie legte ihre Hand kühlend auf seine Stirn, er hielt den Atem an, roch an ihrer frischgeduschten Haut, sie atmete ein paarmal schwer, noch immer die Hand auf ihm, die Hand mit dem fehlenden Ringfinger, er hätte sie gerne nach dem Grund gefragt, ob es ein Arbeitsunfall war, oder ob ihr das jemand angetan hatte (war das dein Schubert?), sie fuhr seine Wangenknochen entlang, *you should sleep.*

Er hielt sie kurz fest an der Hand, kniff die Augen zu. Trocken der Mund, schwer die Worte, er kramte einige englische Brocken aus seiner müden Erinnerung hervor, schämte sich, so plump zu sein, und ekelte sich vor sich selbst, im Fieberschweiß, nur verschwommen sah er sie über ihm, zu seinem Ohr sich beugend, Bäume bogen sich vorm Fenster, ihr Astwerk wie Hände alle in eine Richtung gereckt, da wisperte sie: *I saw it.* Er riss die Augen verwirrt in die Höhe. *I saw it outside. Your monster.* – *Tell me,* fasste er ihren Oberarm, zog sie heran. *Wo? Wo ist sie?* – *Outside.* – *Wo? Where? Tell me more.* Er dachte, zu halluzinieren, hörte auf jeden ihrer Zungenschläge, sah nur mehr ihre Lippen in seiner Erhitzung. Erzählte sie ihm gerade, dass sie Theresa gesehen hätte?

Im Fieber sank er weg.

Er wälzte sich. Sah sich im Kinderbett liegen, er hatte früher oft hohes Fieber gehabt. Ihn überfielen Erinnerungen an Essigpatscherl und Topfenwickel und an ein elektrisches Wärmekissen gegen den Schüttelfrost, an das Gefühl, alsbald zu erfrieren, er riss, so auch jetzt, an den Gliedmaßen, die er erhaschte, wollte sich zusammenziehen, einer Raupe gleich, baute sich aus dicken Decken einen Kokon, nach den Kälteschüben setzte meist wieder das Glühen ein, dann rann er regelrecht aus, während die Temperatur über 40 Grad anstieg, das Bett nass, als hätte er sich nach dem Baden nicht abgetrocknet. Diese Momente, in denen er sich wie ein Wurm vorfand, nur kraftlos losheulen wollte, hatten sich in sein Gedächtnis eingebrannt. Einmal, er lag während des ersten Studiensemesters allein in seinem verlassenen WG-Zimmer, Klara kannte er noch nicht, sein Mitbewohner war ausgeflogen, war ihm, als wäre der fieberhaft flirrende Raum ein Sarg, er hoffte, nach drei Tagen ohne Menschenkontakt irgendwie noch lebendig diese bizarr sich verschiebenden Wohnungswände wieder verlassen zu können. Ein andermal, Klara und er hatten es sich in einer Therme *fein* gemacht (*Wir sollten mal wieder was Gutes tun, für uns!*), brach das Fieber so abrupt aus, dass er nicht mal mehr von der Liege vor der Sauna alleine hochkam, nur mit Klaras Hilfe schleppte er sich zu den Umkleiden, sie brachen ihr *Date* ab, eine Stunde Fahrt in der Schnellbahn retour in die Stadt, er wurde zum Eiszapfen und konnte kaum einen Schritt mehr machen, Klara war kurz davor, die Rettung zu alarmieren, nächtelang schwitzte er hernach, das Wohnzimmer zum Krankenlager umfunktioniert, im Fieberwahn sah er Zombies durch die Gasse vorm Fenster ziehen, autoritäre Parolen grölend. Seither überprüfte er in laut skandierenden Mengen stets seine Temperatur, war er noch bei Sinnen? Als dann Emmi da war, durchlebte er mit ihr dieselben Fieberschübe, die er auch von sich kannte, nur eben von außen, saß besorgt, immer angespannt, schlaflos, (*Leg dich nieder, Kinder fiebern, he, alles gut,* flüsterte Klara besänftigend, und doch durchkämmte er, die Hand der Kleinen haltend, das Internet nächtelang nach Antworten, fand nur neuerliche Beunruhigung). Emmi schmiegte sich an ihn, der heiße Kinderkörper am besorgten Vaterkörper, wälzte sich rüber auf Klara, Kranksein, so erkannte er bald, war im Familienverbund ein kollektiver Akt. Warum aber fühlte er sich in seinen Erinnerungen so ausgeliefert und allein, fiebrig im Kinderbett? An all das dachte er nun, ohne die Gedanken bündeln zu können. Es flimmerte im Dämmerzustand die Bergwelt von außen herein.

5.

In einem makabren Traum erschienen ihm später der Wirt und sein Bruder mit Jagdgewehren, er war gefesselt, vor ihm lag sein Messer und sie lachten ihn aus, da er wehrlos in ihren Fängen war, und es sang der bärige Feichtschlager im makellosen Tenor, irgendwas aus einer Operette. Er hasste Operetten. Sie tanzten burlesk im Cancan eine Lederhosen-Choreografie.

Dann war er plötzlich frei, stand im Wald, es war der Wald vor der Hütte, an der Lichtung vorne die tote Kuh in der morgenfeuchten Wiese, aber unverletzt, friedlich, keine Spur eines Kampfes. Es umkreisten die anderen Kühe das verstorbene Rind. Langsam wollte er sich annähern, da huschte ein Mensch aus dem Wald heraus, als wär's nur ein Windstoß (trug die Figur Klaras alte, dicke Weste oder ein Fell um den nackten Körper?), theaterhaft spielte sich alles nun vor ihm ab, er blieb auf seinem Beobachtungsposten, folgte mit Blicken der drahtigen Gestalt, fast nur Knochen und Muskulatur, langes Haar fiel über den gesamten Körper. Lorenz reckte sich nach vorn, um das Gesicht darunter zu erkennen, sah nur, wie die Gestalt zu dem toten Tier lief, über alle Unebenheiten des Bodens leichtfüßig hinwegsprang, dann hielt sie, ging in Deckung, witternd, dass jemand ihr folgte, Lorenz, hinter seinem Baumstamm ausharrend, in ungewohnter Klarheit darüber, dass alles nur erträumt war, beobachtete weiter, wie die Gestalt behutsam die Kuhherde, als wär's ihre übliche Tätigkeit, auseinandertrieb, den Viechern die Köpfe streichelte, mit ihnen, so wirkte es, gemeinsam trauerte, und hernach zu Boden sank, zum verstorbenen Tier hinunter. Ein riesiges Messer wurde gezogen und mit einem gekonnten Hieb die Halsschlagader des Tiers geöffnet, eine Feldflasche mit dem schwallartig austretenden Blut gefüllt, den Kopf der Kuh zur Seite gewendet, sodass alles weitere Blut aus dem Körper weichen konnte, es ergoss sich friedlich über die grüne, feuchte Wiese, Lorenz liebte nun (er wünschte, es würde nicht enden) diesen Anblick. Sie, die Gestalt, deren Gesicht ihm nun klarer und klarer wurde, schickte sodann die Herde fort, lugte erneut umher und begann, die ausgeblutete Kuh zu zerteilen, es verschwammen nun die klaren Grenzen, halb sah er Sladjana mit den Kettenhandschuhen, halb die Traumgestalt: War es Theresa? Nun wurde er unvorsichtig, verließ seine sichere Position, sprang in die lichte Wiese, was die Konstellationen verwirbelte, die *Wildgestalt* über dem Kuhkadaver horchte auf, sah blitzartig in seine Richtung: Es war Lorenz selbst! Als hause der Träumende in einer Dopplung immer schon an den Rändern seiner Welt, um sich selbst dabei zu betrachten, wie er das Grauen vollzog. So rasch, wie das Wesen gekommen war, verschwand es.

Noch lange rang er mit der eigenen Decke im Bett, als läge ein schweres Gewicht auf ihm, sein Keuchen, als er die Augen aufschlug, wie schon in anderen Nächten davor.

Es musste ein halber Tag vergangen sein, draußen war's schon finster.

6.

You feel better?

Sladjana stellte sich neben ihn in die kühle Nachtluft, vor der Hütte lehnte er erleichtert, nachdem er im Gebüsch uriniert hatte. Endlich wieder *Boden unter den Füßen,* und es brummte sein Magen. Sladjana rauchte, er rauchte mit ihr, genoss Zug um Zug, streckte sich in die Höhe, *how long did I sleep?* Aus der Küche roch das übliche Gulasch heraus, *thousand and one year,* meinte sie trocken, ihr Gesicht im schummrigen Schein der Außenlampe unterm Dachvorsprung. Er ließ sich eine weitere Zigarette von ihr anzünden, sie schienen die Einzigen in der Hütte zu sein, jedenfalls bemühte sie sich nicht, leise zu sprechen, als wären die Jäger allesamt ausgeflogen, samt ihren Hunden und Gewehren. Es hätte eine Kamerafalle zugeschnappt, erklärte Sladjana, unweit von hier, da rauchten sie bereits die dritte Zigarette, der Patrick sei mit den anderen ausgerückt, um *die Sache* endlich zu beenden. *So we are alone.*

Sie blies langsam Rauch aus, rieb ihre feuchten Hände an der schmutzigen Schürze, die Finger fettig, vermutlich köchelte das Hüttengulasch bereits für die baldig erwartete Rückkehr der Jäger, die sich nach dem Beutezug zu stärken gedachten, kam es Lorenz, nun beunruhigt. *You mean, they found her?,* fragte er aufgebracht, *they know where she is?,* und er zuckte zusammen, korrigierte die unbedacht ausgesprochenen Sätze, doch Sladjana drehte sich bereits irritiert zu ihm hin, von wem er denn spreche? Was er denn damit meine, *who is SHE?* Sie riss ihre Augen verblüfft auf, *who the hell do you think is there outside?*

Sie lachte laut auf, sie hielt sich den Bauch. Schüttelte den Kopf. *You man,* sagte sie angewidert. *You simple ugly man … You all are crazy because of YOUR monster.* Er sei genau wie sie alle. *Bla bla bla*, tat sie nun einen Schritt zur Seite, rotzte in die Wiese. Seit Wochen brächte sie nachts kaum ein Auge mehr zu, fuhr sie plötzlich fort. Da ihr Patrick selbst im Bett nur mehr *davon* rede, und es auch im Schlaf noch vor sich hinmurmle, nämlich endlich diesem *Untier* die finale Kugel zu verpassen. *The final shot.* So gab Sladjana wieder, was der Schubert wohl in seinem Gehabe ersehnte, ein Rausch wäre es, wütete sie, *a stream of bloody and ugly fantasies*. Die *Gang* hätte sogar Wetten abgeschlossen, wer zuerst eine Kugel in den Schädel des Monsters donnern könne, dabei wären schon unzählige andere Tiere durch dieses perverse Getue zu Tode gekommen, *just for joy. This is not joy, Patrick,* machte sie nach, was sie den Jägern erwidert hätte. *No death is joy …* Dabei wäre er doch eigentlich ein lieber Mensch, fügte sie zuletzt hinzu, auch wenn man es ihm nicht immer ansähe, dem Patrick. *But these crazy nights … In dreams all masks are falling,* fiel ihr plötzlich aus dem Mund.

Er war verstummt. Wollte sie gerne küssen. Doch er dachte an Klara. Und an Emmi. Und an Theresa. *So, honestly, teacher.* Sladjana drückte die letzte Zigarette mit ihren Schlapfen aus, die Füße in dicke Wollsocken gehüllt, *why are you here?*

Er ging an sie ran, zitterte. *I don't know,* sagte er, räusperte sich. *You don't know?* Sie beugte sich zu ihm. *Patrick is just in his dreams. His bad dreams. Are you also just in your dreams? Shooting the monster …,* hauchte Sladjana an seinem Gesicht, er wusste nicht, ob es eine Aufforderung war oder ein Ekel in ihren Augen. *Yes, you do!,* stieß sie ihn unvermittelt fort.

But me? What about me? Sie stampfte die Zigarettenreste zwischen den groben Holzlatten hindurch. *I am a woman and know more about monsters than all of you. Hm? Hm?* Sie nahm ihn scharf ins Visier. *Do not laugh. – I'm not laughing. – You laugh.* Er hatte nicht gelacht. *Shut the fuck up,* fuhr sie ihn an. *Where do you come from?* Sie attackierte ihn nun, drückte ihm mit der Handfläche (vier Finger, dachte er nur, vier Finger) gegen die Brust, *hm, teacher?* Lehrer. *Do you have a good life, Lehrer?* Sie schob ihn an die Außenwand der Hütte, über ihm hingen die festgenagelten Geweihe des erlegten Wilds.

Ihre Geschichte sei nicht einfach. Aber sie spiele auch nichts vor. Sie sei hier gelandet. Es sei nicht das beste aller Leben. Aber immerhin. *I am secure. How much hope is there for someone like me?* Nüchtern ließ sie ab von ihm.

So this is my story. What is yours?

Endlich begann Lorenz zu erzählen, ganz von vorne, in einem Schwall, am Boden bald hockend, da ihm die Kräfte schwanden, und er erzählte von seinen abstrusen Gedanken, den Erinnerungen an früher, den Spuren, denen er gefolgt war, dem Gefühl, dadurch etwas abschließen zu können, was ihn so lange, ohne dass er es gewusst hätte, zermürbt hätte, eine Wiederbegegnung nämlich mit einer alten Freundin, deren Schmerz er nicht hätte auffangen können, die er, so sagte er es nun, im Stich gelassen hätte, und die er aus seinem Leben, so formulierte er es, ausgeblendet hätte, er suchte nach den Worten, um Sladjana alles verständlich zu machen, es fehlten ihm die Vokabel für eine Übersetzung, sie aber nickte bald, schien jedenfalls aufmerksam zu lauschen, verdrehte manchmal die Augen, als wirkten seine Ausführungen unglaubwürdig auf sie, oder womöglich lächerlich, aber sie lachte nicht, sie blieb ernst, sie öffnete eine neue Packung Gauloises, Lorenz versuchte während seiner Ausführungen selbst zu verstehen, weswegen er nun an diesem Punkt stand, es tat gut, die eigene irre Suchbewegung einer Fremden nun zu offenbaren, *I thought, she is here. I really thought, she is ...* Ein Seufzer, tief und erdrückend ehrlich, als überkäme ihn letztlich eine nun einsetzende Einsicht, dass es doch wirklich ein wüstes Phantasma gewesen sein musste, seine gesamte Sehnsucht, sein Drang, aufzubrechen und eine Seelenverwandte wiederzufinden, von der er nicht einmal wusste, ob sie denn überhaupt noch lebte. Schwachsinn, hätte es jeder halbwegs vernünftig denkende Mensch genannt, *elender Schwachsinn, Lenz!*

Er hatte vermutlich wie besessen daran glauben wollen, allen Wahrscheinlichkeiten und Wirklichkeiten zum Trotz. Daher waren ihm alle Anzeichen am Weg in jener Bedeutsamkeit erschienen, wie er sie für sich selbst gebraucht hatte, *maybe it's also just a stream of bloody and ugly fantasies in which I am.*

Es hätte nun der Moment erreicht sein können, an dem Lorenz Urbach in sein altes Dasein zurückkehrte, mit dem gepackten Rucksack sich einen Weg in den anbrechenden Morgen suchend, hinab ins Tal, dort sich zu einer Telefonzelle begebend (welche es wohl nicht mehr gab), oder in einem erstbesten, gut gesitteten Haus in einer Siedlung voll wohlbehüteter Menschlichkeit gebeten hätte, einen dringenden Anruf tätigen zu dürfen, da sein Mobiltelefon den *Geist* aufgegeben hätte, und er hätte in diesem Fall abrupter Rationalität freilich Klara kontaktieren müssen, deren Nummer ihm aber nur mehr selten einfiel, so sehr verließ er sich auf das *eingespeicherte Wissen* (unzugänglich im Ernstfall, und er dachte plötzlich darüber nach, wohl demnächst ebenfalls, wie andere Fanatische, sich einen Bunker zuzulegen, nach all den Erfahrungen hier im Gebirge, ein *Reservoir für ein mögliches Blackout, wir sollten doch gerüstet sein, für den Einbruch des Archaischen,* es donnerten weitere wüste Fragmente von Apokalypse durch seinen Gedankenstrom), jedoch starrte er nochmals, beinahe am Weg zurück in sein Schlaflager, auf Sladjanas Lippen, seltsam furchig.

Hey, raunte er, und sie raunte *hey*. Und er wollte sie berühren, aber es roch wieder das Gulasch, sie fuhr hoch, in Panik, es wäre lang angebrannt.

Von Weitem, er hatte sich angezogen, den Rucksack gepackt, dachte, es sei am besten, noch vor Morgengrauen abzuhauen, blickte sie ein letztes Mal zu ihm, aus der niedrigen Küchennische heraus. Er zögerte. Hielt nochmals. *But what did you mean?*, fragte er. *You said, you saw it, right? You really saw a monster.* Sie aber, Sladjana, unter ihrer Unnahbarkeit wieder versteckt, winkte ab. *Nothing,* flüsterte sie, als wäre sie erlogen gewesen, ihre Behauptung von vorhin. Als wäre nichts, rein gar nichts da draußen. Kein Monster. Kein Mensch. Lediglich, wie von Beginn an zu vermuten, ein mittlerweile wohl bereits erlegter, krankhaft getriebener Wolf. Ende.

Da wurden Rufe hörbar, herannahend aus dem nächtlichen Wald, es wirbelten Lichtpunkte, der Schein einiger Lampen.

7.

Außer Atem war ein Teil des Jagdtrupps im Finstern zur Hütte zurückgeeilt, völlig aufgebracht, sie stießen die Tür auf, fielen ins Innere der Stube, weder Lorenz noch Sladjana verstanden die wüste Hektik. Endlich erste Brocken einer Erklärung, ein unerwarteter Vorfall, was war geschehen? Sie hätten was gefunden. Bleich das Gesicht vom Pinzgauer. Lorenz wollte nachfragen, ob es nun ein Wolf oder ein anderes Tier wäre, das sie erlegt hätten, ob die Sache nun beendet sei, aber nur langsam fuhr der Pinzgauer fort. *A Leich,* und nochmals, *do liegt a Leich. – Dastochn,* quoll es nun aus dem Feichtschlager raus, mit theatralischer Geste, *drunt, im Haung.* Er deutete wirr in eine Richtung. *Where is Patrick?,* schoss nun in ungewohnter Sorge Sladjana dazwischen, sie wich plötzlich weg von Lorenz, mied Augenkontakt, *is he okay? Is Patrick okay? – Da Schubert is bei da Leich.* Sie erfuhren endlich, dass der Sepp mit dem Patrick und dem Mike nach dem makabren Auffinden des Toten dort die Wache übernommen hätten, während die anderen losgeschickt worden waren, um rasch Hilfe zu holen. Jetzt funkten der Pinzgauer und der Schweizer hinab ins Tal.

Was ist das für eine Leiche?, fragte Lorenz den Stillen. Der kippte sein zweites Schnapsglas in Folge zur Nervenberuhigung hinunter. *Wer liegt denn dort?* Und langsam begann der Stille, unternahm den Versuch, die wüste Tat zu beschreiben. *Isch es a Mensch? Oda a Viech? Isch es übahaupt. Woahr? – Red gescheit,* und der Pinzgauer, zurückgekehrt aus dem verstunkenen Büro der Hütte, wo der Sepp seine Protokolle aufbewahrte und sich die Funkstation befand, verpasste ihm einen Schlag auf den Hinterkopf, *tut dich ja keiner richtig verstehen, Ivo.* Und Lorenz erfuhr, dass wohl dem Leichnam einige Extremitäten fehlten und dass dieser für eine oberflächliche Identifizierung unkenntlich gemacht im Geröll läge, oder jedenfalls hatte sich keiner getraut, den toten Körper, der mit dem Gesicht nach unten lag, zu wenden. *Ein Gestank, sag ich dir. Ein Gestank.*

8.

Mit Tagesanbruch stiegen zwei Helikopter der Innsbrucker Landespolizei vom Tal hoch und kreisten über der Wiese unweit der Hütte. Lorenz, der seine Pläne abzureisen verworfen hatte (war es Theresa, die da lag? Oder die das alles verursacht hatte? Was ging hier vor?), entschied, selbst nun Forschungen anzustellen, er musste wissen, wer hier umgekommen war. Er marschierte, mit seiner Kamera bewaffnet, in Richtung des höllischen Lärms der Rotorblätter.

Aus der Ferne verfolgte er das Geschehen. Der erste Helikopter setzte auf, in der Lichtung, wo die Kuhherde nun vor Schreck das Weite suchte. Es sprangen Uniformierte ins Gras heraus, der Sepp war dort bereits zugegen, er schien sie einzuweisen, sie liefen im Eiltempo einen Weg entlang in den Wald hinein. Wenig später landete der zweite Helikopter, weitere Uniformierte, eine Bahre wurde herausgehoben. Eine Frau in Lederjacke stakste dem ersten Trupp, der vom Sepp angeführt wurde, hinterher, von der Ferne Unhörbares in ein Diktiergerät sprechend.

Das Wetter hatte sich erneut verschlechtert, Lorenz zog die Kapuze übers verschwitzte Haar, huschte den Uniformierten hinterher, wild gestikulierten einige in schwarzen Mänteln, beschrieben mit der Hand einen Halbkreis, sie standen an einer Gabelung, bei dem Wegweiser, der hinauf zum Hochplateau zeigte, von wo Lorenz vor drei Tagen (vier Tagen? Wie lange war er schon hier?) gekommen war. Ein anderes Schild zeigte die Route zur *Höllerhütte* an. Ein drittes hinab in eine Schlucht, es war ihm zuvor noch nie aufgefallen, auch wenn er dachte, bereits mehrmals an ebendieser Stelle gewesen zu sein. Der Polizeitrupp hastete weiter, quer durchs Gestrüpp. Einer stapfte, obwohl es mitten am Tag war, mit einer Taschenlampe voran, wohl um den Untergrund zu durchleuchten. Sie marschierten einen Trampelpfad entlang, zügig, Lorenz hatte Mühe zu folgen. Mit der Hand musste er hoch aufragende Farne vom Gesicht fernhalten. An einem dornenumwachsenen Stamm zerriss er sich die Kleidung. Und gerade als er sich, wie die Einsatzkräfte vor ihm, durch einen eng zulaufenden Schlurf vorankämpfte, gebückt unter einem überhängenden Felsbrocken hindurch, durchstieß sein vorgestreckter Arm eine von Blättern umwucherte Stelle und er trat unversehens in den freien Hang hinaus. Ein Felsenmeer erstreckte sich plötzlich, steil abfallend. Er umklammerte einen Haltegriff im Gestein, fand wieder festen Tritt, sprang einen guten Meter nach unten, huschte weiter, den Kopf gesenkt. Er war am Tatort.

Einige der Schwarzbemäntelten sperrten mit grellgelben Bändern den Bereich großräumig ab. Andere in weißer Schutzkleidung machten Fotos, vermaßen Radien und Abstände, gleich einem eingespielten uniformierten Ballett, professionell versiert, rasch, doch höchst bedacht. Nur die Polizistin im Ledermantel scherte aus diesem Bewegungsbild aus. Sie stand abseits, neigte mehrmals den Kopf, schien das Gefälle zu studieren, während im Zentrum des Geschehens nun der *Anblick des Grauens* freigegeben wurde. Einige beugten sich, andere zogen, andere hoben mit an, um den nun sichtbar gewordenen leblosen Körper von seinem Fundort hochzuhieven, es stand die Bahre bereit. Lorenz sah, wie sie den in sich verdrehten Körper sachte ablegten, er erblickte nun Beine, Fetzen von Gewand daran, vermutlich eine Wanderhose, die Füße steckten in Sportschuhen. Goldene Sportschuhe! Doch plötzlich erkannte Lorenz schockiert, dass es nur ein einzelnes Bein, ein einzelner Fuß, ein einzelner Sportschuh war. Die fehlenden Gliedmaßen mussten extra herangetragen werden, auch etwas Armartiges, oder eine Hand? Das Ballett in Weiß und in Schwarz funktionierte tadellos, als würde auch das Auffinden weiterer Körperfragmente ihre Routine nicht stören.

Dann fiel ein Deckel darauf, die Leichenteile (wann spricht man von Leichnam? Wann von Kadaver? Wann von Resten vergangenen Lebens?), jedenfalls alles, was dort geborgen worden war, verschwand unter einer Metallklappe. Lorenz hätte sie gerne geöffnet, nur war weithin alles abgeschirmt, noch immer wurden Fotografien des Tatorts erstellt, einige Uniformierte untersuchten nun eine andere Stelle, knieten nieder, ihre Blicke scannten die Steine regelrecht. Lorenz veränderte seine Position, um nicht ins Visier der Spähenden zu geraten, da erst bemerkte er die drei Gestalten, die ihm im Gegenlicht der ansteigenden Sonne bislang als Silhouetten erschienen: der Schubert, der Sepp und der Mike. Alle hatten ihre Hunde dabei und die Gewehre geschultert, rauchten, der Sepp klopfte dem Schubert auf den Rücken, der wiederum wirkte ermattet, auch der Mike sah erschöpft aus, zwirbelte seinen Gamsbart. Hernach trotteten die drei vom Tatort weg, der Schubert drehte kurz den Kopf, als würde er nochmals auf die Bahre starren wollen, dann schnipste er seine Zigarette in die Felslandschaft, spuckte aus und nun starrte er, umgeben vom hellen, fast weiß wirkenden Gestein, direkt zu Lorenz, durchbohrte ihn mit seinem Blick, und Lorenz war, als stünde er in einer Duellsituation, hätte gern zu einer Waffe gegriffen, hielt aber nur die Kamera. Reflexartig begann er zu filmen, ließ *die Gang* in seinem Sucher auf ihn zumarschieren. *He,* schnaubte der Schubert von der Ferne, herausfordernd das Kinn hebend, es schallte seine Stimme übers still daliegende Geröll, *tu das Ding weg. Arschloch* … Loch … Loch … Loch …, antwortete sein Echo. Lorenz behielt die drei weiter in seinem Visier, zoomte eine Fratze heran, in einer Mischung aus Provokation und Übermut, als wolle er den Jägern nun offen zeigen, dass er *da* wäre, so wie er bereits *da* war, als sie die Gams gemordet hatten (er sah sich mit einem Male in einem *Showdown* und von irgendwoher würde ein dürres Gestrüpp durchs Bild wehen, Mundharmonikaspiel einsetzen, bleierne Kirchglocken erklingen …), als ihn, Schuberts Auge verwackelt auf seinem Display, die Stimme der Polizistin im Ledermantel aus seinem inneren Western herausriss, harsch winkte sie ihn heran. *Sie da. Ja. Sie. Mit der Kamera.*

Eingeschüchtert folgte er rasch den Anweisungen. Die Polizistin behielt Lorenz dabei scharf im Blick, musterte ihn etwas abfällig, während sie diktierte. *Die Szenerie wirkt wie in einem schlechten Gebirgsdrama,* sprach sie in das vorsintflutlich wirkende Gerät, *mehr später, hier nun ein schräger Vogel, aus dem Wald gestolpert, mit blöder Kamera,* und sie stoppte die Aufnahme, tat einige Schritte auf Lorenz zu, fuhr schroff nun fort: *Und wer sind Sie jetzt? Das ist gesperrtes Gebiet. Ausweisen, bitte. Das ist hier ein Tatort.* Lorenz merkte, wie jede seiner Handlungen vom vorübermarschierenden Schubert mit seinen beiden Kumpanen beäugt wurde, ein Grunzen des Jägers, als Lorenz verkrampft im Rucksack nach seinem Pass suchte. *Gehört der zu Ihnen?,* fragte nun die Kommissarin Richtung Schubert. Der stoppte, spuckte erneut aus: *Nicht wirklich. – Der ist ein Gast,* kommentierte der Sepp. *Es tut mir leid,* ging Lorenz erklärend dazwischen, *ich wollt nur schauen, was passiert ist.* Die Kommissarin musterte den Reisepass, ging langsam die Zeilen durch: *Dann gehen Sie zur Hütte zurück. Herr Urbach.* Er nickte untertänig (sein alter Reflex, vor Autoritäten stets das Gefühl zu haben, unwürdig zu sein und etwas angestellt zu haben, demütig senkte er dann immer den Kopf, *am besten löse dich auf, ins Nichts …*). *Halt,* murrte die Kommissarin ihm hinterher, da er bereits den Rückweg antreten wollte, sie pfiff einen Kollegen herbei, kleiner, jünger, sommersprossig, *das Ding ist konfisziert.* Lorenz begriff erst nicht. Hernach bat ihn der Sommersprossige höflich, aber dezidiert, ihm den Camcorder auszuhändigen, es versetzte Lorenz einen Stich in die Brust. *Wenn Sie da so drauflosfilmen! Wir prüfen das. Sie bekommen Ihr Gerät später zurück, wenn wir Sie befragen … Sie ALLE, im Übrigen,* rasch schwenkte die Polizistin im weiten Ledermantel souverän herum, schoss Blicke Richtung *Schubert-Gang* ab. *Halten Sie sich bereit. Wir werden hier jeden befragen müssen.* – *Sind wir denn unter Verdacht?,* knurrte der Mike, der bislang in Deckung gegangen war. *Routine,* meinte nun der Sommersprossige. *Wir fragen auch die anderen Hütten ab. Ob wer was gesehen hat. Ob wer wo vermisst …* – *Da müssen S' aber weit hatschen,* japste der Sepp, beinahe in einem unangemessenen Stolz, *da ist keine andere Hütte, jedenfalls nicht in der Näh. Sind da die Einzigen.* Die Kommissarin neigte sich zu ihrem Diktiergerät: *Einzige Hütte im Umfeld …,* sie blickte auf, der Sepp ergänzte: *Höllerhütte.* – *Höllerhütte,* wiederholte sie für die Aufnahme, *wie weit entfernt?* – *Werden wir messen,* bestimmte der Sommersprossige, *werden wir alles messen.* Er beäugte die Runde der Jäger samt Lorenz, und verdeutlichte: *Wir verstehen uns? Keiner verlässt die Hütte!* Der lobende Blick seiner Vorgesetzten: *Aufnahme Ende.*

Auf dem Weg zurück in sein Schlaflager, das er bereits zweifach verlassen wollte, in welchem er sich beide Male zurückkatapultiert wiederfand, spürte er die Blicke hinter sich. In seinem Rücken staksten sie, die Schubert-Brüder. Waren sie alle hier verwandt? Verschwägert? Familiensippe? Ein sich ausbreitender *Clan*, in dessen Revier er vorgedrungen war. Sie traten als Ordnungshüter auf, die vorgeblich das Recht bewahrten, *ihr Arschloch-Grenzen-Recht.* Sie waren die Bewaffneten, die ihre Untertanen zu Kochdiensten und Liebesdiensten und weiß der Teufel zu sonst was zwangen. Sogar über die Toten wachten sie, wenn es sein muss, spätnachts *am Feuer ihrer Verschworenheit*, bis ein Sheriff oder eben diese Kommissarin aus der Stadt eintraf, doch das eigentliche Gesetz hier heraußen, *das Gesetz der Wildnis,* vollzogen sie selbst …

Er beschleunigte den Schritt, fühlte sich getrieben. Er verlief sich. Der Pfad war verwirrend. Drehte sich immer wieder nach seinen Verfolgern um. Sie hielten Abstand, waren aber beständig da. Es jagten die Hunde voran, der große schwarze, ein stämmiger weißer mit langgestreckter Schnauze und ein dackelartiger mit scharfen Zähnen. Sie schossen an Lorenz vorüber, machten kehrt, die Blicke der Köter wanderten an ihm hoch, so eng standen sie beieinander, dass sie ihm wie ein mehrköpfiges Wesen erschienen. Ein Kommando, und sie würden ihn anfallen, davon war er überzeugt. Bleib ruhig. Endlich entdeckte Lorenz seine eigenen Fußabdrücke von vorhin im Matsch, denen folgte er nun zielstrebig, fast fluchtartig. *Derstolper dich nicht, Arschloch,* raunte der Mike jetzt. *Lass ihn,* tat es der Sepp ab. Da hielt er an, Lorenz, mitten am Weg, fuhr herum, sie stoppten, nass die Kleidung, sein Gesicht. *Ihr habt den doch gefunden. Wer liegt denn da? – Ein Toter,* meinte kühl der Schubert. Stille. Herabfallender Regen, auf seiner Kapuze, in den Wimpern das Wasser, es rauschte nun die gesamte Umgebung, es stürzten augenblicklich Bäche herab, es brachen Äste, es rissen Wege auf, er hörte ein Weinen, Jammer einer untergehenden Welt, jemand entzündete Feuer im nassen Untergrund, viel schwarzer Rauch, und roch es hier nach Schnee? Wieso roch es nach Schnee? Lorenz wischte die apokalyptischen Bilder weg, fixierte die drei Jäger vor ihm. *Und wer? Kennt ihr den? Den Toten? Oder ist da … eine Frau? – Keine Ahnung. Kennt den wer von euch? Hat ja kaum noch ein G'sichtl, was?* Morbides Geschmunzel. *Eine Frau ist's, glaub ich, nicht, aber was weiß ich, was alles rumläuft. Heutzutag. – Laufsachen hat er ang'habt, mehr lässt sich nicht sagen. – Ein Läufer?,* brach es aus Lorenz heraus. *Arg.* Das Schweigen der Jäger. Dann schritten sie weiter, nun Schulter an Schulter, nah an ihm, trieben ihn nun tatsächlich vor sich her. Der Pinzgauer wisperte neben ihm: *War's Monster. Eh klar. Was? Hat den armen Teufel aufgeschlitzt. – Geh,* widersprach der Sepp harsch, *lass jetzt gut sein,* zerrte den Mike fort. Hastete voran. *Aber,* holte der Mike nochmals aus, *ist doch die Kehl' von dem offen, so,* und er deutete auf den Kehlkopf, zog eine ungustiöse Grimasse. *Aufgeschlitzt! Und das Aug heraußen. Die Zung ... – Also doch kein Wolf unterwegs, was?,* stammelte Lorenz. Und der Schubert stierte nun geduldig direkt in Lorenz' Gesicht, als stelle er ihn auf die Probe, wer würde zuerst ausholen? *Muss wohl ein menschliches Monster ... Oder ein monströser Mensch ... Bei Fuß, Burli.*

Der Schubert trottete weiter, an Lorenz vorüber, rempelte ihn grob an der Schulter, rammte ihn regelrecht aus dem Weg, doch Lorenz wich nicht, er hielt dagegen, kurz fasste er nach Schuberts Arm, der verblüfft abließ, ob der Gegenwehr, und sich zurückzog. Lorenz sah ihm hinterher, fast torkelte der Schubert zurück zur Hütte. *Der ist fertig, der Patrick,* kommentierte sein Bruder. *Aber wird schon. Schräge Nacht.* Von links und rechts wurde Lorenz nun vom Sepp und vom Mike in die Zange genommen. *Was, Lehrer? Hätt'st dir nicht gedacht. Erholungsurlaub.*

9.

Dann fiel Schnee. Es hatte nochmals abgekühlt, sodass aus schweren Graupelschauern ein weißes, leises Gestöber wuchs, das die Geräusche herunterfuhr, die Landschaft verstummen ließ, mitten im Sommer. Lorenz stand allein, den Jägern hatte er als Ausrede vorgemacht, nochmal das Plumpsklo aufzusuchen, stattdessen war er aber zurück auf die Wiese gehetzt. Er hauchte in die eisige Luft.

In ihm drehte sich alles. Er musste einen Blick in diesen Metallsarg werfen, was, wenn es Theresa war? Neuerlich spähte er umher, wo sich das uniformierte Ballett befände. Niemand war zu sehen, nur die Helikopter, die langsam im Weiß versanken.

Er lehnte sich an einen Baum und betrachtete in zunehmender Unruhe das Naturspektakel, Ausdruck einer aus den Fugen geratenen Ordnung. Jetzt dachte er an Klara. Immer wenn es erstmals im Jahr schneite, dachte er an Klara. Sie liebte Schnee. Ging es ihr gut? Dachte sie überhaupt noch an ihn? Der Schneefall nahm zu. Die Kälte ebenfalls. Und wieder sah er Theresa vor sich: *Wie viele Häute musst dir anlegen, mein Lenz, gegen die Zumutungen um uns alle herum …?* Er bibberte, lugte beinahe verzagt ein letztes Mal durch den dichten Wald, ob sie da irgendwo säße. Nein. Sie war es nicht. Sie war nicht tot. Wolf? Du bist nicht tot!, wollte er erneut ausrufen. Oder hast du das getan? Die tote Kuh? Jetzt ein toter Mensch?

Endlich sah er die Lampen der Polizei. In ihren schwarzen Mänteln, mit den schweren Stiefeln drangen sie aus dem Dickicht wieder heraus, zurück zu ihren Helikoptern, ebenso irritiert vom neuerlichen Wetterumschwung. Es wartete bereits einer ihrer Kollegen auf sie, den Lorenz zuvor nicht bemerkt hatte, der sprang aus einem der Cockpits, wild gestikulierend, wohl in Sorge, bei dieser Witterung schwer wieder abheben zu können. Drei Uniformierte waren es, die nun den geschlossenen Metallsarg, eine banale Alubox (ähnlich jener in seinem eigenen Keller), auf die Lichtung hievten. Lorenz konnte alles von seinem Versteck aus mit ansehen. Rasch würde der Tote ins Tal geflogen und obduziert werden, es würden neuerlich reißerische Berichte erscheinen, ein weiterer Aufschrei wäre die Folge, und Fernsehteams sah Lorenz in seiner Vorahnung bereits durchs Gelände hirschen, er stellte sich die *grausam zerlegte Leiche* auf Titelseiten von Zeitungen vor, und in Talkshows müsste die Kommissarin im Ledermantel Auskunft geben, nämlich darüber, dass niemand und nichts ab nun mehr sicher wäre.

Aus irgendeinem Grund waren die drei Polizisten, den Sarg auf der Weide bei den Kühen zurücklassend, nun wieder in den Wald verschwunden, als hätten sie etwas am Tatort vergessen, oder als wäre es lediglich ihre Aufgabe gewesen, die Leiche zu den Helikoptern zu bringen, nicht aber sie zu verladen. Einige Sekunden stand da nur dieser Sarg, im Schutze der ruhenden, mächtigen Wetterfronten trotzenden Hubschrauber, im Bauch des hinteren war der Wachmann verschwunden, der gerade nicht mehr sichtbar war.

Fast friedlich augenblicklich das Bild, die Wiese, der Wald, der Berg. Und Lorenz hatte das Gefühl, einen Traum zu durchwandeln, den er bereits mehrmals sich ausgedacht hatte. Nur den Schnee hatte er nicht erwartet.

Er lief los, die noch zarte Schneeschicht brach unter seinen Schritten, feucht darunter das Gras, Flocken vor seinem Gesicht, innerlich rasend, wer lag dort? Schnaufend bremste er sich ein, überprüfte, ob der Wachmann sichtbar wäre, nichts … Der hatte sich irgendwo im Inneren des Helikopters verkrochen. Auch war der Trupp vom Tatort noch nicht retour.

Lorenz ging an den Sarg heran, fasste nach vorn, weit entfernt harrte die Kuhherde unter einem Unterstand aus, trotzte dem absurden Winterbild, Gebimmel der Glocken um ihre Hälse, heftig nun ein Windstoß, es wirbelte Schnee auf, taub von der Kälte die Fingerkuppen, der unhandliche Deckel fiel endlich zur Seite und Lorenz erschrak.

IV.
Tod

1.

Als Klara in der Wohnung ihres Exmanns ankam, blickte sie auf einen surrealen Urwald inmitten eines städtischen Altbaus. Es hatten die Obstfliegen ganze Arbeit geleistet. Es schwirrten tausende Mücken im Raum. Es roch nach Kompost und Regenwürmer krochen über den Parkettboden, auf dem Sofa, auf den Stühlen. Zudem blühten farbenprächtig die Orchideen, als wären ihnen die Jahreszeiten egal geworden. Ein warmer Dampf im Raum, Schmetterlinge hatten sich durchs Fenster verirrt. Ameisen tummelten sich in den Rillen am Fenstersims, den Rissen im Mauerwerk, sie trugen ihre weißen Eier in ein Versteck im Bücherregal. Auch lagen Federn herum, als hätten die Amseln, die ansonst in der großen Erle im Hinterhof flatterten, Lorenz' Wohnzimmer zum Nistplatz auserkoren. Die Natur schien überhandzunehmen. Klara hielt sich die Hand vor die Nase, Ausscheidungen irgendwelcher Tiere im Eck, sie hoffte, nicht von Mäusen. *Hab gedacht, du hast das Fenster zugemacht ...* Immanuel sank neben ihr zusammen. Er dürfte es in der Aufregung über Lorenz' Ausbruch vergessen haben. Nachdem der murrende Typ vom Schlüsseldienst die Tür entsperrt und 180 Euro in bar verlangt hatte (*Wochenendaufschlag!*), war Immanuel in dem ganzen Wirrwarr der am Boden herumliegenden Bücher gestanden, in zerfetzten Seiten von Lorenz' angesammelten Romanen, und panisch von Raum zu Raum gehetzt, in Sorge, ihn dort irgendwo in einer Blutlache oder mit Schlinge um den Hals vorzufinden. *Ich dachte echt, er hätt sich was angetan. Gut, dass du hier bist.* Er umarmte Klara.

Seit sechs Tagen war Lorenz nun *unterwegs*. Vor drei Tagen war sein letztes Lebenszeichen gekommen, seither herrschte Funkstille. Immanuel hatte mittlerweile versucht, den ihm bekannten Freundeskreis zu alarmieren, und auch im Netz einen Aufruf gestartet. Keiner wusste, wo Lorenz sich rumtrieb. Auch die Krankenhäuser hatte er durchgerufen. Die Polizei winkte ab. Von Verschwinden könne keine Rede sein. Es hätte ja Kontakt gegeben. Auch wäre eine Aufenthaltsadresse bekannt. Die Beamtin verwies auf die Aussage des Abgängigen: *Der macht halt mal blau. Rufen Sie in seinem Hotel an.* Dort aber hatte man Immanuel die Auskunft verweigert, aufgrund von Datenschutz. *Dann wird sich die Exfrau bei Ihnen melden,* hatte er entnervt ins Telefon geschrien, da er Lorenz' instabilen Zustand vor sich sah und Schlimmes befürchtete. *Hättest du bloß nicht gesagt, dass ich die Ex bin,* rügte ihn Klara, der ebenfalls die Auskunft verweigert worden war. Sie hätte eine Frau in der Leitung gehabt, die ihr erklärte, wie wichtig dem Unternehmen die Privatsphäre seiner Kunden sei. *Wir sind ein diskretes Haus,* so der Wortlaut, *sofern also kein amtliches Anliegen bestünde,* et cetera, hernach hatte die freundliche, doch entschlossene Dame aufgelegt und Klara nun erstmals selbst verunsichert zurückgelassen. Daraufhin hatte sie gepackt, ihren Urlaub mit Emmi an der Ostsee abgebrochen und den nächsten Zug zurück nach Wien genommen.

Es gab tatsächlich kein gesichertes Indiz dafür, wo Lorenz war und was er vorhatte. Fotos von Bergen, ja. Selfies aus irgendwelchen Zugabteilen. Steinadlerpärchen. Das *Central*. War dem zu trauen? War *ihm* zu trauen? Vielleicht lag er nur faul im Strandbad, machte allen was vor, tat auf Selbstfindungstrip, drückte sich vor einem Gerichtstermin, *whatever*. Sie dachte, Lorenz zu kennen. Seit seinen Ausrastern starrte sie auf fremd gewordene Gesichtszüge. Sie scrollte durch die letzten Bilder, die er geschickt hatte. Klar, sieht alpin aus … *Fuck, Lorenz,* schoss sie abrupt hervor, im Chaos seiner Wohnung stehend.

Kannst du ihn nicht übers Handy orten? Immanuel begann mühevoll, die herumkriechenden und zu glitschigen Bündeln verknoteten Regenwürmer in ihre Aufbewahrungsbox zurückzutragen. Er sah erbärmlich hilflos dabei aus. *Hör auf damit. Das hilft jetzt nichts. Und nein, unseren Standort teilen wir nicht mehr.* Klara war stocksauer, Lorenz hatte es erneut geschafft, in ihr Leben zu pfuschen, ihr eine schöne Zeit mit ihrer Tochter aus welchen egoistischen Gründen auch immer zunichtezumachen. Sie suchte verkrampft nach Anhaltspunkten in der Wohnung, zu der sie zum Glück immer noch einen Zweitschlüssel besaß, eben für Notfälle. Sie rang sich den Gedanken ab, dass dies hier tatsächlich einer sein könnte, auch wenn sie es Lorenz nicht zugestehen wollte (*sicher wieder nur so ein Lorenz-Ding, so eine überdramatisierte Episode!*). Er versteckte sich vor den Konsequenzen seines Handelns, davon war sie überzeugt. Und eigentlich war sie nur zurückgekommen, weil ihr die Direktorin von Lorenz' Schule eine Nachricht geschrieben hatte. Den Satz, es täte ihr leid, aber das Leben ihres ehemaligen Mannes beträfe sie nicht mehr, hatte sie zwar bereits ins Telefon getippt, doch wieder gelöscht, stattdessen geantwortet, sie versuche *zu retten, was zu retten sei.* Schwachsinn! Wieder war sie vermutlich nur auf ihn reingefallen. Er war doch ein erwachsener Mensch. Sie sollte mit Immanuel was trinken gehen und einfach warten, bis Lorenz sich wieder einrenkte und von selbst zurückkehrte.

Es waren die Schranktüren im Schlafzimmer aufgerissen, wirr lag Kleidung durcheinander, am Bett, am Boden, zwei Reisekoffer lagen aufeinandergestapelt auf den obersten Regalbrettern (Lorenz hatte auf den wenigen Quadratmetern seines *neuen Lebens*, wie er es manchmal patzig und selbstmitleidig vor sich hertrug, alles in die Höhe getürmt, *in die Breite* könne er sich kaum bewegen, nur *nach oben hin* sei Luft im Altbau), da waren auch seine alten Taschen, die er von Flohmärkten zusammentrug, nie aber wirklich benutzte. Nur sein Rucksack fehlte. Der große, blaue Tramper-Rucksack, mit dem sie vor langer Zeit gemeinsam durch Südamerika gereist waren. Es war nicht anzunehmen, dass er sich von dem getrennt hatte, nie konnte er sich von Dingen trennen. *Er hat jedenfalls gepackt,* rief sie zu Immanuel rüber, der immer noch Würmer aufsammelte. *Hast du das denn nicht mitbekommen? Hat er dir wirklich gar nicht gesagt, was er vorhat?* Er sei ja kein Wachhund, maulte Immanuel. Und er meinte dann, sie wären am Friedhof gewesen, aber das hätte er ja schon erzählt, wegen dieser *Wolfsache*. Er hätte wirklich alles nochmals durchgedacht, den Auszucker im Freibad, den Abend, als er diese Fremde an der Bar abschleppen wollte, und als Lorenz ihn tags darauf wild anfuhr, *von der Bibel hat er dann geschwafelt, aber das weißt du doch alles schon ...* Doch Klara starrte ihn plötzlich an, Immanuel klaubte vor ihr nochmals seine Erinnerungen zusammen, *wir haben gestritten, er hat mich beschimpft, er hat getrunken, ja, er hat Wanderkarten ausgegraben, irgendwelche alten Karten, aber da, da ist ja ganz Österreich drauf, sollen wir jetzt überall ... – Warte, welche Wolfsache? – Na, diese Wolf, diese Frau, ich hab dir doch erzählt, dass er mir das Video ...* Aber da war Klara schon aufgesprungen, zur Toilettentür gehastet und sie überflog rasch die Fotos, die dort hingen, natürlich hatte sie Lorenz immer noch nicht entsorgt. Mehrmals hatte sie auf ihn eingeredet, er solle endlich daran arbeiten, sich von Vergangenem zu lösen, diese oft banalen Schnappschüsse ihrer Alltage, diese Augenblicke aus den vielen gemeinsamen Jahren, auch dass er ohne zu fragen echt Privates einfach so aufgeklebt hatte, für alle Gäste sichtbar (*Ich lieg da nackt in der Wanne! – Ja, aber eh im Schaum! – Tu das Foto weg, oder ich mach's selbst!*). Jetzt hatte sie das gesuchte Polaroid gefunden, verschwommen, überbelichtet, aber da *war* sie. Klara riss das Foto von der Tür und hielt es Immanuel unter die Nase. *Meinst du diese Frau?* Im Hintergrund einer Party-Szene in ihrer alten Studenten-WG, in der Klara mit Lorenz in beschwingter Pose zu sehen war, lugte die damals nur Ledermäntel und Cowboystiefel tragende Theresa hervor, an die sie eine Ewigkeit nicht mehr gedacht hatte, im Grunde war ihre Erinnerung so verschwommen wie dieses fotografische Relikt. Theresa. Auf dem Bild kauerte sie am Sofa, rauchte und versuchte, freundlich in die Kamera zu blinzeln.

Es bestätigte sich eine komische Vorahnung, denn als Klara das erste Mal nach ihrer Trennung bei Lorenz das Klo benutzt hatte und von der albumhaften Zusammenstellung auf seiner Toilettentür fast erschlagen worden war, hatte sie genau auf dieses Bild gestarrt: Lorenz, Klara und zwischen den beiden, die Mitte einnehmend, aus dem Hintergrund hervordrängend ... Theresa Wolf! Auf Klara wirkte ihr Blick stets etwas verächtlich. Auf Lorenz undurchschaubar *schillernd* ... Runterreißen wollte sie das Bild, schon damals. Ein für alle Mal.

Immanuel starrte nur kurz auf das Polaroid, es waren die Gesichter sehr klein, aber er nickte. *Er hat mir auch Videoaufnahmen gezeigt. Auf seiner alten Kamera.*

In Klara wirbelten lang verdrängte Ereignisse durcheinander. Sie hatte Immanuels hysterische Anrufe wohl zu ungenau im Gedächtnis behalten. Vermutlich hatte er tatsächlich bereits zuvor erwähnt, dass Lorenz sich wieder mit Theresa beschäftigte. Sie hatten ewig nicht mehr über die Jugendfreundin geredet, was vermutlich mehr an ihr gelegen hatte als an Lorenz. Eine Zeitlang hatte sie sogar darauf bestanden, nichts mehr über Theresa wissen zu wollen. Lorenz hielt sich im Grunde konsequent daran. Vermutlich, um den Frieden in der Beziehung nicht zu gefährden. Oder, so versicherte er ihr jedenfalls, weil Theresa ihm selbst nicht mehr guttäte. Und weil sie ihn sogar nerve und ihm die Energie fehle, sich auch noch um *deren* Seelenheil zu kümmern. Das alles lag Jahre zurück. Keine Ahnung. Vielleicht hatten sie sich ja wieder getroffen. Vielleicht war er ja mit ihr ...

Du schaust am besten selbst … Immanuel hatte mittlerweile Lorenz' alten Camcorder auf dem Bett halb unter der Decke liegend ausgemacht und hielt ihn ihr nun hin, im Versuch, diesen zu aktivieren. *Mist, ich glaub, der Akku. – Ich muss das nicht sehen,* erwiderte sie kalt. Sehr kalt. Und laut. *Ich brauch das echt nicht.* Stieß das Ding weg. So heftig, dass Immanuel verwirrt aufschaute. *Sorry. Aber ich kenn das ja alles.*

Du dummer Sturkopf, du! Er hatte ihr hoch und heilig versprochen, die alten Aufnahmen samt der aus der Zeit gefallenen Videokamera zum Mistplatz zu bringen. *Hab ich doch schon lang gemacht.* Er hatte es mild gesagt und dabei ihre Hand gehalten, ein Glas Aperol Spritz herübergeschoben, mit ihr angestoßen, Emmi spielte mit dem Holzxylophon, naiv umnebeltes Fragment einer Erinnerung an intaktes Familienglück, *keine unnötigen Altlasten mehr, versprochen.* Er hatte sie belogen.

2.

Der Zug nach Innsbruck war gesteckt voll. Sie hockte eingezwängt neben einem stark parfümierten Anzugträger, der die Armlehne für sich beanspruchte und lautstark in die Tastatur seines Laptops hämmerte. Immanuel saß einige Sitze entfernt. Er fühlte sich verpflichtet, mitzukommen, immerhin hätte *er* es ja verbockt, er hätte *einen Klienten in seinem vulnerablen Stadium einfach sich selbst überlassen ... Ein No-Go. – Lorenz hat das selbst verbockt!*, gab Klara zurück.

Der Railjet donnerte durch eine Tunnelkette, da brach dem lästigen Sitznachbar die Verbindung eines Calls aus Brüssel ab. *Sorry, Sir, the Austrian tunnels,* fluchte er und Klara bereute, ihre kabellosen Kopfhörer nicht aufgeladen zu haben, wünschte sich zurück an die einsamen Strände auf Holnis, in diese totale Abgeschiedenheit, nun plagte sie sich mit der Hitze im Waggon, sie hätte was Leichteres anziehen sollen, überstürztes Reisen hasste sie (gerade mal das Griffbereite in die Tasche gestopft, Sportsachen, Fleecepullover, aus dem Keller rasch die Trekkingschuhe geholt ... keine Ahnung, was auf sie zukäme): *Danke, Lorenz!*

Sie starrte auf ihre Spiegelung im Fensterglas. Ihr eigenes Gesicht. Lehnte sich an die vibrierende Scheibe. Ihre Augen. Sie hatte seit Tagen nicht mehr wirklich geschlafen. Die ganze Sache arbeitete in ihr. Mehr als sie wahrhaben wollte. Der Zug brauste aus dem Dunkel wieder ins grelle Licht einer flirrenden Sommerlandschaft, da draußen ein glühend heißer Juli. *Wo bist du?,* hauchte Klara unhörbar.

Alles gut? Bei Oma?, schrieb sie an Emmi. Die Tochter antwortete prompt: *Alles gut. Oma eben.* Smiley. Sie würde nun den Rasen mähen, sich mal mit so Vorstadt-Tätigkeiten auspowern. Smiley mit heraushängender Zunge. Und sie solle sich bitte nicht sorgen, immerhin sei sie ein großes

Mädchen. *Aber geh du nicht auch noch verloren, Mama … Wie Papa …*

Klara robbte aus der Sitzreihe. Der mürrische Typ klappte ungehalten seinen Rechner zu, damit sie durchkonnte, das nächste Mal würde er, verdammt noch mal, wieder auf Flugzeug umsteigen. Sie tippte Immanuel an, um ihm zu sagen, sie setze sich ins Bordrestaurant, doch er war auf seinem Sitz eingedöst. Also trank sie allein für sich Bier aus der Flasche, nickte dem Typen vom Bordservice zu, der trotz Hektik und unguter Kommentare genervter Reisender überraschend gelassen blieb (sie wünschte sich mehr gelassene Menschen um sich), es stand bald die nächste Bierflasche vor ihr, sie holte ihr Notizbuch aus ihrer Umhängetasche, blätterte zu einer freien Seite, alles voll Arbeit. Sie saßen derzeit in der Kanzlei an einer Sammelklage gegen einen *Medienmacher*, so wohl die Eigenbezeichnung, wobei ihrer Meinung nach genau mit solchen Begriffen schon die Ermächtigungsproblematik begann (wer darf ein *Macher* sein in dieser Welt?). Mehrere Frauen beschuldigten ihn sexueller Übergriffe, es war ein Fall, wie er die letzten Jahre vermehrt, zu Recht, für Aufmerksamkeit sorgte. *Hartnäckige hegemoniale Strukturen* konnten nun auch juristisch erfolgreich verändert werden, so benannte sie es auf der diesjährigen Jahreskonferenz. *Es tut sich was*, sagte sie manchmal, im Smalltalk mit Freundinnen beim After-Work, oder zuletzt auch vermehrt wieder mit Lorenz, zu dem sie neuerdings einen *wirklich guten Draht* gehabt hatte. Die Phasen der Kränkung, so hatte sie jedenfalls gedacht, waren überwunden. Emmi war beinahe erwachsen. Die finanzielle Situation war zwar nicht einfach für ihren Ex, aber sie hatte ihm mehrmals gesagt, er solle offen sein, sie verdiene ausreichend, sie könne sich auch ein anderes *Arrangement* vorstellen, was den Unterhalt anging, sie wollte immer vermeiden, was sie im Bekanntenkreis mehrmals ernüchternd miterleben musste: einen bittern Rosenkrieg nämlich, in dem es letztlich nur um irrationale Rache ging. Lorenz war zum Glück nicht der Typ für Rache. Zugleich war er aber unnötig stolz. Zu stolz, sich finanziell helfen zu lassen! Männliche Eitelkeit! Am Ende war sie froh, nicht mehr mit ihm zusammenleben zu müssen. So sagte sie es sich jedenfalls, wenn sie abends allein die Zahnpasta auf die Bürste auftrug, sich beim Putzen betrachtete (warum betrachtete man sich eigentlich bei Alltagsritualen stets im Spiegel? Niemand sah hübsch aus beim Zähneputzen! Früher putzten sie seltsamerweise dennoch stets nebeneinander, auch wenn sie sich dabei auf die Füße stiegen …).

Achtung vor Lügen, hatte sie zuletzt im Notizbuch vermerkt. Der Eintrag bezog sich auf den aktuellen Fall. Sie war enthusiastisch in die Sache hineingegangen, bedacht und umsichtig, um juristisch Belastbares in der nötigen Korrektheit zu sammeln, auszuwerten, die Klage mit zwei Kolleginnen zusammen zu formulieren, der Geklagte galt als *Urvieh der Medienlandschaft,* war dementsprechend von Anwaltsteams abgeschirmt, es wäre *schwer,* hier wirklich etwas Fundiertes anzustreben, wurde sie mehrfach in Fachkreisen gewarnt. Diese gut gemeinten, doch *jovialen Schulterklopfer,* von denen sie dachte, sie als Frau mit einer beachtlichen Karriere endlich hinter sich zu haben, samt dem *selbstgefälligen Augenzwinkern* der männlichen Kollegen, die allesamt mit deutlich weniger Aufwand weitaus mehr an Ruhm und Gehalt davontrugen, warum wurde sie wieder und wieder daran erinnert, dass sie es auch zukünftig nie wirklich leicht haben würde: *Du arbeitest in Feindesland, Baby!* stand einmal mit Lippenstift auf einer öffentlichen Toilette, sie hatte sich den Spruch abfotografiert. *Doch scheiß drauf, Baby, und beiß zurück!* Das entsprach nicht ihrer Wortwahl, aber ihrer Haltung. Sie biss zurück, auch in dem aktuellen Fall, der eine neue Wichtigkeit bei ihr annahm, so hatte sie auch Emmi im Urlaub eigentlich ständig darüber berichtet, aber etwas in ihr rumorte. Sie hatte die fatale Vermutung, dass nicht alle Aussagen von Zeuginnen und Betroffenen in völliger Aufrichtigkeit passiert waren. *Menschen verlangen intuitiv nach Genugtuung und Revanche, dafür nehmen sie Leichen in Kauf ...* Was war schon die Wahrheit?

Sie dachte an Lorenz. Den seit Längerem irgendwas geplagt hatte. Der auf die Frage, wie es denn gehe, stets mit einem *geht schon, alles happy, mach dir keine Sorgen* geantwortet hatte. Der Probleme, die sie als Paar belasteten, immer gut verkramen konnte, in die Ecken der Wohnung wie seiner Seele. Was waren das für Schatten? Was war das für ein Lorenz, der auf andere einschlug? Vollkommen ausgetickt auf Berufskollegen eindrosch? Auf unbekannte Passanten, in aller Öffentlichkeit? Der seine Wohnung verwüstete? Der womöglich sich selbst ...

Hättest mich ruhig wecken können, raunte Immanuel, wackelig im Gang, der Zug neigte sich in der kurvigen Fahrt, draußen glänzte irgendein See zwischen Gräsern und Büschen hervor. Klara vergaß immer, ob es der Wallersee oder der Irrsee war, oder doch der Mondsee ... *Darf ich?* Klara nickte dem gähnenden Freund zu. *Wollte deinen Therapeutenschlaf nicht stören, wer weiß.* Immanuel lachte. Er lachte wohl die eigene Schwere ebenso weg, wie sie es konnte, darin waren sie sich ähnlich. Sie war froh, dass er nun zu ihr stieß, bevor sie vollends trübsinnig wurde, das dritte Bier bereits vor sich, *setz dich. Und trink bitte mit.* Sie hätte was verpasst, meinte er, die nächste Runde bestellend. So ein Anzugtyp habe im Waggon einen Aufstand gemacht, *voll die Szene, drum bin ich ja wach geworden. Nur weil die Zugbegleiterin ihn aufmerksam gemacht hat, dass das ein Ruhebereich ist. Der ist aufgegangen, hat die angemacht, dass sie gar keine Ahnung hätte, was er da für ein relevantes Telefonat ... – Kann ich mir leider denken,* schüttelte Klara den Kopf, zupfte aus Gewohnheit die Etiketten von den Bierflaschen, wollte sie möglichst im Ganzen ablösen, doch sie rissen, es gab ein Gebrösel am Tisch. *Und wahrscheinlich hat niemand was gesagt. Alle nur geschaut, was?* Er zögerte, lachte erneut und meinte übertrieben, er hätte freilich das Fenster eingeschlagen, mit bloßer Hand, und den chauvinistischen Rüpel schwungvoll ins Aus befördert. *Sehr zivilisiert,* kommentierte sie. *Lorenz hätte den vermutlich verdroschen. In seinem derzeitigen Zustand.*

Schweigen. Das Auf und Zu einer defekten Türe zwischen Bordrestaurant und Erster Klasse. Das leichte Scheppern des Löffels eines anderen Fahrgasts an seiner Espressotasse. Eine Durchsage wegen Zugverspätung, die unverständlich rauschte.

Vermutlich. Ja, bestätigte dann Immanuel. Dann versuchte er, Klaras Hand zu fassen, mit einem *He, wird schon!* Sie zog die Hand unmerklich zurück, es kam zu keiner Berührung. Er schmunzelte. Sie schmunzelte ... *Und weißt du, ich kann's sogar verstehen. Dieses. Zuhauen. Einfach. Wo draufhauen. Ich mein, wie oft hab ich das vor Gericht erlebt, Leute, die im Alltag zuvor wie eine Maus, KEINEM MENSCHEN WAS ZU LEIDE und so, und dann, in einem bestimmten Moment, WOOM ... Wem sag ich das? Die Psychologie ... Grad durch die Kriege jetzt ...*

Sie stellte sich vor, nun zu ihrem Platz zurückzukehren und dem Mann samt Anzug und lautem Gerede ein Plädoyer zu halten, und ihm, würde er weiter rücksichtslos den Macho heraushängen lassen, einen Tritt in die Eier zu geben. *Vielleicht wollte Lorenz einfach nicht mehr wegsehen. Ist das kein nachvollziehbarer Wunsch?* Sie schwieg. Beantwortete sich die Frage selbst. Natürlich ist das ein dummer Wunsch. *Wir könnten es uns einfach machen, alle, sehr einfach. Und damit gleich alles über Bord werfen. Dann wären wir wieder Barbaren, oder? Auch keine geile Zeit. Cheers ...* Immanuel faltete plötzlich die Hände, Klara hatte den Eindruck, dass dies so etwas wie eine typische professionelle Geste sein könnte. *Ich find das nicht abwegig. Den Destruktionstrieb.* Sie rollte mit den Augen, natürlich musste Immanuel nun das Fachvokabular auspacken. *Du meinst, die destruktiven Kräfte in unseren Regierungsbänken? Ich glaub, es war schon lang nicht mehr so schwer, ein klares Urteilsvermögen zu bewahren. Aber trotzdem darf ich's verlangen! Ich finde das echt manchmal frustrierend, dass es sich andere immer so leicht machen und keine Verantwortung übernehmen. Ja, ich fühl das auch, Lorenz,* sie nahm einen Schluck und prostete einem imaginär Anwesenden entgegen. *Ich fühl dich. Aber du bist hier echt nicht allein auf dieser Welt ...* Sie fuhr mit dem Daumen die kleine Tischkante im Bordbistro entlang, bis der Nagel einriss. *Was wär denn dein Wunsch, Klara?,* erwischte Immanuel sie nun am falschen Fuß. *Ein Zeitfenster der kurzen Amnestie für all deine finstersten Sehnsüchte, nur angenommen, was wäre dein Wunsch? Soll ich zurück und den Typen mit dem Laptop verdreschen?* Sie musste lächeln. *Wenn, dann mach ich's selbst.* Sie krempelte ihre Bluse hoch, trank die Flasche leer. *Es reicht!,* wollte sie das Geschwafel beenden, ausleuchten konnte man viel, Lorenz gierte ihrer Meinung nach zu sehr nach dieser Art von Aufmerksamkeit. Immanuel war aber tatsächlich in seine therapeutische Haltung gekippt, schaute dabei weniger auf Klara denn auf die vorüberziehende Berglandschaft, am Horizont strahlten irgendwelche Gebirgsgruppen, die Hohen Tauern, war das plausibel? Sie ärgerte sich plötzlich über ihre topografische Ignoranz, wenn sie auch wusste, dass sie stets den Weg finden würde. Vielleicht erachtete sie es schlicht nicht als relevant, die genauen Namen für all diese Berge parat zu haben. Sie waren hoch. Sie waren da. Und sie hatte sehr viel Übung darin, sie zu bezwingen, da konnte ihr keiner was vormachen.

Vielleicht ist es aber auch gerade das. – Was?, fragte Klara verwirrt, in Gedanken abgeschweift, *wovon redest du? – Von der moralischen Verpflichtung sich selbst gegen-*

über. Dem Gewissen, das man sich als Individuum auferlegt. Lorenz war immer sehr streng zu sich. – Lorenz war gar nicht streng, widersprach Klara impulsiv. *Er hat sich's immer gerichtet ... – Du siehst die erste Schicht,* entgegnete Immanuel nun in ungewohntem Ernst. *Er tat auf salopp, ja, lustig, inkonsistent im Alltag, unzuverlässig ... Redete aber in vielen Zwischentönen immer wieder über die tiefen Verfehlungen der Gesellschaft, das tat er fast lehrerhaft, wie auch nicht, das war, glaube ich, ein wesentlicher Antrieb für ihn, in diesem Beruf nicht unterzugehen, zu bestehen. Er wollte, das hat er mal zu mir gesagt, wenigstens ein kleines bisschen dazu beitragen, dass dieser Planet ein besserer würde, und ich hab gefragt, was für ihn denn das Gute sei und das Böse, wenn er doch wolle, dass Menschen sich besserten. Nicht Menschen, hat er gesagt, ich weiß das noch, ich wollte das fast mal aufschreiben, nicht die einzelnen Kids, aber das kollektive Handeln, das, was wir tun, in der Gemeinschaft. Er hatte wirklich hohe Ansprüche, manchmal, er hat das ja gehasst, wenn ich ihn gereizt habe mit der Kirche, aber manchmal war er wirklich fundamentalistisch. Er war doch im katholischen Gymnasium, oder? Er hat immer Dinge zitiert, die fast aus der Bibel stammen könnten. Er hat sich selbst hinterfragt, war unzufrieden und wollte was machen, das, ja, das was bewegt. Auch oder gerade weil er immer wieder an sich scheiterte ... Ich mein, ja, DU warst ja mit ihm zusammen, nicht ich. – Sprich weiter,* meinte Klara. Es tat ihr plötzlich gut, die Dinge erstmals von jemandem anderen ausgesprochen zu bekommen. *Ich denke,* fuhr Immanuel fort, jetzt legte der Railjet eine Vollbremsung im Nirgendwo hin, es stank metallisch, sie hoffte, niemand hatte sich vor die Schienen gehaut (*Betriebsaufenthalt!,* klang es bald aus dem Lautsprecher). *Ja? – Also, ich denke, es hat mit dem Scheitern zu tun, persönlich. Aber auch generell. Wir wissen, dass etwas aus dem Ruder läuft. Nicht akut. Sondern permanent. Wie du auch selbst gesagt hast. Oder du wolltest es so sagen: Da tickt doch jeder mal aus! Das kann von einer Übersprungshandlung zu einem sich festigenden, identitätsstiftenden Zweifel führen. Er lebt letztlich nur mehr IM und FÜR diesen Zweifel.* Das klang für Klara nun tatsächlich etwas weit hergeholt. Sie hielt es für überzogen oder fast für wehleidig belanglos, dass Lorenz wirklich deswegen in eine abstruse Gewaltphase gerutscht sei. Ja, selbst *wenn* er sich in schweren Momenten in prinzipielle Gesellschaftsfragen verirrte ... Aber dass er wirklich wegen solcher, nun, Tatsachen ... dass die Welt eben die Welt war und er als Mensch immer zwar was machen konnte, aber eben immer nur zu wenig ... Und dass da wirklich viel Scheiß grad passierte auf dem Planeten, das war ja alles einleuchtend, aber dass er deswegen so infantile Auszucker ... Sie sortierte ihre Gedanken, aufgewühlt.

3.

Im Innsbrucker *Hotel Central* erhielten sie endlich die Auskunft, dass Lorenz vor sechs Tagen eingecheckt hätte, für eine Nacht, ohne Frühstück, und am nächsten Morgen wäre er zeitig aufgebrochen. *Prinzipiell unauffällig, halt ordentlich bepackt, Wandersachen,* meinte der junge Mann an der Rezeption, sich vage erinnernd, *aber eigentlich ist das ja Datenschutz.* Sie hatten ihn ins Kreuzverhör genommen, als er mit seinem noch jugendlichen Pickelgesicht hilfesuchend um sich blickte, sich verlegen durchs blonde Haar fuhr, überfordert mit der Anfrage, *ich darf das eigentlich nicht. – Sie dürfen,* behauptete Immanuel kalt, es sei ein medizinischer Notfall. Und Klara setzte nach, tat auf große Verzweiflung, die ihr besser gelang, als sie wollte, fast fürchtete sie, die Tränen, die ihr kamen, wären echt. Ob er wisse, wohin der Herr Urbach mit den Wandersachen aufbrechen wollte? Da müsse er nachdenken, stotterte der Eingeschüchterte. *Dann denken Sie, verdammt …,* wurde Immanuel schärfer, und nervös suchte der Typ in seinen Schubladen. *Wie gesagt, wir haben jede Menge Gäste. Aber dieser. Also, Ihr Mann,* und er nickte wohlwollend zu Klara. Sie wollte ihn korrigieren, dass sie ja eigentlich getrennt wären, aber in diesem Moment erschien es ihr unsinnig. Irgendwie stimmte es ja doch noch … *Also, der Herr Urbach, der war nass, extrem durchnässt, als er angekommen war, es hat ja geschifft, also stark geregnet, dem war kalt, aber trotzdem wollte er sich erkundigen, wegen den Vorfällen im Karwendel. Also die Risse.* Klara und Immanuel verstanden nichts. *Welche Risse? – Diese Tierkadaver. Die Leut sind ja voll aus dem Häusl. Das war doch in den Medien.* Klara blickte Immanuel verunsichert an. Der Rezeptionist knallte endlich einen zerknitterten Zettel, den er aus dem Wirrwarr seiner Unterlagen hervorgekramt hatte, auf seine Schreibunterlage, wo auch ein Übersichtsplan der Innsbrucker Altstadt aufgeschlagen lag, er krallte sich den Kugelschreiber: *Hier. Danach hat er gefragt. Die Bezirksforstinspektion. Da müssten Sie anrufen, oder einfach hin. Keine Ahnung, ob da am Wochenende wer ist. – Also, der Herr Urbach hat sich nach Tierkadavern und einem Forstamt erkundigt?,* fasste Immanuel ungläubig zusammen. *Verstehst du das?* Klara starrte auf den Stadtplan, auf den euphorischen Rezeptionisten, der strahlte, als wäre ihm etwas Großartiges gelungen, auf den zerknüllten Zettel in seiner Hand. *Und das?* Sie deutete auf eine Notiz, die darauf gekritzelt war. *Das ist Lorenz' Handschrift. – Ja,* stotterte der Blondschopf, *genau. Den Zettel hat der Herr Urbach verloren, ich sag ja, es ist schwer sich zu erinnern, aber. Er ist an dem Abend, also eigentlich war das schon in der Nacht, da hat er nochmals was gebraucht, er hat mir diesen Namen aufgeschrieben, ich soll eine Nummer rausfinden, wie er den erreiche. Und dann, als er aufs Zimmer ist, ist ihm der Zettel aus der Tasche, es war ja schon spät, ich dachte, er ist wichtig, also hab ich ihn aufgehoben, aber bei seiner Abreise hatte ich schon Schichtwechsel. – Und haben Sie's rausgefunden? – Was? – Die Nummer.* Nun wurde Klara ungeduldig, weil ihr Gegenüber erneut fahrig und unsicher wurde, vermutlich, weil mittlerweile die Chefrezeptionistin zurückgekehrt war, also redete er bedeckter, als übermittle er Illegales, dabei war es nur der Name eines Revierförsters, dessen Kontakt der Rezeptionist für Lorenz anscheinend recherchiert hatte. *Ob Ihr Mann da wirklich angerufen hat, weiß ich nicht. Aber ich sagte ihm, am besten soll er dahin gehen.* Sein Kugelschreiber grub sich in den Innsbrucker Stadtplan. Klara spürte, wie ihr Puls sich erhöhte. Vermutlich war es zu heiß in der Lobby. *Können Sie uns die Nummer von diesem Förster nochmals raussuchen?*

In ihrem Zimmer sank sie nieder, unerwartet, als die Tür hinter ihr zufiel. Sie kniete einige Zeit, dann legte sie sich mit der Wange auf den Teppichboden, hörte sich für Sekunden nur atmen, schloss die Augen, sie hatte seit ihrer Abreise von Holnis keinen ruhigen Moment gehabt. Es fühlte sich alles sehr schwer an. Später griff sie zum Telefon, wählte die Nummer des Revierförsters Jacob Srebić. Es meldete sich die Mobilbox, was sie nicht überraschte. Immerhin war es bereits nach acht. Sie würde bis morgen warten müssen, hoffte inständig, nicht sinnlos nach Tirol gekommen zu sein. Was zum Teufel! Ein Fluch in den gedämmten Raum, gedimmte Beleuchtung, in solchen Zimmern hatte sie oft das Gefühl, in einer geräuschlosen Zelle zu hausen, geschluckt jeglicher Lärm, jeglicher Klang von außen, nur ihr Körper, Glucksen im Bauch, sie musste was essen, war aber zu müde ... Sie sprach dem Förster aufs Band.

Bei einer schnellen Recherche zu den Schlagwörtern *Tierkadaver Karwendel* poppten diverse Kurznachrichten auf. Es setzte sich ein etwas wirres Bild zusammen, scheinbar lagen die ersten ominösen Ereignisse, das Auffinden toter Schafe auf einer Weide nahe dem Achensee, einige Monate zurück. *Blutiger April* titelte eine Lokalzeitung reißerisch. *Gemeinde fordert Jagd auf den Wolf.* Später dürften auch andere Orte betroffen gewesen sein, jedenfalls versuchte Klara die Vorfälle auf der digitalen Karte ihres Handys nachzuzeichnen, es gelang nur unzufriedenstellend. Sie verlor ständig die Übersicht. Auch gab es regionale Benennungen irgendwelcher Gräben und Täler, die sie auf offiziellen Karten gar nicht fand. Nach einer halben Stunde, in der ihr auch eine Fotografie des für einige der Fälle zuständigen Försters J. Srebić untergekommen war, fülliges, grau meliertes Haar, sie schätzte ihn um die sechzig, gab sie auf. Sie hatte den Eindruck, es handelte sich eher um eine medial inszenierte Aufregung (Tierschutz versus Heimatschutz) denn um eine tatsächliche Bedrohung. Derlei aufgeblasener Tratsch und Klatsch ging bei ihr meist in das eine Ohr rein, bei dem anderen wieder raus. Wenn ihre Mutter etwa wieder anrief, ob sie dieses oder jenes gehört oder gelesen hätte, es sei ja *schlimm*, reagierte sie mittlerweile allergisch (*Mama, bitte! Ich brauch echt nicht über euren Gemeinderat sudern, weil irgendwer irgendwo wieder was gegens Gendern … Wir sollten über Papas Aussetzer reden. Ja. Papa hat Aussetzer. Irgendwann müssen wir ja drüber reden … Mama …*).

Sie schmiss ihr Handy aufs Bett, es war viel zu weich, sie hasste weiche Betten, und unwillkürlich sah sie Lorenz vor sich, in seiner Gebirgsausrüstung auf irgendeiner Pritsche in einer abgelegenen Berghütte nördlich dieser Stadt liegend, nur wenige Kilometer womöglich entfernt, aber unerreichbar, aufgrund des schroffen, über zweitausend Meter aufragenden Massivs vor ihrem Hotelfenster, fast beneidete sie ihn.

Im heißen Dampf der Dusche schrieb sie mit dem Finger auf die gläserne Kabinenwand: *Lorenz. Wut. Wolf. Theresa. Innsbruck. Tierkadaver. Blut. Berge. Förster. Monster.* Die Worte ergaben für sie keinen Sinn.

Als Immanuel anklopfte, er käme eben aus dem Zimmer, wo Lorenz genächtigt hätte, der Jungrezeptionist wäre zwar übereifrig detektivisch unterwegs, aber natürlich wären keine Spuren auffindbar, leider alles gereinigt … nur wäre er jetzt extrem hungrig, da schleppte sie ihn zum Abendessen in eines ihrer Lieblingslokale von früher.

4.

Der Italiener war nicht mehr wie früher. Schicker. Teurer. Die Portionen kleiner. Sie ergatterten nur noch einen Platz an der Bar. Mit Lorenz war sie damals gerne an dem Fensterplatz gesessen, rechts hinten in der Nische. Wie oft waren sie hier gewesen, in ihrer Innsbruck-Episode? (Sie nannten es irgendwann *Episode*, vierzehn verblüffend harmonische Monate innerhalb einer extrem wechselhaften Beziehungszeit von achtzehneinhalb Jahren, mit Kind, Heirat, Trennung, Innsbruck war immer, über all die Jahre, etwas Strahlendes für sie beide gewesen, jetzt suchte sie nach den Resten dieses Leuchtens, vergeblich: Das Lokal hatte wirklich nichts mehr mit dem Ort von damals zu tun.) Sie bestellte Wasser, wie ausgetrocknet fühlte sie sich. Immanuel schaufelte gierig seine Trüffelravioli hinunter, trank, zu zügig, zwei Weiße Spritzer, was ihn wieder redselig machte, er schien überhaupt Gefallen daran zu finden, für die gute Laune zuständig zu sein, als wolle er nicht zulassen, dass ihre Nachdenklichkeit auch ihn befalle. *Das ist doch schon mal was,* kaute er, natürlich war auch er müde, doch er verbarg sein Gähnen. Er trug beige Hosenträger, ein zu weites Leinenhemd, eine dreiviertellange Hose, die sie farblich und durch die vielen Funktionstaschen an Indiana Jones erinnerte, *fehlte nur noch der Lederhut*. Dabei wusste sie nur allzu gut, dass er ungern ins Hochgebirge wanderte. Er wäre *eher der Beach-Typ*, hatte er beim Kennenlernen posaunt, als sie ein Doppel-Date in einem abgeranzten Gürtellokal in Wien wagten, sie und Lorenz, Immanuel und … ihr war der Name entfallen. Ihre Muscheln schmeckten sandig, sie spuckte in die Serviette.

Und morgen schauen wir dann zu dem Forstamt, wirst sehen, wir finden ihn. Und er dürfte ja gut ausgerüstet gewesen sein für. Was auch immer. Das Monster. – Wir ja nicht. –

Was? – Na, wenn wir da auch irgendwo hochwollen, hast du Sachen für den Klettersteig mit? Immanuel verstummte.

Klirren von Sektgläsern. Schrilles Lachen. Drei im Trachtenjanker, die sich zuprosteten, einer warf ihr einen obszönen Blick zu. Die Kellnerin, die zwischen zwei vollbesetzten Tischen, auf denen Hummer serviert wurde, nicht durchkam, zu dicht saß die laute Gesellschaft, ignorant die Blicke ins Leere, *cheers!* Gin Tonics schepperten aneinander. Es sei *ein radikaler Fehler*, murrte einer mit Wampe vor einem anderen mit Wampe, der zustimmte, *ein Fehler. Radikal.* Neben ihnen stumm zwei jüngere Frauen, viel jünger, gelangweilt am Handy.

Hab dem Dr. Srebić übrigens aufs Band gesprochen. – Wer ist jetzt Dr. Srebić? Immanuel schluckte die letzten Ravioli runter. *Na, unser Förster. Der, den Lorenz kontaktieren wollte. – Der ist Doktor? – Sagt jedenfalls das Internet. – Schräg.* Er wischte sich den Mund ab, hatte was von der Sauce auf sein Hemd gepatzt, schlürfte nochmals vom Spritzer, *aber warum sagst du das so? – Wie sag ich das? – Hast es betont, das Doktor. – Dachte, vielleicht interessiert's dich. Von Doc zu Doc.* Sie wusste, er war sehr eitel, was die akademischen Grade betraf. Sie wollte eigentlich nicht sticheln, aber irgendetwas machte sie aggressiv. Die Situation. Diese gesittete Gesellschaft, die wenig Sorgen nach außen trug, die einfach bestellte, worauf sie Lust und Laune hatte, und sie bestellte ja ebenfalls, weil sie es konnte, weil sie es gewohnt war, genau *das* zu tun, dieses *ganz Normale*, das ihr, mit Gedanken an Lorenz, nun alles andere als normal erschien. Sie wusste selbst nicht, was los war mit ihr. Es tat ihr nun leid, Immanuel provoziert zu haben. *Hast recht,* sagte sie mild, *es wird alles gut.*

Sie schob ihm ihr Notizheft hin. *Ich hab mal alles zusammengeschrieben, zu Wolf. Also Theresa. Es hat ja mehrere Phasen gegeben: Lorenz und Theresa in der Schulzeit. Lorenz, Theresa und ich in der alten WG. Und dann Theresa, als sie plötzlich wieder dastand, nach dem Tod ihrer Mutter ... Es gibt so Leute, was? Die sind wie ein Bumerang ... Oder Fluch. – Voll gut,* fiel es aus Immanuels Mund, *also die Skizze.* Er vertiefte sich. Sie wusste nicht, ob das alles überhaupt zielführend war. Blieb an einer Ecke ihrer Notizen nun hängen. *Fluch.* Dreifach unterstrichen.

Sie dachte zurück an die Studienzeit. An die alte WG. Eine Zeitlang waren sie tatsächlich nur zu dritt unterwegs gewesen. *Nein, keine Ménage-à-trois,* widersprach sie vehement, als Immanuel sie darauf ansprach. *Da ist nie was gelaufen. – Was war es dann?* Sie musste lange nachdenken, denn das Wort *Freundschaft* traf nicht zu. Theresa war zuallererst Lorenz' *Gefährtin von früher*. Da war immer etwas, was die beiden teilten, das für Klara unzugänglich blieb. Namen von Menschen. Orte. Geschehnisse, die beide noch im Gedächtnis bewahrten. Sie war da außen vor. Dieses *Weißt-du-noch*, *Das-war-doch-der-und-die* und *Was-wurde-eigentlich-aussoundso* ... Sie selbst hatte ihre Schulzeit verdrängt. Eine naiv-verblendete Zeit voller Rivalitäten und einem Ich, das sie nicht mehr war. Für Lorenz und Theresa leuchtete diese Vergangenheit bisweilen noch bis ins Heute. Sie zehrten von diesen Tagen, durchlebten manches wieder, machten Stimmen nach, wiederholten Gesten, vergaßen die Zeit und redeten bis in die Nacht, selbst wenn Klara sie um Rücksicht bat, sie müsse früh raus, hätte Prüfung. Bis in die Morgenstunden ein Getuschel, Wispern zweier Verschworener. Anfangs hatte sie es noch *sehr schön* gefunden, plötzlich eine neue Mitbewohnerin zu haben. Platz war vorhanden. Sie teilten sich die Miete, teilten ihre Freizeit. Ihr Zusammensein mit Lorenz war ihr davor fast schon zu *gesetzt* erschienen, *wie ein altes Ehepaar* hatten sie begonnen, sich zu benehmen, ehe dann Theresa aus dem Nichts dagestanden war. Auf den Stufen zur Hauptuni, *ihren* Stufen, wo sie sich immer verabredeten, Lorenz von der Germanistik kommend, sie vom Juridicum herüber, und dann dieses unvermittelte *He* einer fremden Frau. Sie waren gleich groß, Theresa und Klara, sie trugen an dem Tag dieselben Converse, aber Theresa war immer dunkel, immer eine *Nachtgestalt*, Klara dagegen hatte ihre knallige Phase, sie trug oft rot.

Hi … – Hi … – Also, das ist Theresa, stammelte Lorenz. Verlegen? War es ihm unangenehm? Wie sollte er die Bekannte von früher, über die Klara bis dahin rein gar nichts gewusst hatte, nun seiner fixen Freundin vorstellen. *Fixe Freundin … sagte man das damals so? Ja, also, kennt ihr euch schon?* Lorenz in seiner schüchternen Art, eh lieb, aber in solchen Momenten unverzeihlich flapsig. *Das ist jedenfalls Klara, wir sind … – Freut mich!,* ergriff Klara damals ganz schnell ganz fest das Wort und die Hand ihres *fixen* Freundes. Vermutlich sagte man das wirklich so. Sie waren *fix* zusammen. Und an jenem Tag schleppte ihr fixer Freund seine fix absichtlich verschwiegene Vergangenheit daher. *Also, Theresa und ich …,* er brach erneut ab und Theresa führte den Satz weiter. So machten sie das nun häufiger, Klara hasste diese Verbundenheit ab dem ersten Augenblick. *Wir haben uns grad zufällig, beim Chinesen, was? War doch echt Zufall, nach den Jahren, wir sind ja eigentlich aus demselben Kaff,* sie lachte, aus ihrer Dunkelheit heraus, hübsch, dachte Klara grantig, verdammt scheiß hübsch …, *der Lenzi und ich. – Der Lenzi?* Klara wusste noch genau, wie Theresa damals den Namen von Lorenz aussprach. Es katapultierte die beiden augenblicklich in eine andere Zeit. *Aha, der Lenzi also. – Ja … Also, die Resi und ich, wir waren mal auf derselben Schule.* So ging das Gespräch weiter, diese Momente, die nun alle aus ihrer Erinnerung auftauchten. *Und du studierst auch? Theresa? – Ja, also. Mal schauen. Ja.* Theresa suchte Halt in ihren Erklärungen und schaute (auch das tat sie von nun an oft, allzu oft) hoffnungsvoll auf Lorenz, als erwartete sie, dass er ihr aus der Situation helfe. Und er tat es dann auch. *Will wer rauchen? – Du rauchst doch gar nicht, Lenzi!,* reagierte Klara provokant. *Stimmt. Aber ich könnt anfangen.* Lorenz lachte. Theresa lachte. Klara wusste nicht, ob sie mitlachen sollte.

So war sie verlaufen, die erste Begegnung mit der rätselhaften Theresa. Ein Mensch, der wenig vorausplante. Sie war stets *am Schauen*. Das traf es. Schaute immer aufs Neue in ihrem Leben, was denn als Nächstes käme, und für Klara blieb es schleierhaft, wie sie etwa das Geld auftrieb, fürs Essen, für ihre Beteiligung an der Miete. Die meiste Zeit war sie in diesen Sachen korrekt und penibel. Bis es dann halt nicht mehr ging. Nach dem Intermezzo in der gemeinsamen WG war es letztlich die Geldfrage gewesen, die entschieden hatte, dass sie, Theresa, diese Resi, diese. Wolf. Dass sie eben wieder verschwand ... Dass er sie irgendwann nur mehr Wolf nannte, fand sie irritierend. *Warum sagst du Wolf? – Sie heißt doch Wolf. – Ich dachte, Theresa. Oder Resi. – Sie will das jetzt so. – Ah.* Und hernach war die dunkelgeschminkte, aber stets übertrieben lustige, fast aufgeputschte Frau wie ausgewechselt, spürte intensiv den *Weltuntergang*, als trüge sie auswechselbare Masken, die für Lorenz deutlich annehmbarer waren als für sie. *Geht's ihr denn gut? – Wem? Wolf? Denk schon. Wieso? – Sie rennt rum, als wär sie ein Gespenst.* So sei sie halt, sie hätte das schon früher gehabt, Schutzmechanismen. *Aha,* kommentierte Klara. *War sie damals auch Wolf?* Sie schaute grimmig. Er schwieg. Zog mit ihr mit, die Gemütslagen glichen sich dieser Dritten im Bunde an. Am Ende war Klara froh, sie los zu sein. Für immer. So dachte sie jedenfalls.

Ihr Handy vibrierte und riss Klara aus den Gedanken.

Es war Emmi. Sie verließ das stickige Lokal, den Lärm viel zu gut aufgelegter Menschen in Sommerlaune, stand in der schwülen Nachtluft, ging am Gehsteig vor dem Italiener auf und ab, freute sich über die Stimme ihrer Tochter, die sie mit Beruhigungen abspeiste, auch mit den Neuigkeiten in puncto Förster und einer möglichen Spur zu Papa. Die Sache mit den Tierkadavern und dem mutmaßlichen *Monster im Kar-*

wendel ließ sie aus, sie wollte Emmi nicht in unnötige Panik versetzen. Im Hintergrund hörte sie die Stimme ihrer Mutter, *Emilia!,* rief sie in diesem ihr geläufigen Tonfall, Kümmerton oder Überwachungston, es war immer beides zugleich. Behütete Vorstadtkindheit. Die Welt war ein umzäunter Garten mit Plantschbecken und Trampolin. *Emilia!,* trällerte die Oma erneut der Enkelin hinterher, *du solltest ins Bett, und gib mir dann deine Mama, die lässt sich da wieder wo rein ...* Sie solle der Oma schöne Grüße ausrichten, unterbrach Klara vorsorglich, und nein, sie brauche nicht mit ihr persönlich reden, sie sei bereits sehr müde und würde morgen einen Statusbericht durchschicken. *Alles im Griff, okay?* Die Tochter schwieg. Weinte sie? *He. – Ja. Okay ... Ich probier's halt dauernd, ob der Papa abhebt. Alles tot. – Es ist nur das Handy. Er wird da im Funkloch in der Sonne sitzen. – Ja. Schon klar. Aber das Internet sagt, ihr bekommt übermorgen Gewitter ...* Klara schaute in den Himmel rauf, wolkenlose Nacht, das Licht von der Nordkette, verheißungsvoll, es donnerte ein Flugzeug über die Stadt, senkte sich Richtung Flughafen. *Bis übermorgen haben wir ihn gefunden. Versprochen. – Klar.* Ihre Tochter wusste freilich, dass in dieser Situation nichts zu versprechen war. Sie würde nochmals Papas Sachen in seiner Wohnung durchschauen, *vielleicht übersehen wir was ...*

Klara brauchte Schnaps, also zerrte sie Immanuel nach dem Zahlen der viel zu hohen Rechnung hoch ins *360 Grad*, auf die Aussichtsplattform rund um die kreisförmige Bar, von wo sie über die Dächer blickten. Hier war wenigstens alles noch beim Alten. Es fühlte sich fast wie gestern an, als sie mit Lorenz an diesem Ort vergessen hatte, was war und was kommen würde. *Jetzt tun wir mal so, als kennen wir uns nicht,* hatte er spielerisch eines Abends gemeint. *Ich weiß nichts von dir und du nichts von mir. Es gibt nur diese Nacht. Hier und jetzt.* Er hätte wohl gerne gewollt, dass es keine Schatten gäbe. Sie scheiterten daran.

5.

Frühmorgens schepperte Klaras Telefon, der Revierförster Jacob Srebić rief an. Eine angenehme, tiefe Stimme, aber viel zu wach für diese Uhrzeit. Er hätte ihre Nachricht abgehört. Wegen dem vermissten Wanderer. Er könne sich erinnern. Letzte Woche hätte ihm ein Lorenz Urbach aufs Band gesprochen. Er vermute, das sei *ihr Mann?* – *Exmann*, korrigierte sie im Halbschlaf. Er hätte gedacht, es sei ein dummer Scherz. Aber vielleicht sollten sie sich besser treffen, weil womöglich mehr dran wäre als anfangs gedacht. Jedenfalls hätte Lorenz in seiner Sprachnachricht behauptet zu wissen, was da draußen vor sich gehe.

Klara wusch sich kalt und klopfte Immanuel aus dem Bett.

6.

Sie blickte auf Leitplanken. Der Wagen fuhr zügig über die steil ansteigende Bundesstraße, vor ihr schoss schroff die Tiroler Nordkette in die Höhe, im Rückspiegel verschwand das breite, flache Inntal. An kaum einem anderen Ort hatte sie je diesen Gegensatz so beeindruckend wie auch furchteinflößend empfunden. Klara hielt sich an der Autotür fest.

Der Förster war wortkarg, etwas grob, aber sie hatte sich auf Anhieb *gut aufgehoben* gefühlt, als sie ihn am Parkplatz der Landesforstinspektion vor etwa einer Stunde getroffen hatten. Nach wenigen Sätzen saßen sie bereits in seinem Wagen, ein geländetauglicher Pick-up mit Ladefläche und großen Reifen.

Der Förster war anders als erwartet. Jedenfalls anders, als sie ihn sich vorgestellt hatte. Kein Waldkauz, kein Bär, eher ein zarter Mensch, karges Gesicht, etwas kleiner als sie, aber wendig, drahtig … Einer, der einen *Ironman* wohl besser hinter sich brächte als jemand, der haufenweise Kilos oder Muskelmasse zu schleppen hätte, und dem sie jederzeit zutraute, bei einem Wolkenbruch ein Zelt mit wenigen Handgriffen sturmfest aufzubauen, so jedenfalls ihr innerer Film. Sie hoffte, dass sie sich jetzt nicht zu sehr auf diesen ihr unbekannten Menschen verließ. Srebić hatte sich zuallererst nach der Ausrüstung erkundigt. Es würde kein Spaziergang werden. Immanuel schleppte einen Riesenrucksack und schnaufte bereits zu Beginn. Er brauche erst mal einen Kaffee. Srebić hatte zweitens verlautbart, am Automaten des Stützpunkts verwässerten Espresso herunterlassend, die Chancen stünden schlecht, den Vermissten tatsächlich zu finden, es wären zu viele Tage vergangen. Er sagte es nüchtern, ohne großen Umschweif. *Unser letzter konkreter Anhaltspunkt: Die Sprachnachricht Ihres Mannes, Frau Urbach …* Diese war vor fünf Tagen auf der Mobilbox des Försters eingegangen. *Aber ...,* fuhr er fort, es gäbe *aktuelle Entwicklungen*. Eine tote Kuh war gemeldet worden. Vermutlich neuerlich ein Wildriss. *Das Monster,* säuselte Immanuel bedeutungsschwanger. Srebić hatte den Kopf geschüttelt, in seinen Bart gemurmelt, er schien von dieser Monster-Theorie nicht viel zu halten, dann sprangen sie in seinen Wagen.

Der Förster lenkte den Pick-up die kurviger werdende Straße hinan. Er schaltete höher, gab Gas, Klara drückte es in den Beifahrersitz. Sie trug dunkle Sonnenbrillen. Sie hatte Sorge, *das alles könne zu sentimental werden*. Erstmals gab es konkrete Anhaltspunkte über den Verbleib ihres Exmanns.

Der Förster hatte zarte Hände. Seltsam, dachte Klara. Oder hatte sie womöglich eine völlig falsche Vorstellung von seiner Tätigkeit? Er könnte auch am Computer sitzen, Messungen vornehmen, Geräte bedienen, Filmaufnahmen auswerten. Sie mochte den Geruch seines Parfüms und musste schmunzeln, welcher Duft passt zu einem *Ranger*? War er so etwas wie ein Ranger?

Immanuel kaute an einem Frühstücksbaguette. Er hatte es sich vom *Central* einpacken lassen. Wie früher, dachte Klara, da hatte sie auf Landschulwoche als Schülerin noch eine Jause für den Tag zugesteckt bekommen, *esst brav, Kinder, sonst habt's keine Kraft ...* Immanuel schien immer dann zu essen, wenn er aufgeregt war. Sie sah es ihm im Rückspiegel an. Er tippte mit den Fingern ununterbrochen auf seinem Oberschenkel herum. *Patzen Sie mir nicht ins Auto.* Srebić grinste schelmisch, blickte gleich darauf wieder unnahbar, fast harsch. Tatsächlich war sein Wagen beinahe penibel aufgeräumt. Klara musterte die vielen Gerätschaften, stellte sich augenblicklich Erdrutsche und Sturmböen vor, in denen diese Dinge alle zum Einsatz kommen mussten, hielt sich reflexartig fest an ihrem Sitz, blinzelte vorsichtig zum Förster rüber, alles gut. Er fuhr. Der Pick-up rollte. Keine Katastrophe da draußen. Du bist so blöd, Klara!, schimpfte sie sich. Eine gewöhnliche Routinesache hier. Unnötig beinahe. Lorenz lebte. Lorenz war da draußen. Zufrieden auf einer Hütte. Oder triefte vor Selbstmitleid. Sie würde auf ihren Ex sicher nicht ihre ganze Urlaubszeit verschwenden. Schon gar nicht ihr Leben, das eben erst wieder in die Gänge kam! In einem Halbtag musste sich das doch erledigen lassen …

Ein Familienfoto baumelte an einer Kette vom Rückspiegel herab, die Familie des Försters. Er, eine Frau, zwei Kinder. Kitschiges Idyll.

Im Radio eine Sonate. Es folgten die Kurznachrichten. Überall nur Wahnsinn. Rational war all das für sie erklärbar, aber es blieb eine traurige Ernüchterung. Jetzt dachte Klara an die vielen Gespräche mit ihrer Tochter, an der die brutalen Verwerfungen der letzten Jahre alles andere als spurlos vorübergegangen waren. Auf den ersten Blick wirkte Emmi abgebrüht, emotional kontrolliert. *Eine sehr kluge junge Frau,* so hörte sich Klara oft in ihrem Freundeskreis sprechen, wenn sie gefragt wurde, wie es denn *der Emmi* ginge, *mei, die Emmi, die muss auch schon riesig, erwachsen …* Eine kluge junge Frau, die viel lachte. Sie lachte wirklich viel, was schön mit anzusehen war, aber hinter dieser Heiterkeit schlummerten, wenig verwunderlich, viele Zweifel. Sie war vierzehn geworden. Sie dachte nach. Sie erkannte Dilemmata. Hatte Liebeskummer. Zum Glück, dachte Klara, hatte sie nicht denselben Hang zur Dramatik wie ihr Vater … Emmi war dagegen *die Stabile,* so hieß es jedenfalls. Aber an dem einen Tag, als Emmi meinte, sie koche für die Mama, die ja *so viel arbeiten* müsse, und in der Schule ginge es ihr *ja eh gut* und sie hätte heute Lust darauf … *Nur wenn du Lust hast, Emmi, ja? Klar hilft es mir, wenn du kochst, aber …* Und Emmi hatte groß eingekauft, mit ihrem eigenen Geld sogar, sie hatte sich vorgenommen, eines ihrer famosen

Currys zu *kredenzen* (manchmal sprach sie tatsächlich nervig altklug), *okay, dann kredenz mal ...* Und Klara hatte sich bereits auf den Mama-Tochter-Abend gefreut, war jedoch aus irgendeinem Grund zu früh, jedenfalls hatte Emmi die Mutter nicht heimkommen gehört. Emmi lehnte über dem Waschbecken, ein Messer in der Hand, am Schneidebrett die Zutaten ... Vielleicht waren es die Zwiebel, hatte sich Klara später eingeredet, aber es waren nicht die Zwiebel. *Es stimmt alles nicht,* wiederholte Emmi verzweifelt in Mamas Armen, später, als es statt Curry Vanilleeis mit Schokosauce gab, und Klara musste ihre Tochter eine Stunde nur halten, *es stimmt doch alles nicht.* Und irgendwann schlug Emmi auf die Mutter ein, Klara hielt sie fest, Emmi pochte wild, als gäbe sie ihr eine Schuld, sie wusste nicht genau, wofür. *Geht's um Papa?,* fragte Klara. *Nein,* rief Emmi entsetzt. *Nein. Nicht Papa. Warum denn Papa? Der sieht das ja wenigstens. Der sieht das ja auch. – Was denn? Was sieht Papa?* Emmi konnte nichts mehr in Worte fassen, verhielt sich abweisend und zeichnete großflächig auf ihrem Skizzenblock herum, urwaldartige Muster. *Abstrakte Phase?,* kommentierte es einige Tage darauf Lorenz halb ironisch, halb besorgt. *Eher schwarze Phase,* so Klaras Antwort.

Srebić musste abrupt bremsen, irgendein Tier lag überfahren auf der Straße, ein Rebhuhn? Er griff nach schwarzen Gummihandschuhen, streifte sie über, sprang aus dem Wagen, verschwand nach hinten zur Ladefläche, kurz darauf stapfte er mit Schaufel und Kübel vor die Kühlerhaube und Klara sah, wie er den zerquetschten, leblosen Tierkörper umsichtig, fast liebevoll aufsammelte, er musste mehrere Einzelteile bergen. Alles verschwand fein säuberlich in dem Kübel. Hinten knallte eine Klappe. Dann fuhr er weiter. Im Radio eine Reportage, eine Armutsexpertin referierte über drohende Dürre in Subsahara-Afrika. *Stellen Sie das ab,* sagte Klara irgendwann. Ungewollt rüd. *Bitte.* Der Förster reagierte prompt und fragte auch nicht nach. Die Handschuhe lagen wieder vor ihm auf dem Platz.

Am Straßenrand zeigten Schilder das Ende des Staatsgebiets an. *Fahren wir über die Grenze? – Yep,* nickte ihr Ranger abgebrüht, er schien einen genauen Plan zu haben. Sie waren unterwegs *in die Eng,* wie Srebić ihnen vor der Abfahrt mitgeteilt hatte. *Wir umfahren den Süden des Massivs, kommen von der bayerischen Seite, stoßen dann quasi ins Herz des Karwendels vor, von dort geht's weiter zu Fuß. Aber nicht zum Monster.* Ein solches kenne er nicht. Nur in die Enge getriebene Tiere. Oder eben Menschen. *Die Eng,* wiederholte Klara, als sie einige kleinere Dörfer durchfuhren, der Wald wurde dichter, in Serpentinen schlängelte sich die Straße nun eine Ewigkeit dahin, alles gut.

Der Förster hatte ihr Lorenz' Sprachnachricht am Handy vorgespielt, und die Stimme ihres Exmanns rührte Klara mit einem Male sehr und machte sie zugleich unglaublich wütend, *dummer Mensch, du,* dachte sie immer wieder. Es war wirr, was Lorenz dem Förster aufs Band gesprochen hatte. Von einer Gondel aus rufe er an, der Empfang sei schlecht, und er bat Srebić um Rückruf, wegen *der Sache.* Er hätte ihn im Fernsehen reden gesehen. Er wüsste etwas über *das Wesen,* das alle suchten, aber das wäre schwer zu erklären, er sei nun auf dem Weg zum *Hallerangerhaus,* würde versuchen, ihn später nochmals zu erreichen, oder, wenn der Förster wüsste, wer denn die Ansprechperson in dieser Angelegenheit sei, wäre er froh über eine Kontaktperson, ehe da etwas *eskaliere.* Es sei alles ein böses Missverständnis, *sie* sei in Wahrheit *die Letzte, die jemandem etwas zu Leide …* Lorenz hatte wohl in seiner fahrigen und aufgewühlten Art von Theresa gesprochen. Jedenfalls glaubte Klara, die Worte ihres Exmanns dahingehend zu verstehen.

Ist dort die Hütte, wo Lorenz geschlafen hat?, erkundigte sich Klara, *in der Eng?* Srebić verneinte. Er wühlte, während er mit der linken Hand weiterlenkte, im Handschuhfach nach einer großen Faltkarte, *D4,* meinte er, als wäre es sein Einmaleins, *Karl-Schuster-Biwak. Ein Notquartier oben Richtung Laliderer Spitze.* Klaras Augen streiften über den Plan, sie fand sich nicht sofort im Raster zurecht. *D4, sag ich,* wiederholte der Förster ruhig, aber bestimmter. Griff blitzschnell an seinen Hosensack und zückte ein Messer, dessen Klinge ausfuhr, und ehe sie sich versah, bohrte Srebić ein kleines Loch in die Karte: *Hier. Das ist unser Ziel. Da dürfte sich jedenfalls, laut den Meldungen, die bei uns in der Zentrale eingegangen sind, der aktuelle Fall ereignet haben. Wie gesagt. Eine tote Kuh. Dass dort überhaupt eine Alm in der Nähe ist, überrascht mich aber, ehrlich gesagt.* Er klappte die spitze Klinge des Messers wieder ein, betätigte die Scheibenwischer, ein Vogelkot direkt in seinem Sichtfeld, der Scheibenwischer verschmierte den Kot, Srebić, verärgert, beruhigte sich mit einem frischen Kaugummi.

Das *Hallerangerhaus* hatte der Förster bereits in der Früh kontaktiert. Scheinbar hatte Lorenz tatsächlich dort übernachtet und war dann morgens Richtung *Karwendelhaus* aufgebrochen. Danach verlor sich seine Spur. *Vielleicht hat er sich für einen anderen Weg entschieden,* raunte Srebić, *weiß der Himmel, wo er dachte, es zu finden. Was immer er halt glaubt, dass da ist. Die einzige Chance, die wir haben, ist den Kadavern zu folgen. So wie es Ihr Mann macht.*

Er griff hastig, wohl um die Stimmung aufzulockern, in das Seitenfach an der Fahrertür und schob kurz darauf eine Musikkassette ins altertümliche Kassettendeck, *kennen Sie das noch? Ich hör das immer. Erinnert mich ...* Es ertönte die Stimme von Gianna Nannini, *bello ... bello e impossibile ...* Und Klara hörte ihre Mutter wie früher vor sich hin singen, beim Nägellackieren, mit Lockenwicklern in den Haaren, draußen im Garten hing die Wäsche an der Leine, auf der Außenmauer standen die Bierdosen vom Vorabend, die Mutter stets in plötzlicher Partylaune bei diesem Lied, *bello … bello e invincibile … Woran?*, lächelte sie. *Woran erinnert Sie das? Srebić* sang ungeniert mit, grinste wie ein Lausbub.

Bei der nächsten Kehre wurde Immanuel schlecht, er sprang aus dem Wagen, den Kopf über die Böschung gereckt. Klara merkte, dass die Luft bereits nach Hochgebirge roch, frisch, kühl, und ganz still war es, rechts und links nur Wald. *Es wirkt schon sehr abgelegen hier,* versuchte sie etwas Smalltalk. Der Förster reagierte mit einem Lächeln, vielleicht versuchte er sogar zu flirten, sie konnte ihn schwer einschätzen: *Ja. Abgelegen. Das meiste steht hier unter Naturschutz. Das größte zusammenhängende Naturareal Österreichs. Und eines der schönsten, wie ich finde …* Er trank aus seiner Feldflasche, reichte sie weiter, nah an sie ran, doch ein Flirt? *Danke,* trat Klara wieder weiter weg, *ich hab selbst.*

Sie kramte in ihrer Jackentasche, blickte aufs Handy. Ein Foto von Emmi. Die Tochter im Durcheinander von Lorenz' Arbeitszimmer, noch immer schaute es in der verlassenen Wohnung wild aus. *Grad dabei, das Passwort zu knacken,* schrieb Emmi. *Tipps?* Klara schickte ein Selfie von sich vor dem Pick-up, in mutiger Abenteurerinnenpose. Und von Immanuel, wie er sich erneut übergeben musste und danach etwas mitgenommen in die Handykamera grinste. *Geht's? – Wird schon. Nur eine Magenverstimmung …* Klara nickte ihm aufmunternd zu, während sie Emmi schrieb: *Probier mal Emilia2010!* (Lorenz war wenig erfinderisch in Sachen Passwörter …) – *Nope,* kam prompt retour. *Emmi2010?*

Wir müssen weiter. Mit wackeligen Knien rutschte Immanuel auf den Beifahrersitz, sie nahm hinten Platz, nun trippelten auch ihre Finger übers Leder … *KlaraundLorenz2008 … LorenzundKlara2002 … Klara1987 … Lorenz1982 … Größtes zusammenhängendes Naturareal …* Der Förster summte weiter, fuhr zügig und nun ruckartiger, als störte es ihn, Immanuel neben sich sitzen zu haben, er ließ Klara aber im Rückspiegel nicht mehr aus den Augen. Unruhig bretterte der Wagen über einige Bodenwellen. Sie drehte sich mit ungutem Gefühl zur Seite.

Theresa … Resi1980 … LenzundWolf … Klara verlor sich in Erinnerungen.

7.

Sie ist wieder da, hatte er irgendwann aus dem Nichts gerufen. Sie hatte Emmi von der Schule abgeholt, ihre Tränen getrocknet, da die Kleine sich vor den anderen hatte übergeben müssen, schamvoll das Kindergesicht. *Wer ist wieder da?,* fragte Klara, in Gedanken bei den Kleinigkeiten des Alltags, genervt von den Bröseln am Boden, den Tomatenfleckresten, Lorenz' Versprechung, die Wohnung sauber zu machen, in Luft aufgelöst, nur dieser Satz: *Wolf ist wieder da.*

Er hatte sie in der Straßenbahn gesehen. Unverhofft. (War das seine Formulierung? Als verkümmerte sein Hoffen gut verstaut im hintersten Eck seiner Neurosenkammer …) Es passierte, wie meist, aus dem Nichts. Lange nach ihrer gemeinsamen WG-Zeit. Unverhofft. Oder eben zufällig. Klara war inzwischen Mutter geworden, hatte eine Fixanstellung in der Kanzlei. Die Tage verflogen in beruflicher und familiärer Routine. Ihre beiden Bausparer hatten sie geplündert, um in der Eigentumswohnung einige Dinge zu renovieren. *Gesettelt* war das Wort, das Klara zur Beschreibung ihrer damaligen Situation verwendete, oder mehr noch: *angekommen!* Also maß sie dem Satz, den Lorenz fast freudig erregt ausstieß, erst gar keine große Bedeutung bei. Es ratterte auch nicht sofort in ihr. Um ehrlich zu sein, wusste sie anfangs gar nicht, von wem er sprach.

Er wäre sich ja gar nicht sicher gewesen, drehte Lorenz nun Kreise vor ihr, wie ein hibbeliger Junge vor seinem Geburtstag, Wolf sähe aufgeschwemmt aus, *und so … so krank. Hab mich echt geschreckt. – Und hast sie angesprochen? In der Straßenbahn …* Klara zog sich endlich die Schuhe aus, Emmi spritzte Apfelsaft aus ihrem Trinkpackerl auf die frisch ausgemalte Wand. *Emmi!,* ging Klara ungewollt heftig dazwischen. *Pass doch auf! Du bist doch jetzt groß!,* brüllte sie reflexartig,

Emmi erschrak, Klara war erbost, weil niemand merkte, wie sie sich wieder einmal zwischen allen Mitgliedern der Familie und der Gesellschaft abstrampelte, Lorenz deeskalierte mit Dackelblick die Situation: *He. Ist ja nur Saft. – Ist nicht nur Saft,* konstatierte Klara, wurde hart im Ausdruck. Und hörte gar nicht mehr länger zu. Ja. Okay. Dann war sie also wieder da. Na und?

Theresa Wolf kehrte zurück als misanthropisches, trauriges Gespenst. Ihre Mutter war verstorben. Herzinfarkt. Allein im alten Haus. Erst zwei Tage nach dem Tod aufgefunden. Ein Fall sozialer Verwahrlosung.

Natürlich tat ihr Theresa leid. Natürlich verstand sie, wie sehr so ein Verlust grundsätzliche Fragen hervorrief. Sie hörte sich lange an, was passiert war. Sie gab sich verständnisvoll, immer gab sie sich verständnisvoll. Und freilich sagte sie nicht nein, als Lorenz vorschlug, dass sie doch ein paar Tage bei ihnen schlafen könne. Wer war sie, einer alten Bekannten, ja Freundin vielleicht, die Tür zu verschließen, wenn diese doch gerade bitter feststellte, *die Letzte* zu sein. *Mama ist weg. Papa immer schon fort. Außer mir ist da keiner mehr …* Klara erinnerte sich noch lange an Theresas Blick auf Emmi, vertieft in ihre Kinderwelt, mit ihren Puppen nachspielend, was sie selbst gerade beschäftigte. Als sauge Theresa dieses Kind nun auf. Als arbeite sie sich an ihr ab. Als überschütte sie *das Familienglück*, wie sie Klaras Beziehung mit Lorenz nun vermehrt bezeichnete, mit ihrer inneren Schwärze. *Ihr habt ja die Emilia. Wie wunderbar. Eure Emilia …* Sie trat an Emmi ran, fuhr ihr unaufgefordert durch die Haare, Emmi zuckte, ließ es sich aber gefallen, fand in der Familienfreundin plötzlich womöglich eine Spielgefährtin. Theresa drängte sich erneut in Klaras Leben.

Lass es dir nicht gefallen!, platzte Klara innerlich und verhinderte mehr und mehr, dass Theresa ihre Tochter auf irgendeine verschrobene Art und Weise beeinflussen könnte.

Ich find das nicht gut, stellte sie Lorenz zur Rede, als das Schlaflager der Trauernden zur Gewohnheit geworden war, als alles wieder eng wurde, so eng wie damals in der WG, als das Reden über den Tod Schleife um Schleife gezogen hatte und am Grab von Theresas Mutter liebevoll drapierte Kinderbilder von Emmi rumlagen und Hand in Hand so getan wurde, als wäre ihnen selbst ein Teil der Verwandtschaft weggebrochen (*Jetzt mal Tacheles: Ich kannte diese Uschi gar nicht! Können wir da bitte in einen anderen Modus …?*).

Die Idee mit dem Wandern kam dann von ihr. Von Klara. Sie meinte nur flapsig, ohne weiter drüber nachzudenken, es täte ihr doch mal gut, rauszukommen. Einfach zu gehen. *Was denkst du, Theresa? Einfach mal in die Natur raus. Wär das nichts …?* Sie lud sie ein auf einen Einkaufsbummel und kaufte ihr ein Paar feste Wanderschuhe …

Es zerflossen die Bilder. Es blendete die Sonne, die durch die Baumwipfel fiel. Und das laue Gefühl einer Mitschuld, eines schlechten Gewissens, drückte nach unten. Nein, es lag nicht in ihrer Verantwortung! Nicht jeder wandernde Mensch verliert den Verstand!

8.

Die *Eng* war ein breites, langgestrecktes Tal entlang eines Wildbaches, dessen Flussbett da und dort fast aufgetrocknet war, sodass die schmale, aber durchwegs asphaltierte Straße immer wieder an mondgesteinsartigen Buchten vorüberführte. Ringsum ragten imposant die höchsten Gipfel des *Karwendels*. Im Kontrast zu den harten graufelsigen Kanten wirkte die flache, ewig lange Ebene auf Klara fast künstlich hineingemalt. Mehrmals dachte sie, nun bald das Ende des Tals erreicht zu haben, da öffnete sich eine weitere Fläche, Kühe grasten auf Weiden, Touristengruppen parkten am Straßenrand, machten Fotos und genossen das Panorama. Wolken zogen auf. *Da vorn ist der Ahornboden,* raunte der Förster, fuhr an zwei kleineren Gasthöfen vorbei, die als Almhütten ausgeschildert waren, und überholte rüd eine Gruppe Rennradfahrer, während er selbst wiederum waghalsig von zwei Motorrädern geschnitten wurde. *Alles voll, viel zu voll,* schimpfte er, nun steuerte der Pick-up auf einen überfüllten Parkplatz zu. Dort endete scheinbar der Weg und ein mehrstöckiges Hotel im rustikalen Alpen-Look lud auf die Sonnenterrasse ein. Protzige SUVs und schicke Oldtimer waren davor in erster Reihe abgestellt, die meisten mit Münchner Kennzeichen. Von Abgeschiedenheit konnte keine Rede mehr sein.

Srebić stellte den Motor ab. Sie kehrten im überfüllten Hotelrestaurant ein. Der Förster kannte die Wirtin, bekam trotz des Andrangs sofort einen Tisch an der Seite und bestellte für die Runde. Er aß selbst nur eine Suppe und verschwand dann für eine Zigarette. Klara saß mit Immanuel wortlos vor einer deftigen Mahlzeit, fühlte sich gestrauchelt, ohne einen Meter Wanderweg hinter sich zu haben. Ihr Appetit hielt sich in Grenzen. Sie zwang sich dazu, Reserven aufzubauen, für was-auch-immer, wohin-auch-immer. *Karl-Schuster-Biwak,* murmelte sie, über die ausgebreitete Faltkarte aus Srebićs Wagen gebeugt.

Sie begann Punkte miteinander zu verbinden. Ort für Ort markierte sie, wo es zu Sichtungen des *Monsters* gekommen war. Was auf ihrem kleinen Handydisplay im Hotelzimmer im *Central* noch unübersichtlich und zerrissen erschienen war, ergab auf dem Übersichtsplan plötzlich eine nachvollziehbare Route. Auch Lorenz musste diesen Spuren gefolgt sein.

Auf der vollgesteckten Terrasse Gelächter, fröhliche Ausgelassenheit, Kinder liefen, auf Spielgeräten rutschten und schaukelten sie, eine Gruppe Mountainbiker redete und gestikulierte wild durcheinander, von der Sonne gebräunt. Erneut das Gefühl, etwas stimme hier nicht. Das scheinbar Normale strahlte ihr in ungewohnter Verlogenheit entgegen. Sie tat die beklemmenden Gedanken ab, kaute artig weiter, lächerlich, sagte sie sich. Als würde sich ihr Ex nun in ihr Gehirn gesetzt haben! *Bild dir ja nix drauf ein, Lorenz!,* wollte sie ausrufen. Er war der Vater ihres Kindes. Nicht mehr. Nicht weniger …

Erst jetzt bemerkte sie, dass Immanuels Teller unberührt geblieben war. *Alles gut?* Immanuel verzog aber nur seine bleiche Miene, entschuldigte sich und verschwand auf die Toilette.

9.

Wo ist Ihr Freund, fragte Srebić. Er hatte neue Ausrüstung dabei, sogar ein Gewehr, Klara erschrak. *Immanuel kommt gleich. – Wir müssen los. – Er kommt. – Das Wetter …* Tatsächlich hatte sich der Himmel in den letzten Minuten rasant verfinstert. *Eine Viertelstunde,* bat sie noch um Geduld.

Die Viertelstunde verging. Klara suchte Immanuel und fand ihn zusammengekauert, verärgert über sich selbst. Er sei fit, wiederholte er beharrlich. *So kommt mir der nicht ins Auto,* bestimmte nun Srebić im Befehlston, *und schon gar nicht auf den Berg.*

Die Wirtin wurde informiert, für den Gestrandeten, aus dessen Gesicht die Farbe nun gänzlich gewichen war, ein Bett organisiert und unter den Anwesenden nach einem Arzt gefragt. Immanuel sah fertig aus.

Erstmals stieg Klara mit mulmigem Gefühl in den Pick-up, als würde nun erst die eigentliche Reise beginnen. Die Straße war nun ein Schotterweg voll Schlaglöcher. Klara hielt sich an der Seitentür fest. An manchen Stellen kamen sie nur im Schritttempo voran. Ohne den hohen Radstand des Geländewagens wären sie bereits aufgesessen. Wandergruppen kamen ihnen entgegen, eingehüllt in dicke Jacken, Kapuzen. Es hatte abgekühlt. Es wirkte, als kehrten sie alle noch rechtzeitig von den Ausflugstouren zurück in ihre Hütten und Behausungen, aus Angst vor einem nahenden Sturm, während ihr wüst hin und her schaukelnder Wagen samt Klara und dem wortkargen, introvertierten Förster am Steuer wacker dem Unwetter entgegenzog. *Entrisch,* fiel ihr ein, als Begriff. Dunkelgrau die Wolken, und kaum mehr eine Aussicht.

Nach einem verrosteten Schranken, den Srebić mit einem seiner unzähligen Schlüssel öffnete, schlängelte sich die schmaler werdende Fahrtrasse einen steilen Hang hinauf.

Das Grün der Almwiesen verschwunden. Dicht standen die Baumstämme, hoher Wald, dahinter, pfeilgerade nach oben, nackter Fels. Klara reckte den Kopf, lugte durchs angelaufene Beifahrerfenster, machte einige Gipfel aus, deren Spitzen scharfen Zähnen glichen, als könnten sie die Wolkendecke darüber einreißen.

Halten Sie es für möglich, dass da ein Mensch heraußen überlebt?, fragte sie plötzlich. *Also. Über einen längeren Zeitraum.* Srebić zerbiss fast seinen Kaugummi, er wirkte ebenfalls angespannt. *Bin der Jacob,* meinte er kurz, aber beinahe herzlich. *Und ja, da lebt immer wieder mal wer. Ist aber wenig romantisch. Es gibt Hütten, da findest du dann irgendwelche Essensreste. Oder Felsspalten, in denen sich wer ein Nest … Oder in Höhlen.* Klara horchte auf. Traute sie Lorenz zu, sich in eine derartige Abgeschiedenheit zu begeben? Oder Theresa? Der Förster erzählte weiter. *Im Zweiten Weltkrieg, da verschanzten sich Deserteure in einigen der Unterschlupfe. Aber sowas schaffst nicht ohne Hilfe. Zumindest die Hüttenwirte wissen Bescheid. Die kennen die Gegend am besten. Und die kennen die Geschichten … Traurige Gestalten sind das. Oft geht's da um Privatkonkurs. Kränkung. Scham. Armut. Keine Ahnung. Oder eben Krieg … Wie auch immer … Ich würd's jedenfalls nicht aushalten. Nur mit mir allein.* Der Hauch seines Atems nun an der Windschutzscheibe, dampfig im Wagen, draußen hatte es abrupt abgekühlt. Erste Tropfen klatschten aufs Autodach.

Tap, tap. Tap, tap. Die Worte des Försters veränderten Klaras Stimmung, seltsam Drängendes lag in den Zwischentönen, warum entscheidet sich einer für eine Arbeit im Wald? Das allein war nun Grund genug für Klara, in Srebić ebenfalls einen vermeintlich Suchenden zu sehen. Auch wenn sie nichts von ihm wusste. Er wurde ihr wieder sympathischer.

Ewigkeiten verstrichen oder waren es nur Sekunden? *Gar nicht romantisch,* wiederholte Srebić.

Es schaukelte wild das Familienporträt am Rückspiegel. *Schön,* sagte Klara, weil sie irgendwas anderes sagen wollte. *Ihre Kinder? – Ja. – Schön. – Seh sie kaum mehr. – Hm,* verstummte sie. Es war wohl bei allen Eltern so. Anfangs ein nicht zu trennender Haufen, mit keiner Bombe zu sprengen, erdrückend nah und unendlich einzigartig, später das Loslassen, Zerwürfnisse, irgendwann, es drohte auch bei Emmi, die Ferne. Srebić summte erneut.

Nur zögerlich führte sie das Gespräch weiter. Tap, tap. Tap, tap. *Und wann kehren solche Menschen zurück?* Schweigen. *Also, wenn sie sich da irgendwo draußen verstecken. In diesen Höhlen …* Tap, tap. Tap, tap. Srebić starrte geradeaus, als hätte er die Frage überhört. Tap, Tap. *Oder kehren sie überhaupt zurück?*

Unvermittelt hielt er nun den Wagen, schnaufte in sich rein. Vor ihnen war der Hang abgerutscht, die Straße unpassierbar. *Kakvo sranje!* Es folgte Gemurmel, das sie nicht verstand. Aber Klara war fast froh, dass ihr Förster zu diesem überraschend emotionalen Fluch fähig war, zugleich aber stark beunruhigt. *Was heißt das jetzt?* Srebić wandte den Kopf, griff mit dem rechten Arm an die Beifahrerlehne, drehte den Oberköper so weit er konnte, lugte nach hinten durchs arg verdreckte Rückfenster, der Scheibenwischer mühte sich ab, Srebić trieb den Pick-up in zügigem Tempo im Retourgang bergab, jetzt hielt sich Klara mit beiden Händen fest, ihr Kopf krachte an die Decke des Wagens, der Förster fluchte weiter. *Was heißt das jetzt?,* schrie Klara nun ebenfalls emotional. Regen prasselte lautstark. *Was denken denn Sie?* Er trat wild ins Gaspedal. *Was denkst du denn, was das heißt? Der Sturm kommt früher als angekündigt. Im Auto will ich den nicht verbringen.– Wir fahren zurück in die Eng? – Sorry, Lady! Da vorn ist kein Durchkommen. Und Wetter ist Wetter.* Srebić wurde bockig.

In Klara rumorte es, dann schnallte sie sich ab: *Lassen Sie mich raus.* Srebić reagierte nicht. Er wurde schneller, der

Wagen ruckelte schlimmer. *Bitte!* Sie öffnete während der Fahrt die Beifahrertür. *Sag mal, spinnst du!* Srebić bremste schlagartig, es schlug ihr Kopf nun hart an die Scheibe, sie stieß sich ab, den Rucksack samt Faltkarte gekrallt, und schwang sich aus dem schräg stehenden Geländewagen, trat fast in den Abhang hinein, rappelte sich hoch, stapfte los. *Das ist doch irre,* rief der Förster entnervt. Klara eilte wütend weiter, schnaubte nach hinten: *Auf der Karte ist ein Jägersteig eingezeichnet. Den finde ich auch ohne Ranger. – Frau Urbach.* Srebić stieg endlich aus, lief ihr mit großen Schritten hinterher, kalte Schauer über ihnen. *Klara!,* klang nun Srebićs Stimme erstmals wirklich besorgt. *Du kannst da nicht allein. Oder willst du auch verloren gehen, wie dein Mann?* Sie stoppte. Sah ihn an, Regen floss über ihre Haare: *Ich geh da jetzt hoch.*

10.

Klara stapfte den Jägersteig durch dickes Gestrüpp steil bergauf, die Beine taten ihr weh, die Kleidung klebte an ihr, sie hatte die Regenhaut übergezogen, im Wald wurden die Tropfen vom dichten Geäst abgefangen, doch in den Lichtungen fiel das Wasser schwallartig über sie herunter. Es war rutschig. Sie hätte sich besser doch für die abgetragenen, aber wetterfesten Wanderschuhe entschieden, ihre knöchelhohen Trekkingschuhe besaßen zwar ein gutes Profil, waren aber bereits durchnässt.

Srebić ging voran, wählte das Tempo. Er könnte, wenn er wollte, so vermutete Klara, die weit auseinanderliegenden, oft mit Holzpfeilern oder Eisennägeln gesicherten Stufen, die in den Anstieg gehauen waren, sicher hinaufrennen. Flink war er, drehte sich aber beständig um, achtete, dass sie mitkam. Natürlich hatte er sie nicht allein hier hochgehen lassen. Der Pick-up parkte nun in einer Kehre. Von dort waren sie im raschen Fußmarsch über die unpassierbare Straße weiter hoch und nach etlichen Serpentinen, die sich mühsam zogen, begann endlich ein Steig, leider schlecht beschildert, doch er sollte sie zu diesem Karl-Schuster-Biwak führen, von dem Srebić geredet hatte. Ob sie dort Lorenz antreffen würden, lag im Dunkeln. Die Wahrscheinlichkeit war gering.

Wie lang noch?, stieß Klara irgendwann unter einem Felsvorsprung hervor, sie schnaufte erschöpft, biss die Zähne zusammen und ringsum ging die Welt unter. *Zu lang,* kam die knappe, ernüchternde Antwort. *Wir werden irgendwo zwischenlagern müssen. – Wo denn?* Srebić schwieg wieder einmal. Klara musste ihm vertrauen. Dafür ließ er sie nicht im Stich.

11.

Durchnässt erreichten sie den Unterschlupf. Ohne Srebić wäre sie dran vorbeigelaufen, so versteckt lag er. Immerhin hatte es aufgehört zu regnen. Stark blies ein warmer Wind. Fast selig standen sie kurz, auch wenn Klara die ganze Sache bereits verflucht hatte und Lorenz liebend gerne zum Mond katapultiert hätte. *Ein Halbtag,* wiederholte sie im Galgenhumor, *was? Nur ein Halbtag …*

Vor ihnen die Schlucht und das Tal, aus dem sie hochgestiegen waren. In den herumziehenden Nebelschwaden vermochte sie die Ausläufer der *Eng* zu erahnen. Hinter ihnen ragten beängstigend drei Felsen in die Höhe, regelrecht aus dem Untergrund emporgeschossen. Das dichte Waldstück war nun in eine von Latschen durchzogene Strauchlandschaft übergegangen. Von Moos überzogen die Steine, nur mehr vereinzelt erdige Stellen. Kurz unterhalb der Baumgrenze befand sich zwischen zwei Felsschlurfen der Eingang zu einem kleinen Schuppen, die Pfosten morsch, vom Wind geneigt, das Dach wild verwuchert, sodass diese karge Behausung beinahe mit der Umgebung verschwamm. Srebić riss an dem Geäst, welches das schwere Holztor bis zur Unkenntlichkeit umwachsen hatte, kramte erneut seinen klimpernden Schlüsselbund aus einer der unzähligen Taschen und öffnete mit stoischer Selbstverständlichkeit das Schloss, als besäße er hier zu allen Winkeln dieses unüberschaubaren Gebiets Zugang. *Wächter über Ruhe und Ordnung …*

Ist kein Chalet, aber immerhin trocken, kommentierte Srebić. Klara war todmüde und froh, ihren *Ranger* dabei zu haben.

Warst du hier schon mal?, erkundigte sie sich, als er in dem beengten, stickigen Raum, einige abgebrannte Kerzen aus einem notdürftig zusammengenagelten Schrank hervorkramte, er steckte sie auf Eisennägel, die aus einer robusten Tischplatte ragten, griff zu seinem Feuerzeug. *Kannst du Wasser holen?* Er suchte nach einem Plastikkanister.

Klara kniete bald an einem Tümpel im Rücken einer Felswand, es plätscherte das Wasser weiter bergab. Die Abenddämmerung tauchte den Himmel über ihr in ein mildes Blau. Es roch nach dem Gestein, das an diesem Ort in beinahe geometrischer Strenge beruhigend regelmäßig gefaltet war. Sie beugte sich vor, schaute auf den Grund des Gewässers. Glasklar. So sagte man doch. Obwohl selten ein Glas so klar wie reines Wasser war. Eigentlich meistens lästig verschmiert und dreckig, dachte sie und ärgerte sich, da ihr nun ihre Wohnungsfenster einfielen. Die Putzfrau …, seufzte sie, sie solle wieder mal die Putzfrau … Ihre Handoberflächen lagen schwerelos auf dem eisigen Gebirgswasser.

Mit vollem Kanister trat sie zurück an die Schuppentür, drinnen hantierte Srebić mit einem Gaskocher. *Kann ich sonst was helfen?* Er murrte Unverständliches, die Kartusche schien leer zu sein. *Alles unter Kontrolle,* verstand sie zuletzt. Es wäre ohnedies zu eng für zwei am Herd, er rufe, wenn's Abendessen gäbe. *Wird aber kein großes Dinner, Lady,* fluchte er vor sich hin, *kakvo sranje!*

Klara versuchte Emmi zu erreichen, die hob nicht ab. Sie versuchte es bei Immanuel. Bei dem klingelte es nicht einmal, die Verbindung brach, ehe sie aufgebaut werden konnte. Sie entfernte sich vom Förster und seinem Unterschlupf. Im Grunde wusste sie doch gar nichts von ihm, und es stand eine unbehagliche Nacht bevor, zu zweit in diesem Holzgestell, auf irgendwelchen alten Matratzen, die sie vorhin im Eck liegen sah, fremder Schweiß darin, ganzkörperbehaarte Forstarbeiter stellte sie sich vor, die allesamt nach harten Tagen, an denen sie es nicht mehr ins Tal schafften, hier dank ihrer Schlüssel ein Notquartier fanden. So wie Srebić. War das sowas wie sein zweites Zuhause? Machte das alles überhaupt noch Sinn?

Unvermittelt scrollte ihr Finger nun in der Kontaktliste am Telefon auf L wie Lorenz, vielleicht saß er ja bereits wieder im Zug zurück nach Wien ... Nichts. Niemand hob ab.

Klara fror. Ihr Fleecepullover feucht, schwer, darunter klebte ihr Shirt an der Haut. Die Füße plattgelaufen. Der Nacken verspannt. Die linke Schulter zog. Sie stellte sich aufrecht hin. Machte sich lang. Wenn sie morgen früh kein Anzeichen von Lorenz fänden, würde sie die Bergrettung alarmieren. Das hätte sie schon lange tun sollen!

Klick. Eine WhatsApp-Nachricht ging ein, ein PDF. Gefolgt von Fotos. Emmi hatte das Passwort zu Lorenz' Rechner geknackt. *Schau mal, Mama,* schrieb sie in knappen Worten, es poppten etliche weitere Dateianhänge auf. *Sorry, keine Ahnung, ob du's am Berg öffnen kannst. Papa hat sich da tief in was reinverstrickt.* Es waren Screenshots diverser Zeitungsberichte, Bilder mit Darstellungen seltsamer Wesen, schreckliche Fratzen, Werwölfe, die Klara entgegensprangen im schnellen Überfliegen der ersten Dateien, sie hoffte, der Empfang hielt. *Vielleicht will er ja wirklich weg ... Ich schau noch, ob wo ein Abschiedsbrief ... PS: Passwort lautet: diesistkeinpasswort, klein, zusammengeschrieben.* Emoji mit ratlosen Schultern nach oben. *Hat Papa auf die Klotür geschrieben.*

Klara zuckte zusammen, erschreckt von der Nachricht (Abschiedsbrief? Nicht doch, Emmi ...). Zuletzt trudelte noch ein Selfie ihrer Tochter ein. Sie, in einem U-Bahn-Schacht, von der Seite im raschen Gehen aufgenommen, verschwommen die Umrisse, die flauschige Kapuze ihres Hoodies, dunkelgeschminkte Augen, Blick starr nach vorne gerichtet, *ausdruckslos,* kam es Klara. Sinnloses Wort. Als ob es je ein Gesichtsausdruck geschafft hätte, ohne Wirkung, ohne Aussage zu bleiben. Es sagte dieses Bild so viel. Sie wählte umgehend erneut Emmis Nummer, es hob die Hosentasche ihrer Tochter ab. Über eine Minute lang folgte sie ihr heimlich in die

U-Bahn hinein, das Zischen der Türen, Knirschen und Scharben von Gewand, Durchsagen im Hintergrund, Geschimpfe, lautes Telefonieren, Krachen, das Rauschen des U-Bahn-Schachts, *Emmi? Emmi, bist du da? Wo willst du denn hin? Gehst du heut noch aus? Sag doch was ...* Sie legte auf.

12.

Stockfinster war es draußen. Sie hockten im Kerzenschein geduckt um den kleinen Tisch, eine matschig grünliche Brühe in Aluschalen vor sich, Linsen-Karotten-Irgendwas, Srebić schmatzte, bemerkte ihre Zurückhaltung, wischte sich den Mund, etwas von dem Eintopf hing in seinem Bart: *Besser als nichts ... Iss was ... Du musst was essen.* Sie brach ein Stück von dem alten Knäckebrot ab, griff zu den Sachen, die der Förster bei der Wirtin unten in der *Eng* eingepackt hatte, aß etwas harten Käse, kostete später dann doch noch was von dem Eintopf, ihr Magen knurrte. Dazu tranken sie scharfen Birnenschnaps aus Srebićs Schnapsreserve. *Prost! Das desinfiziert!* Ein schneller Schluck, ein aufgestoßenes *Ah* und er schenkte nach, trotz Klaras Abwehr. Sie sei eine miserable Schnapstrinkerin, es reiche das eine Glas. *Zum Wohl. Klara. Zum Wohl!,* steigerte der Förster sich nun in einen Singsang, erzählte einige überraschend feinsinnige Witze, sie musste laut auflachen, es war nicht leicht, sie zum Lachen zu bringen. Er nahm ihr kurz die Schwere ... *Was arbeitest du eigentlich? Ich mein. Was ist deine Welt? Klara. Champagner und Klimbim. – Nein. Keine Sorge,* antwortete sie prompt, schob das Bild weit weg. Stets glaubte jemand genau zu wissen, wie sie wäre. *Du hast da einen falschen Eindruck. Bin ganz eine Bodenständige. Eigentlich.* Es klang ungewollt traurig. Ihr Eigentlich.

Im Bankbereich, fuhr er fort. Er tippe auf Bankerin. *Falsch,* protestierte sie und nippte nun am Schnapsglas, verzog das Gesicht. Das scharfe Zeugs tat gut, eine Wärme kroch den Hals runter. *Zum Glück,* grinste er. Er hätte wenig übrig für Banken. *Es gibt auch die Guten,* entgegnete Klara, trank abermals. *Ha,* heulte er auf, *die suchst du lang. Alle verdorben. Korrupt ... Ein gieriger Schlund, was?* Das nächste Glas. *Zum*

Wohl! Da lobe er sich die Tierwelt. Die sei für ihn durchschaubar. Eindeutig. Zwar von außen betrachtet, *wenn du nichts verstehst davon, Klara, ja, dann wirkt sie vielleicht unbarmherzig und brutal ...* Aber im Grunde vollzöge sich in dem da draußen eine fast *schöpferische Gerechtigkeit ... Das Kleine, das Große ... alles greift ineinander. Ein Flügelschlag wird Wirbelsturm, eine Flut neuer Nährboden, ein Tod die Nahrung vieler anderer. Leben auf Augenhöhe. Empfindsames Gleichgewicht. Jäger und Gejagte, ja! Aber Achtung voreinander ...,* schloss er seine spontane, etwas vage Predigt, um nochmals nachzusetzen: *Wären da nicht wir ... und würden wir nicht ständig. Eingreifen. Uns einmischen. Vernichten.* Er wurde schläfrig, krampfte plötzlich die Faust. *Nach dem Hochmut der Fall ... Doch wer sühnt heute noch wirklich? Macht dich das nicht auch ... wütend?* Das alles wurde ihr zu metaphysisch. *Sorry. Reden wir jetzt immer noch von den Banken? – Ich red von der ganzen Anmaßung der menschlichen Rasse ...* Dann lachte er. Der Alkohol hatte ihm zugesetzt. Klara überlegte, ob sie seinem Gerechtigkeitsbegriff etwas entgegensetzen und erwidern sollte, dass es doch wenig brächte, einen wie auch immer gearteten Naturzustand als Maßstab für einen geschichtlich gewachsenen gesellschaftlichen Vertrag, für einen Prozess voll sozialer und politischer Verwerfungen zu beschwören. Dass die Vereinbarungen zwischen Wiesel und Maus, oder Gepard und Gazelle, oder Efeuranken und Baumstämmen, was wusste sie schon, oder zwischen Mikroorganismen und dem Gleichgewicht der Meere zwar enorme Bedeutung hätten, weil wir alle ja nichts wären, ohne Umwelt. Dass die Natur eben unsere Umwelt sei, immer zuerst da, immer wohl auch zuletzt, aber dass der Mensch nur einen Bruchteil des symbiotischen Verhaltens etwa auf seine tatsächlichen Bedingungen anzuwenden imstande wäre. Dass es doch unter Menschen um menschheitsbezogene Bedürfnisse zu gehen habe (gerade *wenn* realpolitisch so viel Menschheitszerstörung herrsche), es brauche Schutz und Hilfe für Benachteiligte, die Wahrung individueller und allgemeiner Freiheiten, und immer auch die Begrenzungen derselben, zum Wohle aller ... Sie war kurz davor, der Predigt ein Plädoyer entgegenzuhalten, setzte dann aber nur an, *wenn du also mich fragst, jetzt in meiner juristischen Praxis, Jacob ... – Kannst du klettern?*, unterbrach sie der Förster, er war gedanklich weit abgeschweift.

Klara schluckte verdutzt, holte nochmals Luft, da deutete der Förster bestimmend auf einige Gurte und Kletterhelme, die er griffbereit am Ausgang des Schuppens platziert hatte. *Ist nur eine leichte Überquerung. Das geht doch, oder? Für eine Bodenständige. Sorry, das kam jetzt falsch.* Er schraubte den Schnaps zu, schob die Flasche zur Seite, wischte die feuchten Lippen ab. *Es ist nur so, dass wir, wenn wir deinen Typen finden wollen, deinen Ex ... Es ist da vorn eine Passage, da müssten wir uns einhängen ...* Er erkannte ihr Zögern, ruderte zurück, war bemüht, ihr die Angst zu nehmen. *Ich geh sonst morgen allein hoch. Kein Ding. Schau zu dem Notlager, dem Biwak. Ob da noch irgendwas zu sehen ist. Ob er sich da irgendwo noch. Rumtreibt. Dein Ex ...* (Warum betonte er das jetzt so?) *Wenn nicht, schick ich einen Notruf, da ist eine Funkanlage. Dann wird großräumig gesucht ...*

Am liebsten hätte sie alles abgebrochen, auf der Rückkehr ins Tal bestanden, auf der Stelle sei dies den Profis zu überlassen! Aber sie sagte stattdessen kurz und bündig: *Okay. Klar. War früher viel klettern ...*

13.

Sie wälzte sich schlaflos. Der Förster schnarchte im anderen Eck der Hütte. Außerdem stank er. Auch an ihr roch alles nach den Strapazen. Die Kälte einer frostigen Nacht kroch in ihre Glieder, die kratzige Decke, die sie wärmen sollte, stank ebenfalls, ihr gingen die Bilder millionenfach wuselnder Mikroben nicht aus dem Kopf. Die nassen Sachen hingen über einer provisorisch gespannten Leine, sie hörte das stete Tropfen, nahm wahr, wie der Wind zunahm und abflaute, ein Knarzen, das sich durch die Latten nah an ihrem Ohr zog, wieder tropfte es. Das zu dünne Wechselgewand roch nach ausgelaufener Saftflasche und zerbröseltem Müsliriegel, wieder biss sie die Zähne zusammen: Es gab einen Plan. Es gab eine Deadline. Es gab den Förster.

Er lag wie ein Klotz. Das drahtige, wendige Männchen war im Schlaf ein seltsam verzerrter Patzen Mensch, dem sie lieber nun nicht näherkommen wollte. Sein Wortschwall hatte sie irritiert. Auch hatte sie einige Narben an seinem Bauch entdeckt, und eine Schnittwunde, frisch verbunden, am Oberarm. *Ist nix Arges,* hatte er es abgetan, Klaras Blicke wohl beim Ablegen seiner schweren Jacke und seines Hemds spürend, *Leut sind schon manchmal deppert.* Sie wusste, dass überall die Leute zu Dummheiten neigten. Vor dem Niederlegen hatte er noch mit bloßem Oberkörper den Lauf seines Jagdgewehrs kontrolliert, die Munitionstasche überprüft und war auf Lorenz zu sprechen gekommen. Dass der Idiot sich echt glücklich schätzen könnte, dass seine Ex ihm so weit nachliefe, um ihn aus der Scheiße zu holen. Er lugte durchs Visier, stellte das Ding, das Klara unruhig machte, endlich ab. *Seine* Ex würde sich keinen Meter mehr bewegen für ihn. Meinte er kalt. Sehr kalt. Nur die Kinder hätte sie ihm genommen. *Wegen dem Kindeswohl, was? So hat sie mir das gesagt.*

Ins Gesicht. Die Frau Anwältin meiner werten Frau Ex. Kindes-wohl ... Die Silben plumpsten grob heraus.

Es roch lange nach den ausgeblasenen Kerzen. Das Bild vom stoischen, aber in sich ruhenden Naturburschen mit gesunder, керниger Familie revidierte sie beklommen. Das Foto, das Srebić mit einer Frau, einem Jungen und einem Mädchen zeigte und das zu den nostalgischen Songs von seiner Oldies-Musikkassette hin und her wippte, erschien ihr in einem anderen Licht. Warum quälten sich Menschen derart mit den zurückliegenden Dingen? Warum war es so schwer, mit der Vergangenheit abzuschließen? Wieder sah sie Lorenz. Lief sie ihm nach? Was wäre, wenn er tatsächlich in Ruhe gelassen werden wollte. Wenn er angewidert war vom Leben unter Menschen. Wie hatte es Immanuel auf der Zugfahrt formuliert? *Er scheitert an seinen eigenen, fundamentalen Ansprüchen ...* Was, wenn er, mehr als Klara sich eingestehen wollte, seiner Theresa oder eigentlich *seinem Bild von Theresa* krankhaft nacheiferte?

Neuerlich das Tropfen. Sie drehte sich vom Rücken auf den Bauch, vom Bauch auf den Rücken, griff ans Telefon, kurz vor zwei. Sie brauchte Schlaf.

Sie überflog, den Kopf zur Seite gewendet, im schwachen Bildschirmlicht des Handys einen Artikel aus Lorenz' Recherchematerialien, den Emmi gefunden und anscheinend für relevant gehalten hatte, sonst hätte sie ihn nicht mitgeschickt. Es ging darin um den Fall einer Frau, die jahrelang in einem Gebiet in Kanada als verschwunden galt, sich als Aussteigerin in den dortigen Wäldern verschanzt hatte, von Müllresten lebte, kleinen Diebstählen, Pflanzen im Wald, Tieren, die sie lernte zu erbeuten. Die einen Existenzkampf führte, *unsichtbar für die Mehrheitsgesellschaft,* wie die Publikation befand, und *mehr als abseits der Ränder*. Ein posthum aufgefundenes Tagebuch zeugte von ihrer Not, ihren Erkrankungen, ihren Überwinterungsversuchen, ihrem letzten Aufbäumen, ihr

Leben am Ende doch noch in geregeltere Bahnen zu lenken. Was nicht klappte. Sie wurde eines Tages verwesend in ihrem Unterschlupf aufgefunden. In ihrem *Nest*, hieß es im Text. *Nest …,* wiederholte Klara. Es schauderte sie.

Das Tropfen. Das Knarzen. Das Schnarchen.

Nein, tippte sie ins Telefon, *er will nicht weg. So ein Leben wünscht er sich nicht, dein Papa. Vertrau mir.* Die Nachricht ging raus, ihr Akku war schwach, sie schickte einen Wunsch ans Universum, das hatte sie schon ewig nicht mehr gemacht, und schloss die Augen.

Wenigstens windstill.

14.

Srebić weckte sie im Morgengrauen. Irgendwann war sie dann doch noch tief und fest eingeschlafen. In einem vollkommen realistisch wirkenden Traum lief sie mit Lorenz ihre alte Laufrunde, auch Theresa war dabei, obwohl sie nie zu dritt laufen gewesen waren. Sie wollte Erste sein, rannte schneller, Theresa holte sie aber leichtfüßig ein, zog vorüber, mit Lorenz im Schlepptau, sie zerrte ihn mit sich fort, Klara strampelte wild, kam nicht vom Fleck, musste zusehen, wie die beiden vor ihr auf einer ewig langen Asphaltstraße, die es in Wirklichkeit nicht gab, zu Punkten wurden und verschwanden.

Alles fühlte sich schwer an. Der Förster stand in fertiger Montur, seine Stirnlampe leuchtete ihr für die paar Handgriffe: halbfeuchte Sachen überziehen, rein in die ebenso feuchten Schuhe (über Nacht mit altem Papier vollgestopft, damit die Nässe aufgesaugt würde, was nur halb funktioniert hatte), ihre Hände zittrig. Er schob ihr eine heiße Tasse Kaffee rüber, rasch aufgebrüht, das half. *Danke,* lächelte sie nun sanft. Es war doch verwunderlich, dass ein Fremder all dies mit ihr durchmachte. Wenn er auch zunehmend verschroben auf sie wirkte.

Sie marschierten in den anbrechenden Tag. Über eine Stunde lang kamen sie nur im Schein ihrer Lampen voran. Der Weg war flach, führte über einen Kamm, kühl die Morgenluft. Langsam verbreitete sich der Lichtstreifen am Horizont, ein unannehmbar schönes Panorama. Verschwinden sollte die Schönheit! Es war ihr nicht nach diesem Ausblick. Alles in ihr schrie nach Ausnahmezustand. Es sollte endlich ein Hinweis her, dass er noch lebte, dass ihr Mann, ihr Exmann, dass er … verdammt, sie verstrickte sich in den eingeübten Sätzen, die sie für ihren eigenen *Existenzkampf* gezimmert hatte. Sie wünschte sich, er stünde nun einfach da.

Sie würde ihn anbrüllen, ihn fortstoßen, ihn zur Rede stellen, ihn umarmen, und dann hätte sich die Sache! Das Licht am Horizont verschwand hinter leichten Nebelschwaden.

Srebić schaute in eine rasch sich auf den nächsten Kamm schiebende Wolkendecke, dunkel wälzten sich dort Himmelsgebilde übereinander, hoch aufgetürmt bald ein schwarzer Ozean. *Uns rennt die Zeit davon!* Er lief nun regelrecht los, Rucksack samt Klettergurten und Helmen geschultert, sein Gewehr baumelte seitlich. Klara kam kaum mehr mit. Riesig seine Schritte.

Ihr war klar, dass sie dort hochmussten, wo die Wetterfront lauerte.

Warum machst du das eigentlich?, rief sie, nun ebenfalls im Laufschritt, in seinem Rücken. *Warum führst du mich da hoch? Jacob. – Weil du mich drum gebeten hast. – Du hättest sagen können, geh allein da hoch.* Er schwieg in den Weg hinein. *Hättest sagen können, was geht mich dein Typ an? Du denkst doch auch, er ist verrückt. Es denken doch alle, er ist verrückt … Warum sollte hier ein Monster sein, das Angst und Schrecken verbreitet?*

Er stoppte abrupt, ein Grollen am Berg. *Ich weiß nicht. Sag du's mir? IST das ein Hirngespinst?* Er wollte weiter, drehte sich aber doch nochmals zu ihr. *Ich war ja da. Ich WAR an all diesen Orten. Ich HAB die toten Tiere gesehen, sie geborgen, sie entsorgt. Die Leute beruhigt, die sie aufgefunden haben. Die Landwirte. Die schäumen alle vor Wut. Die Kamerateams, die nur geil sind auf eine Sensation … Meine Vorgesetzte. Die. Die will, dass wir was vorzuweisen haben. Haben wir aber nicht. Kein entartetes Tier. Kein Hinweis auf einen großen Räuber … Die Analyse der Bisswunden …* Er stockte. *Was würdest du sagen? Aus deiner juristischen Praxis heraus. Klara.*

Sie zuckte zusammen. Er hatte ihr sehr wohl zugehört. Der vom Leben Enttäuschte, der scheinbar eine Menge Wut in sich trug und dem sie in diesem Moment alles andere als vertraute, stand da, fahrig und bleich. Sie stellte ihn sich nun vor, wie er über den aufgerissenen Schafsbäuchen und abgetrennten Hinterläufen und verdrehten Kuhschädeln stand, hinbeordert, der Wächter über Ruhe und Ordnung, und schlaflos, da er ebenso den Spuren folgte. Wie Lorenz. Wie sie nun … Sie dachte unwillkürlich an ihren Fall in der Kanzlei. Ein Täter. Eine Vielzahl an Opfern. Die Frauen, die von Gewalt und Übergriffen berichteten, von Scham und Ekel. Vom tiefen Loch, in das sie gestoßen wurden. DAS war doch das eigentlich Monströse. Eine noch viel grässlichere Spur als diese hier … *Ich sag, da passiert was Größeres.* Raunte der Förster. *Da ist das Gleichgewicht aus den Fugen. Gekipptes Paradies.* Er schritt weiter. Getrieben.

Ist doch Blödsinn, holte sie ihn ein, ging an ihm vorüber. *Natürlich gibt es eine Erklärung. Das ist doch hier kein göttliches Zeichen oder so. Oder denkst du, es geht eine Seuche um? Das passt doch nicht.* Sie wendete sich ihm zu. *Aber Gewaltausbruch. Excessive, perverse, menschliche Gewalt. Das passt.* Sie hielt ihn an, er rammte ihre Brust, sie griff nach seinem Arm, er zuckte vor Schmerz. *Jemand reagiert sich ab,* starrte sie ihn weiter unbeirrt an. *DAS sagt mir meine Erfahrung.* Der Förster griff auf seine verborgene Wunde. Sie verharrte in ihrer Position. *Und meine Menschenkenntnis.* Er verzog das Gesicht.

Glaubst das wirklich? Du glaubst, dass das ein Mensch? Der hagere Mann bäumte sich vor ihr auf, griff in seine Hosentasche, Klara, intuitiv in Abwehrhaltung, war sich unklar darüber, ob er sie nun einfach fassungslos weiter nach ihrer Meinung fragte oder ob er ihr drohte. Was war denn in ihn gefahren? Sie befürchtete plötzlich, er könnte eine Waffe zücken, ein Messer … Hatte der Förster nicht sein Messer dabei?

In dem Moment donnerten zwei Hubschrauber über ihre Köpfe hinweg, unvermittelt in der langsam heller werdenden Dämmerung auftauchend, stiegen empor, auf den über ihnen liegenden Bergkamm zu, wo sich das Unwetter zusammenbraute. Sie duckte sich vor Schreck. *Polizei,* stotterte Srebić, tat die Hand wieder aus der Tasche. Klaras Gedanken schossen wie wild durcheinander. Hatte man Lorenz gefunden? Sie lief los, am Förster vorüber, der stand wie angewurzelt. *Komm,* brüllte sie. *Jetzt komm schon!*

15.

Manchmal stellte sich Klara ihren Tod vor. Leise sollte er sein. Unscheinbar. Niemandem zur Last fallen. Er solle nur sie was angehen, und im *Reinen* wollte sie sein, das schwor sie sich. Mit sich selbst. Dumm, wenn Dinge unerledigt zurückblieben. Lebenszeit wäre zwar bemessen, eine Binsenweisheit, aber, wenn du gut vorausplanst, Klara, bestätigte sie sich morgens im Spiegel oft beim Anziehen, ausreichend vorhanden. Der frühe Vogel fing nicht immer alle Würmer. Aber er kannte die Straßen der Stadt noch sauber und unbetreten.

Sie dachte an eine Bank, allen hatte sie Lebewohl gesagt, allen war klar, dass es kommen würde, alle gönnten ihr das Ende, dort läge sie, auf der Bank, hätte den Sonnenuntergang genossen, samt einem guten Drink, hätte manche Hände womöglich noch berührt, am Weg dorthin, einige Lippen geküsst, zu wenig hatte sie all die Jahre geküsst, seit der Trennung küsste sie häufiger und intensiver, auch ohne Reue. Sie würde die Arme von sich strecken und die Beine, ihre Schuhe abstreifen, barfuß die Luft erfühlen, lange noch in der Dämmerung, das Handy hätte sie abgestellt. Das verdammte Telefon läge in einem Gulli, am Grund des Meeres, auf dem verlassenen Platz in einem Zugabteil oder einfach daheim neben dem Bett, wo sie nicht mehr war. Sie schliefe ein, die Parkbank fühlte sich richtig an. Dann setze der Herzschlag aus. Am Morgen würde sie jemand finden. Ohne große Überraschung. Ohne Entsetzen. Fast schön könnte es sein. Sie wünschte sich einen schönen Tod.

Manchmal.

V.
Schluss

1.

Der Regen setzte ein, als sie auf halbem Weg durch die Wand war. Sie fasste nach den nächsten Eisengriffen, zügig, versuchte, nicht hektisch zu werden, hing mit Karabinern gesichert am Stahlseil, das sich die steil ansteigende Passage hochschlängelte, immer wieder zwischen Schneisen im Gestein sich windend, dann wieder gespannt entlang ausgesetzter Felsvorsprünge. Sie blieb ruhig, konzentriert (*bei sich!*), und schluckte doch Unsicherheit und stetig wachsende Panikschübe hinunter. Das Geräusch der Rotorblätter, das ihr noch eine Zeitlang Zuversicht gegeben hatte, die Gewissheit, die richtige Route eingeschlagen zu haben, war verebbt. Wohin die Polizeihelikopter geflogen waren, blieb unklar. Sie steuerten jedoch exakt jenen Punkt an, hinter dem die grausilbernen Luftriesen am Bergkamm über ihr verschwunden waren.

Der Förster kletterte voraus, erprobt, erfahren, aber weniger leichtfüßig als Klara, bemerkte sie bald alarmiert. Er trug auch die schwerere Ausrüstung. Er blickte sich regelmäßig um, zu ihr, sein Gesicht verfiel zunehmend. Einmal hielt er die Augen für Sekunden geschlossen, rührte sich nicht mehr von der Stelle. *Geht's?*, erkundigte sie sich schräg unter ihm. Es dauerte, bis Srebić wieder geistig anwesend war. *Ich lass dich vor,* beschloss er irgendwann. *Wir machen Pause,* entgegnete sie. *Wir warten. – Es schifft!,* schrie er sie nun an, schlug mit dem Kopf leicht an den Fels, es schlackerte das Gewehr, das er immer noch geschultert hatte, ein Knacken an seinem Helm, es rieselte feinen Staub zu ihr herab, dann riss der Ledergurt an der Waffe, der sich wohl am rauen Stein aufgerieben hatte, es krachte sein Gewehr in die Tiefe. Kreidebleich der Förster, doch er summte sein Lied.

Noch standen sie auf stufenförmigen Tritten im Schutz der Wand trocken und stabil. Aber natürlich hatte er recht.

Wie lange noch? *Du gehst vor,* polterte er erneut im Befehlston. Besorgt schlurfte sie an einer etwas breiteren Stelle, an der sie beide für Momente ausharrten und Wasser tranken, an ihm vorüber. Er sicherte sie mit dem sichtlich angeschlagenen Arm. Sie hantelte sich weiter hoch, Schritt für Schritt. Hörte bald sein Schnaufen nur mehr weit unter sich. *Du Sau,* stieß er plötzlich hervor. *Du Berg, du Sau,* es fegte die Worte gespenstisch in die Schlucht runter, kein Echo. Als hätte das Gebirge seine Wut verschluckt. Sie drehte sich abermals nach ihm um, da deutete er ihr: *Jetzt mach schon! Rauf mit dir! Verpiss dich, los! Ich komm zurecht!*

Sie verlor ihn aus den Augen, als das Seil sie unvermittelt um einen großen Brocken herumführte und der mühsame Aufstieg überraschend endete, sie löste die Karabiner vom Stahlseil. Nur mehr wenige Meter lagen vor ihr, über bröckelndes Geröll, um den Bergkamm zu erreichen. *Ich bin oben,* rief sie zurück in die Wand. *Jacob … Jacob? – Ja?* Seine Stimme war noch da. *Ich seh die Hubschrauber.* Tatsächlich kreisten die Polizeihelikopter in einiger Entfernung, aber gut sichtbar, endlos erstreckten sich neue Hänge und Bergriesen. *Gut,* schnauzte es unter ihr. *Was? Ich versteh nicht. Jacob.* Sie beugte sich einmal noch nach unten. *Ich komm nach,* raunzte er, sich ebenfalls auf die Anhöhe hochziehend. Geschlaucht. Vollkommen am Ende. *Jetzt lauf schon.*

Es blies scharf eine Kaltfront über Klara hinweg, als würde hinter dem Kamm, den sie erklommen hatte, ein anderes Wetter herrschen. Die Hubschrauber waren abgetaucht, in einer bewaldeten Senke. Sie hastete den steilen Abhang hinunter, die Regentropfen schwer, Frost in der Luft, der Hauch ihres Atems, bald die ersten Flocken eines Schneesturms, und eins und zwei und drei und vier und eins und zwei und drei und.

2.

Draußen das Toben. Es wirbelte bizarr den Sommer hinweg. Lorenz schaute ungläubig durchs Fensterglas, das in der Kälte angelaufen war. Dichtes Weiß. Alles verflucht weiß! Herinnen noch der Dampf der letzten Tage.

Alle hatten sich in die *Höllerhütte* verkrochen, die Jäger versammelt auf der Eckbank, wie geläuterte Schulknaben, verstummt. Der Stille, den sie Ivo nannten, war penetrant mit seinem Messertrick beschäftigt, die Spitze der Klinge tanzte zwischen seinen krummen Fingern, automatisch folgten die Blicke der anderen dumpf diesem Spiel, im bangen Warten.

Es war der Gulaschtopf leergefuttert. Es versagte die Radiobatterie. Es rauschte nur mehr durchs Funkgerät, der Wintersturm kappte jegliche Verbindung. Nur das Schnarchen vom Schubert drang rhythmisch aus seiner Schlafkammer. Lorenz, wieder an dem kleinen Tisch der Gruppe gegenüber, in ebenjener Haltung, in der er bei seiner ersten Ankunft auf der Hütte verharrt war, wich allen Blicken aus. Was sie nun von ihm dachten, war ihm egal.

Niemand wagte mehr zu reden, seit es hieß, das Gelände würde nach einer Tatwaffe abgesucht. Noch sei nichts aufgetaucht, aber solange Unklarheit herrsche, würden alle vorrätigen Gewehre und Messer konfisziert und auf Spuren überprüft. Die gesamte Truppe stand, so die letzte Verlautbarung der draußen im Schnee noch immer operierenden Polizei, *unter Verdacht*.

Ein brutales Massaker. Da draußen. War es einer von ihnen gewesen? Wem war eine derartige Raserei zuzutrauen?

Lorenz wischte sich den Schweiß ab, wollte auf seinem Eckbankplatz verschwinden, wünschte sich weit fort und grub, in Verbissenheit, die Hand in die seitliche Tasche seiner Wanderhose, an der die letzten Tage unübersehbare Spuren von Dreck und Blut hinterlassen hatten. Zwischen den Fingern knetete er nun bereits seit Minuten das, was er dort verwahrte, das dicke Papier aufgeweicht, er traute es sich nicht hervorzukramen, im Wissen, auf der Visitenkarte, zugesteckt zu Beginn seiner Wanderung von einem Unbekannten, das Gesicht des Ermordeten vorzufinden. Er hatte sie ja gesehen. Die Leiche. Er war's! Der Läufer! Der goldene Herold! Der hochnäsige Typ, der ihn am Pfad zum *Hallerangerhaus* gerempelt und am nächsten Morgen so selbstverliebtes Zeugs von sich gegeben hatte. Nun wüst erstochen und zerteilt, bereits am Verwesen in der Alubox vor den schneebedeckten Helikoptern. Hatte er sich nicht so etwas gewünscht, in seinem wiederkehrenden Groll. Hatte Lorenz nicht das Unheil heraufbeschworen, dieses *Arschloch* solle sich *den Hals brechen*?

Ungläubig nochmals der Blick hinaus. Dicht wirbelnde Flocken. Frost, der durchs Hüttenfenster drang. Eisig die Luft an der Scheibe. Sein Spiegelbild, sein zerzaustes, mittlerweile zur Unkenntlichkeit abgemagertes und vom Wetter zugerichtetes Gesicht, erneut glühten ihm die Wangen, das Fieber war zurück.

Nun zog er das Ding heraus, die ihm zugesteckte Karte, faltete sie unbemerkt unter dem klobigen Hüttentisch auf, schielte rasch darauf, bebend, in einem Alptraum gefangen, da lächelte das Foto des Toten. *Melden Sie sich. Fehlstellung. Seh das von Weitem. Aber lässt sich therapieren.* Waren das seine Worte, die letzten? Warum war die Leiche dieses Typen jetzt da draußen? Würde die Polizei zwischen ihm und dem Opfer nun eine Verbindung herstellen?

Lass das, stieß der Feichtschlager genervt hervor, fauchte den Ivo an, dessen Messer rutschte ab, er schnitt sich in den Daumen. *Arsch!* Kurz lag eine Auseinandersetzung in der Luft, da schlug endlich die Tür auf, es wehte abrupt kalte Luft und Schneeflocken ins Innere der Stube, und mit kalter Miene, bläulich die Lippen, unwirklich, als würde sie einer

Alaska-Expedition entsprungen sein, trat die Kommissarin ein, ihr Ledermantel verschneit, gefolgt vom Sommersprossigen, bibbernd.

Sind das alle?, musterte die Kommissarin ohne großes Vorgeplänkel die Runde. Ihr Assistent zählte durch. Da fehle wer. *Der Kollege sagt, es fehlt wer,* wiederholte sie provokant. *Na?* Es war die *Gang* kleinlaut geworden, sie spurten unter den Anweisungen der forsch Agierenden. Die Kommissarin beäugte nun den Stapel Klappmesser, Hirschfänger und dergleichen, die bereits gestapelt inmitten des Tisches sich türmten. An die Wand gelehnt eine stolze Sammlung von Jagdbüchsen und Flinten und weiß der Teufel, wie zu alldem fachgerecht zu sagen wäre. Lorenz war aus dem Staunen jedenfalls nicht herausgekommen, ob der Menge an Geräten, die allesamt tödliche Verletzungen zufügen konnten. Nur sein eigenes Messer blieb verschollen. Um die Sache nicht unnötig aufzublasen (sicher hatte er es bei dem Sturz neulich, als der Schubert ihn auffand, irgendwo im Hang verloren), hatte er den Polizeibeamten verschwiegen, ein solches mitgeführt zu haben. *Der Patrick,* reagierte endlich der Sepp, als wolle er das Fehlen des Bruders entschuldigen, *der schläft. War eine lange Nacht. – Kann ich mir denken,* nickte hart die Kommissarin, *aufwecken!* Im Befehlston fuhr sie herum, sprach in ihr Gerät: *Befragung der Anwesenden in der Höllerhütte, 11 Uhr 40. Neun Personen, männlich … Korrigiere* (ein aufmerksames Kopfnicken des Assistenten), *acht Personen männlich, eine weiblich.* Der Mike war an die Kammer vom Schubert getreten, pochte ihn heraus, endlich lugte sein Schädel hervor, er stand halb nackt. *Chefinspektorin Ämtner, das ist Inspektor Heinrichs, aber ich denke, Sie kennen sich von vorhin.* Der Schubert schnalzte mit der Zunge, kurzes Gelächter unter den Jägern, die Inspektorin stand harsch auf, *ziehen Sie sich was an.* Sie deutete in die Schlafkammer, es stank schlimm heraus und endlich trat auch Sladjana zu ihnen, sie zitterte, hatte sie geweint? Sie lugte nur kurz hoch, deutete der Ermittlerin, sie sei kränklich. *Schon gut, dauert nicht lang.* Lorenz versuchte Sladjanas Blick zu erhaschen, sie wandte sich ab, als wollte sie niemandem in der beengten Stube die Nähe zwischen ihnen offenbaren.

Gibt es hier einen Raum, in dem man ungestört ist? Die Männer sahen einander beklommen an, die Inspektorin hatte das Kommando übernommen, die sonst so Vorlauten schwiegen. Lorenz erhob sich. Der Schubert spähte zu ihm rüber, als überwache er ihn. *Oben, im Lager, die Treppe hoch ... da wären Sie ungestört.* Weiter fiel unbeirrt der Schnee, eine dicke Decke hatte sich mit Sicherheit bereits über die Landschaft ringsum gelegt, Lorenz war schleierhaft, wie dort draußen noch Ermittlungen vonstattengehen sollten. *Gut.* Die Chefinspektorin schritt voran. *Dann kommen Sie gleich mit mir,* sie fixierte Sladjana, *dann können Sie sich gleich wieder hinlegen.*

Er hörte dann nur das Gemurmel der Chefinspektorin, es drang dumpf in die Stube herunter, wo sich weiterhin alle anstarrten. Der Sommersprossige ging auf und ab, zäh verrannen Minuten, die Lorenz zunehmend unerträglich wurden, das Knacken der Fingerknochen, das Rutschen von einer Arschbacke auf die andere, ein Rülpsen, ein Schmatzen, und klack-klack, klack-klack zog der jüngere Inspektor seine Kreise zwischen Küche, Stube, Kammer und dem Schlurf dazwischen. *Gibt's hier einen Hinterausgang?,* fragte er irgendwann. Das Schweigen der *Gang,* das Schmatzen von Schubert, irgendwelche Nüsse knackend, *wieso? Herr Inspektor? Haben S' Angst, dass wer abhaut? Von uns hat keiner was gemacht, was?* Das zustimmende Murren und Nicken der anderen. *Klar,* gab der Sommersprossige kühl zurück, *hat nie wer was gemacht, aber dann doch. Die Scheiße.* Schlug mit der Faust unvermittelt auf die Holzwand, es wackelten die alten Bilder in ihren Rahmen, Fotos von Holzarbeitern, auf mächtigen

Stämmen hockend, vor der Kamera stolz posierend, *immer die Scheiße da draußen. Was?* Der Schubert knackte unbeeindruckt weitere Nüsse. Schmatzte. *Wird wohl's Monster gwesn sein,* hauchte scheu wie ein Reh nun (hatte er tatsächlich Angst?) der Sepp, blass im Gesicht. War dem grobschlächtigen Typ die eine Nacht da draußen bei den Leichenteilen wohl mehr *unter die Haut* gegangen, als ihm lieb war? Oder waren seine Grobheiten nur plumper Panzer? Der Wirt sah tatsächlich mitgenommen aus. Das Lachen nun des Polizisten: *Wohl zu viel Fantasie, der Herr Jager*! Ein abfälliges Raunen. Er, der Kriminalist vom Fach, kenne *nur ein Monster,* das ihm bislang begegnet wäre, und das *sei immer dasselbe,* wieder schlug er auf den Balken, *das kriminelle Subjekt, nämlich. Ein Schwein, so ein Subjekt.* Dann lange nichts.

Wissen Sie denn schon, wer der Tote ist?, wagte Lorenz die abermalige Stille zu durchbrechen. *Ne,* kurz und knapp, und es schritt der sich nun mit voller Brust vor Schubert Aufrichtende knapp an den Tisch ran, die Waffen darauf, *das dauert, die Scheiße da draußen zu identifizieren.* Lorenz umklammerte im Hosensack die Visitenkarte, vielleicht täuschte er sich ja. Vielleicht war es gar nicht der Läufer. Ein Missverständnis. So genau konnte er ja gar nicht hineinstarren, in den Sarg. Er sollte sich nicht verrückt machen lassen. *Das ist der einzige Eingang,* knurrte der Sepp dem Polizisten entgegen, scheinbar das Thema wechseln wollend. *Musst schon aus dem Fenster springen, wennst woanders raus willst.* – *Fein,* notierte der Sommersprossige. *Erinnert mich im Übrigen, dieses urige Ding hier, an früher. Kindheit und so. Sommer-Camp. Stell ich mir lauschig vor, wenn's grad mal nicht schneit.* Erneut die Faust auf dem Holz, es stampfte der Mike entnervt auf, die Blicke huschten zwischen dem Feichtschlager, dem Pinzgauer und dem Schweizer hin und her, als wollten sie sich heimlich abstimmen. Von droben das Scharben der Tür, das laute Organ der Chefinspektorin: *Der Nächste, Heinrichs!* Und zaghaft schritt Sladjana die Treppe wieder herunter, knarrend die dicken, alten Stufen, endlich kreuzten sich ihre Blicke, sie sah Lorenz tief an, ihn durchfuhren die Bilder von vorhin, als sie (es war nur Stunden entfernt, doch ewig her) unterm Dachvorsprung einander küssten (oder hatte er sich das nur vorgestellt?).

Nun war der Schubert dran, der als Erster die Leiche gesehen hatte, jedenfalls nach den Angaben der Truppe. Er verschwand, gebückt, seltsam unsicher, so kam es Lorenz vor, durch den Schlurf hinauf ins Lager. Das Klacken der Türklinke, hernach erneut das unangenehme Schweigen der Wartenden, das Auf und Ab des ihm immer bedrohlicher wirkenden Sommersprossigen. Eigentlich hätte Lorenz nun aufstehen müssen, sagte er sich innerlich, und um eine Unterredung bitten, denn er habe Material gesammelt, das wohl nichts mit dem zerlegten Toten in der Alubox zu tun haben mochte, aber das doch von der Geisteshaltung dieser hier anwesenden Jägerschaft zeuge, von ebenso einer menschlichen Schweinerei, wie dieser es ja vorhin benannt hätte, *Videoaufnahmen, wissen Sie ...* Und er sah sich innerlich dem Polizisten von dem Vorfall mit der Gams berichten, konnte den Blick aber zugleich nicht von Sladjana abwenden, ihm gegenüber an der Wand lehnend, Zigarettenrauch, ihn gerade nun mit ihrem Blick durchdringend, war es ein wütender Blick? Ein warnender? Wollte sie ihm was mitteilen? Er saß in seiner Unruhe. Schüttelte sie nun leicht den Kopf, ihn zu bitten, zu schweigen? *I saw the monster outside ...*

Es schlug erneut wer die Hüttentür auf. Ein weiterer Beamter, schneebedeckt, fiel herein. Der Sturm hatte zugenommen, eisig schoss der Wind durch die Stube. *Machen S' zu*, rief brüsk der Sommersprossige. Dessen Stimmung bald am Kippen, als habe er was Falsches gegessen oder zu wenig geschlafen. Der Hereingehetzte, sich gegen die Tür stemmend, japste:

Frau Ämtner? – Was gibt's denn? Es wischte sich der Sommersprossige den hereingefegten Schnee aus dem Gesicht. *Die Frau Chefinspektorin ist in Befragung.* Der atemlose Beamte stand nun im Rücken der Jäger, Lorenz musste seine Position ändern, um die Situation weiter zu beobachten. Der Sommersprossige begutachtete etwas, was der andere ihm zeigte, es verebbten die Stimmen. Lorenz spähte zu ihnen. Die beiden unterhielten sich bedeckt, einen Beutel hielt der Hereingeeilte in der Hand. Durchsichtig. Es schimmerte etwas darin hervor. *Gute Arbeit,* lobte der eine. Es wurde das Warten unerträglich. *Gehen S' hoch.* Der Bote wurde mit dem Herbeigebrachten die Treppe raufgeschickt, hielt den Beutel unter dem langen, schwarzen Mantel verdeckt. *Die Tatwaffe ...,* fuhr es durch Lorenz' Hirn.

Ihm wurde schwindelig. Was, wenn es sein verlorenes Messer wäre, das die Polizei in dem Schneesturm entdeckt hätte? Er versuchte sich zu erinnern, wo er denn in jener Nacht unterwegs gewesen war. Ob er sich tatsächlich in der Nähe des Tatorts bewegt hatte, Theresas Spuren folgend. Wo befand sich die Stelle mit den leeren Konservendosen? Dort hatte man ihn doch verfolgt! Dort wurde er aus Angst dazu getrieben, zum Messer zu greifen ...

War er verstrickter in die Dinge, mehr, als er es je für möglich gehalten hatte? Er schielte schwitzend in die Runde, alle starrten doch in dem beengten Raum geradewegs auf ihn! *Was haben Sie getan?,* sangen vorwurfsvoll die Jägerfratzen im Chor. Er kramte in den Bildern, die er abgespeichert hatte, alles so wirr, alles so unfassbar, der mahnende Gesang nun in eine tiefere Tonlage verfallend, *was haben Sie getan?* Als würde sein Ausharren nun zu einem Warten auf einer Anklagebank werden, kratzte er nun Unschuldsargumente ins Holz, ich weiß es nicht, ich weiß doch rein gar nichts, ich war einfach nur da, ja, ich war an dem Ort, aber ich weiß über nichts wirklich Bescheid, daraufhin der Sommersprossige im Mezzosopran: *Sie haben es getan!* War tatsächlich *er* es, der hier gesucht wurde? Es verdichtete sich in seinem wirren Kopf die erdrückende Beweislage, fast wisperte er die Worte vor sich hin: die Visitenkarte in seiner Hose, das blutgetränkte Messer am Tatort, die irrlichternde Wut, das Brennen in ihm, der Zorn, die Raserei, *wer, wenn nicht er?*

Seine Gedanken rotierten, er überprüfte all seine Schrammen, die vielen Wunden, Kratzer, das Blut an der Ferse und an seiner Stirn, konnte er Dinge gemacht haben, an die er keine Erinnerung mehr hatte? War er da draußen gewesen in jener Nacht und hatte er in seiner Paranoia um sich gestochen? War es der Läufer gewesen, den er erwischt hatte? Er wollte ausrufen, *Halt!* rufen, und *Klarheit!*. Was verdammt werde ihm denn vorgeworfen, und klack, klack, klack, die Stiefel der Exekutive, und knack, die Nussschalen, und jemand zog Spuckefäden von der Unterlippe bis runter auf die dreckigen Bodenlatten. Nun war sich Lorenz nicht einmal mehr sicher, ob er *überhaupt* in jener Nacht draußen gewesen war, ob alles nicht ein wiederkehrender Traum war (so musste es doch sein!), und er schlug sich selbst auf den Kopf, *Lenz, he, Lenz,* in der schneeverhangenen Fensterscheibe lachte ihm nun Theresa entgegen, er vergrub sich in seinen Händen. *Alles gut?* hallte die Stimme des Sommersprossigen langsam an ihn heran, *Sie sind an der Reihe.* Ohne Reaktion schaute Lorenz weiter ins Leere, in ausweglosen Hirngespinsten verloren. *He,* jemand rüttelte ihn, *Lehrer!* Nun schielte der Mike zu ihm herüber: *Der redet mit dir. Bist der Nächste.* Endlich fuhr er hoch: *Ja … Ein Stammeln. Sind Sie okay?* Der Sommersprossige musterte ihn. *Klar, ja,* Lorenz hatte Sorge, bereits entlarvt zu sein. Er wusste nicht mehr, was er von alldem halten sollte. Stieg hoch, wieder monoton knarrend die Treppen, bleiern die Beine, auf der letzten Stufe begegnete ihm der hinabstapfende Schubert, gesenkter Blick, hatte der gegen ihn ausgesagt? Ja, dem Lehrer sein Messer wär es, er habe es in jener

Nacht draußen vor der Hütte, als der Mörder am Plumpsklo trockene Brocken schiss, eindeutig identifiziert. Stumpf, das Ding, aber er wird es sich wohl zugespitzt haben! Und das Lachen voller Genugtuung … Lorenz schloss hinter sich die Tür, gefangen nun, seine letzte Befragung als freier Mensch. So trug er plötzlich die Überzeugung, schuldig zu sein.

3.

Schweigend trat Lorenz in die Kammer unterm Dach, geläutert. Er würde sich sofort stellen, das war sein Gefühl. Er war schuldig. Schuldig des Übergriffs an dem Lehrer Strenzl (zweifach!), schuldig der Körperverletzung im Freibad, wo er einem langen Dürren fast das Bein gebrochen hatte. Schuldig, der Kuh im Hang das Herz herausgerissen zu haben. Wie ihm sein Traum gezeigt hätte, musste er es gewesen sein, oder ein Wesen, ihm gleich in Größe und Gestalt. Und schuldig, den Läufer im Hang erstochen zu haben. Er malte sich Gründe aus, die all diese Taten rechtfertigen konnten, war der Läufer nicht überheblich gewesen, egozentrisch, und hatte er nicht über die Natur gelacht, gedacht, er könne sie in seinem seltsamen Rekordstreben *eliminieren*, das war das Wort gewesen, der Natur davonrennen, was für ein Hochmut! War nicht der Lange im Freibad ein Frauenschänder gewesen, ein übergriffiges Arschloch, hatte er nicht die Situation ausgenützt? War der Lehrer Strenzl nicht ein selbstgerechter Wohlstandsgewinnler, maßlos in seinem Verhalten, mit Faschisten politisch im Bunde … Er suchte all seine Taten fast biblisch zu begründen, *letztbegründen* hieß das doch, das Gute tun, auch im Bösen, ihm erschien alles nun eine Logik zu haben, auch die tote Kuh, selbst die Kuh, die von Krankheit erlöst werden musste, die kranke Natur, der niemand zu Hilfe eile, was für ein wilder Ritt seiner Gedanken … *Herr Urbach, Sie sind auf Wanderung? Ist das richtig? – Was?* Die Chefinspektorin lächelte in sein Gesicht, nur kurz, dann kühl und auf das Band sprechend: *Ist es in Ordnung, wenn ich das aufnehme? – Ja. Ja, ich. Ich wandere einfach nur. Still. Und wenig fröhlich. – Bitte?* Er musste über sich selbst lachen. Er begann unvermittelt aufzulachen, laut, hemmungslos. Verwirrt schaute die Chefinspektorin, es lief ihr Aufnahmegerät. Sein irres Lachen nun hier festgehalten, dachte er und es gelang ihm, sich zu bremsen. Verbissen blickte er nun, hielt sich an dem kleinen Tisch fest, schaute um sich, das Bett, wo er gelegen war, wo er sich vorgestellt hatte, er könne von der Bande, die die Gams abgeschlachtet hatte, ebenso erlegt werden, in dem er gefiebert und von Morden geträumt hatte, sein Rucksack, der da noch lehnte, seine Kamera, vor der Chefinspektorin am Tisch, in einem Plastiksack, als wäre es ein Beweisstück, das Messer, sein Messer, ebenfalls ein Beweisstück, es war entsetzlich lächerlich. *Kennen Sie Schubert?*, fragte er lehrerhaft, fast prüfend. *Sie kennen doch Schubert. – Den Reviervorsteher? Der war grad bei mir. Der hat ja die Leiche gefunden. – Nein. Schubert. Franz. Düsterste Romantik ... – Aha.* Sie winkte ab. *Geht's Ihnen gut? – Ja ... Nein ... Nicht wirklich ... Ich fürcht, ich hab was Schreckliches gemacht ... – Ach ja?* Die Chefinspektorin neigte sich vor, zunehmend amüsiert von Lorenz' Verhalten, er konnte es ihr nicht verübeln. *Ja. Ich glaub wirklich, ich hab was zu beichten. – Nun. Da sind Sie falsch. Das ist nur eine Befragung. Kein Beichtstuhl, Herr Urbach. Sie wandern also bei Schlechtwetter? Und im Fieber? Also, der Herr Wirt, der Bruder von Ihrem Schubert, der hat mir gesagt, sie hätten einen Zusammenbruch gehabt. Was ist passiert? – Wenn ich das wüsst ...* Immerzu starrte er nun auf den Tisch, das Diktiergerät, seine Kamera, der Plastikbeutel mit seiner Machete darin, natürlich war es seine Machete, nun war er sich sicher. Und ihm kam in dem Moment ein grausamer Gedanke. Jemand trieb ein böses Spiel mit ihm. Was, wenn ihm hier wer was unterschieben wollte? Hatte man sein Messer vielleicht entwendet? Im Schlaf? Während er fieberte? Der Sepp? Sladjana? Hatte Sladjana ihn ausforschen wollen, war sie deshalb zu ihm gekommen? Hatte sie seine Sachen durchwühlt? Hatte der Schubert schließlich die Machete an den Tatort gebracht, aber weswegen? Um den

Verdacht nun auf ihn …? *Also, fangen wir von vorne an. Warum sind Sie hier, mit Ihrer Kamera?*

Es war dann plötzlich finster geworden. Als hätte das Gespräch einen Tag lang gedauert. Hatte er dieser Polizistin tatsächlich von seiner Geburt erzählt? Hatte er über seinen Vater berichtet, der nach der Scheidung so niedergeschmettert und ergraut war, von seiner Mutter, die dagegen aufgeblüht war? Dass er Liebe immer gesucht, aber viel Tristesse erkannt hatte, und Einöde und Verlogenheit und das Scheitern von Beziehungen. Dass er sie alle gernhatte, auch seine Familie, seine Freundinnen und Freunde, seine Kollegenschaft, aber dass er nicht immer wisse, immer seltener eigentlich, was sie alle vom Leben wollten. Dass er fürchte, die meisten wüssten nichts von einem Wollen. Als wäre es egal, wie gelebt werde, Hauptsache, man *über*lebe. Er fühlte sich, als er all dies von sich gab, moralisch erhaben. Er führte aus, was es zu tun gäbe, wie stolz er auf seine Tochter sei, Emmi. Emilia. Er hätte sie nach dem Trauerspiel benannt. Emilia Galotti. Seine Frau hätte das immer lächerlich gefunden, aber für ihn war das was Schönes. Literatur sei wenig beachtet. Viel zu wenig. Er könne Bücher aufzählen (und er kramte abrupt aus seinem Rucksack den Thoreau heraus, als Beispiel, nur als Beispiel!), Bücher (jetzt nicht unbedingt den Thoreau, das wäre tatsächlich ein Zufall), aber andere womöglich, die wortwörtlich *die Welt* veränderten. Ohne deren Existenz rein gar nichts an Ideal oder Utopie (oder Pazifismus oder Demokratie!) vorhanden wäre (er flüchtete in eine lose Ansammlung allzu großer Begriffe), auch insistierte er darauf, dass das unsägliche Abschlachten der Menschheit durch *ein wirklich gutes Buch, so es die Herzen der Mörder zu erschüttern imstande wäre,* für beendet erklärt werden könnte, weswegen ihn auch seine Frau, Klara, eine wunderbare Frau (er kramte nach Bildern auf seinem Handy, das aber nicht funktionierte), weswegen sie ihn auch immer, so jedenfalls ihre Worte, *geliebt* hätte, für diese ernsthafte Hybris, *ich mag dich, in deiner Ernsthaftigkeit,* nie hätte ihn jemand mehr inspiriert, intellektuell, als Klara, so führte er weiter aus, und dass sie ihn wohl *freisprechen* könnte, denn wenn jemand imstande wäre, seine Taten in einen sinnvollen Zusammenhang zu setzen, dann sie. Und ja: Seine Schülerin, Flora, *die* müsse man anklagen! Wegen der Vernichtung seines Unterrichts. Ihr dreister Einspruch vor dem Sommer, der ihm doch Rettung hätte sein sollen, dieser Sommer, wäre *Ursprung und Anlass* seines Unheils gewesen, sperren Sie diese Flora ein, aber nicht mich! Hatte er das alles wirklich gesagt? Und waren die Worte nun auf dem Band des Diktiergeräts, festgehalten in den Protokollen der Landeskriminalpolizei Tirols? Auch seine Tränen? Er hatte zu weinen begonnen, in später Selbsteinsicht (sehr später!), dass nämlich all dies schwallartig Vorgetragene und Behauptete letztlich doch jämmerlich gelogen sei, er *sei* schuldig. Das verstünde er nun, am Ende des Weges. Schuldig! Aber nicht der vielen Taten, des Grauens da draußen, das, er wisse es nicht gesichert, aber es könnte doch am Ende ein Naturspektakel sein, und er hätte sich geirrt, und da war einfach niemand, wirklich niemand, auch keine Theresa Wolf, über die er nun nicht mehr reden wolle, nein, für all das konnte er wahrlich nichts! Aber er war schuldig des Zweifels. *Wissen Sie,* er blickte hoch, die Chefinspektorin über den Camcorder gebeugt, *aus Zweifel wächst Verzweiflung. Verhaften Sie mich jetzt?*

Können Sie das anmachen?, tropfte es nüchtern aus dem Gegenüber heraus. *Ich will doch einfach nur wissen, was da drauf ist. Sie können doch nicht einfach einen Tatort filmen, Herr Urbach. Sie müssen das löschen …*

Ja, stotterte er nach längerem Zögern. *Klar. Ja, Sie müssen hier, schauen Sie …* Er stellte die Kamera an, tippte ins Display, scrollte durch die Clips, *da sehen Sie nun alles. Also. Ich hab ja nur die Landschaft und. Ich wollte eine Freundin finden. Das war eigentlich der Grund. Die Freundschaft ...* Er drückte an irgendeiner Stelle auf Play und es erklang der Wind, das Knirschen der Steine, sein Gehen durch die Berge, sein eigenes Schnaufen ... Das Gesicht der Chefinspektorin vertieft, sie überflog die Aufnahmen, Lorenz lehnte sich zurück, zittrig, im Gefühl, in einer Leere nun zurückgelassen zu sein.

Eine Freundschaft. War alles nur der Versuch, etwas lang Zerbrochenes wiedergutzumachen?

Und was ist das? Die Chefinspektorin war an der Stelle angelangt, als Lorenz das Massaker an der Gams gefilmt hatte. Er hatte gar nicht mehr daran gedacht. Das quälende Gejammer des Tiers dröhnte nun aus dem Lautsprecher des Camcorders, sein Rufen nach Hilfe, unerwidert, die Tat der Jäger. *Ist das Ihr Schubert?* Sie kniff die Augen zusammen, grub den Blick ins Display. *Das ist doch ...* Plötzlich erhob sie sich, die Kamera noch laufend, verließ nach ihrem Assistenten rufend den Raum: *Heinrichs! Ich hab da was.* Dann polterte sie hinunter. *Heinrichs, sehen Sie sich das an,* hörte er noch, er saß allein, auf dem Stuhl, vor sich die Notizen der Kriminalbeamtin, weitere Unterlagen, seine Machete, in Griffweite, Sekunden saß er so, nur mit sich.

Von unten nun ein Stimmendurcheinander, von der Truppe durch die angelehnte Tür zu ihm herein. Der Sommersprossige befahl, die Tür zu schließen. Niemand verlasse den Raum, verlautbarte er. *Was ist denn?* Die aufgebrachte Stimme vom Pinzgauer oder vom Mike, Stühle wurden geschoben, klack, klack, Schritte der Polizei, der dritte Uniformierte musste auch noch irgendwo sein. Lorenz, als habe man auf ihn vergessen, in der Dachkammer, nun aus dem kleinen Fenster starrend, ins Schneegestöber. *Was soll das sein? Kann mir hier jemand erklären, was wir hier sehen?* Die Chefinspektorin harsch: *Jetzt sehen Sie sich das an!* – *Wer hat das gefilmt?* Der Sepp, ganz deutlich! In plötzlicher Wut. *Ist das die Kamera vom Lehrer?* Es schnaufte jemand die Treppe herauf. *Setzen Sie sich! – Wenn das Arschloch ein Problem hat … – Herr Schubert …,* nun kam der Aggressive näher, Lorenz, oben in seinem Versteck, ahnte, dass da bald wer ums Eck kommen würde, *… dageblieben!* Es knallte wieder die Faust auf dem Holzbalken, die Situation schien zu eskalieren. *Ruhe!,* brüllte die Chefinspektorin, Lorenz unter Strom. Zwischen Tür, Messer und Fenster hin und her wirbelte sein Blick. *Patrick, please …,* es war Sladjana, die nun wohl dem Schubert nachhechtete, *you just make it worse! Lassen Sie die Waffe …,* und Lorenz drückte mit aller Kraft nun die Tür zu, die Hand vom Schubert bereits im Schlitz, er stemmte sich, es quoll rot die abgequetschte Faust des Gegners an, er sah dessen Finger sich krümmen, gellend der Schrei von draußen. *Stay, please, stay!* Dann nur mehr Gerumpel und Geknalle und wie in Trance ergriff er das Erste, was ihm in die Hand kam, es war das Buch (der zufällige Thoreau), und drosch mit dem Einband auf Schuberts blutunterlaufene Pranken ein. Endlich zog der die Hand für einen Augenblick zurück, es rastete die Tür im Schloss ein, Lorenz drehte den Schlüssel, klack, sein lauter Atem, und der Wunsch zu flüchten, der hastige Gang zum Fenster, er riss es auf und stürzte sich, ohne weiter darüber nachzudenken, hinaus ins Weiß.

4.

Verlass deine Familie, hatte Theresa ihm funkelnd entgegengelacht, an dem Tag, als sie für immer Abschied voneinander genommen hatten. Es strahlte warm die Abendsonne, ein lodernder Lichtkranz um ihre Silhouette, sie hielt Ausschau nach Fledermäusen. *Sie hocken in all den Rillen, wirst sehen, noch sind sie versteckt, ich denk, sie wärmen sich, aber wenn's dann finster. Wild schießen die herum ...* Sie zog ihr Shirt aus, unter freiem Himmel, ein Aussichtspunkt im Nirgendwo. Die dritte Woche waren sie nun gemeinsam unterwegs, am nächsten Tag, so hatte er es damals geplant, wollte er den Zug nach Hause nehmen. Zu Klara. Und Emmi.

Wie meinst das?, fragte er irritiert, wechselte das eben bespielte Videoband, suchte die dazugehörige Hülle und eine neue, unbenützte Kassette. Er hatte stundenlanges Filmmaterial erstellt, sein Rucksack bestand fast nur mehr aus den vielen Aufnahmen. *Wolf und Lenz, Szenen einer Wanderschaft* stand auf all den Kassettendeckeln, durchnummeriert, mit genauen Notaten zu den Orten und Reiserouten der letzten zwanzig Tage, noch nie zuvor war er so sehr und so intensiv unterwegs gewesen. *On the road,* wiederholte er beseelt in Schleifen, als wäre es ein später Befreiungsschlag gewesen, seine Entscheidung, mit ihr zu gehen, mit Theresa, die ebenfalls, seit seiner Begleitung, aufgeblüht war. Die Melancholie war von ihr abgefallen. Über den Tod ihrer Mutter konnte sie erstmals reflektierter sprechen. Sie aß besser. Sie strotzte vor Kraft und beinahe manischem Optimismus.

Wie mein ich was? – Das kannst nicht sagen. – Was kann ich nicht sagen? Sie tat wieder, als wäre sie erhaben über alles Moralische. Sie hatten freilich nächtelange Gespräche geführt, sich in alten Fantasien verfangen, ins Herumtollen waren sie geraten, und ins Küssen, sie schliefen auch miteinander.

Nie hatte er Klara davon berichtet. Theresas wüste Art reizte ihn enorm, zugleich fand er ihre Stimmungsschwankungen und ihre rüden Sätze zwischendurch immer noch abstoßend, fast unanständig. Sie war der festen Überzeugung, sie allein hätte begriffen, *was uns alle mehr oder minder fesselt. Diese hohlen Verbindlichkeiten, diese Erwartungen. Was ein Mensch aus einem Leben zu machen hätte … Mein Leben,* rief sie immer wieder in die Weite, *nur meins.* Sie baute sich herausfordernd vor ihm auf.

Du kannst nicht sagen, verlass deine Familie. Was soll das? – Hast schon richtig gehört! Wenn du mit mir gehen willst, verlass sie. Dann sind wir beide gleich. Vogelfrei … Stellte sie ihn auf die Probe? War das ihre Art, ein unmögliches Geständnis zu machen, dass sie ihn nämlich tatsächlich bat, noch länger bei ihr zu bleiben? Hatte sie Angst, es allein nicht zu schaffen? *So war das nicht ausgemacht. Ich hab immer gesagt, ich mach die eine Tour und du hörst auf mit dem Suizidgerede, Punkt. – Suizidgerede. – Ja. Gerede. Ich kauf's dir nicht mehr ab. Sagt übrigens auch Klara. – Klara. – Ja, meine Frau. Schon vergessen? – Ich will hier gar nichts verkaufen. Aber du kannst mich haben … Völlig umsonst.* Noch nie zuvor war sie so offensiv ihm gegenüber gewesen. Noch nie so zart. Sie hielt ihm die Hand hin. *Was hindert dich? – Ich bin Papa?* Sie küsste ihn. *Ist das alles?* Er hätte sie erwürgen können und zugleich umarmen. Wie selbstgefällig. Wie kalt. Oder war er es, der selbstgefällig war? Der das Spiel mit ihr genoss, sie ausnutzte, in ihrer unprätentiösen, schwankenden, widerborstigen Art, nie aber ernsthaft daran gedacht hatte, sich für sie zu entscheiden? *Du bist gut,* schnaufte er kopfschüttelnd. *Nein, das ist nicht alles. Familie …,* er wollte laut werden, hielt sich aber zurück. *Ich bin ganz und gar nicht GUT,* fuhr sie ihn an. *Schlecht bin ich. Aber das ist okay. Schlecht in deinen Augen. In euren. Die Resi, die sich da so dreist immer einmischt und allen nur auf der Tasche liegt, das denkt ihr ja. Das denkst auch du. Mein Lenz …*

Sie warf sich auf den steinigen Untergrund, starrte in den Himmel und streckte die Arme hoch, tat, als vollführe sie Schwimmbewegungen. *Abtauchen ist eigentlich ganz einfach. Sag, du bist weg. Schalt alle Kanäle ab! Sei nicht wehmütig. Und begrab dein Gewissen! Was das System uns abverlangt, führt zu leeren Hüllen. Aber das weißt du schon lang, oder? Fühlst dich doch auch zunehmend. Ausgehöhlt ... Meine Mutter wurde vollkommen aufgefressen von diesem System ...*

Wieder steckte sie in der alten Leier fest. Er entschied, weitere Diskussionen zu unterlassen, und schloss klar und eindeutig damit, dass er Klara liebe. *Ich weiß*, sagte sie rotzig. *Natürlich weiß ich das. – Und ich mag mein Leben eigentlich sehr gern. – Dann hau ab. Und verschwende nicht meine Zeit. – Ja. Okay. – Okay. – Okay, dann geh ich. – Ja, geh. – Und echt, wie kannst du nur? Nie würd ich, nie, nie, nie. Meine Tochter ...* Sie spuckte auf ihn. *Dann hättest du ja gar nicht erst mitkommen dürfen. Warum bist du da? Warum bist du denn immer und immer wieder da? DU verfolgst ja mich, nicht ich dich.* Es löste sich etwas in ihr, enthemmt stieß sie ihn weg. *Du hast gesagt, du bringst dich um*, entgegnete er unter Tränen. *– Ich dachte, du glaubst mir nicht?*, schlug sie ihn, er wehrte ihre Fäuste ab. *Ich komme ganz gut allein klar. Okay? Ganz ohne dich*, schlug sie weiter. Fester. Sie trat auf die Filmaufnahmen, zerstörte die Bänder, er hechtete voran und rettete gerade noch die Kamera mit der letzten Kassette: *Hör auf. Theresa. He. Resi. Schluss jetzt!* Er drückte sie zu Boden. Nah an ihrem Gesicht. *Wenn das jetzt alles ist, dann verschwind*, sagte sie stolz.

5.

Dann verschwind …, hallte es durch seine Erinnerungsschleifen. In das Bild von Theresa im Sonnenuntergang mischte sich der Tanz der Schneeflocken. Ihre damalige Raserei, ihr letztes Aufeinandertreffen, das blutige Kratzer und eine aufgerissene Lippe nach sich gezogen hatte, verwischte im endlosen Gestöber.

Er lief noch immer um sein Leben, fühlte Hunde hinter sich, fühlte Körper, die ihn erhaschen wollten, Worte, wer hatte all diese Worte gesprochen? Er wusste nicht mehr, wie lange er bereits unterwegs war, hastete voran, durch eine dicke Schneedecke, versank in den weißen Massen, wagte nicht, sich umzudrehen. Wie weit die Hütte zurücklag, wie spät es war, welcher Tag sein könnte, das alles war ihm entglitten. Allein das Laufen hielt ihn wach.

Er lief und lief, hörte auf, Fragen zu stellen, hörte auf, nachzudenken, fiel auf harte, vereiste Flächen, überstieg undeutliche, von den Verwehungen unkenntlich gemachte Haufen, über ein freies Feld, klirrend stach die Kälte in seine Poren. Er lief weiter, allein aus einem Grund: Um dieser verflixten und völlig abstrusen Anhäufung von Zumutungen eines verfluchten Sommers, der so gar nicht in seine eigentlichen Pläne gepasst hatte, endlich zu entkommen. Er wollte zurück. Punkt. Alles, was er wollte, war ein Weg nach Hause.

Irgendwann hörte der Schneefall auf. Und halb erfroren hielt er inne. Gab sich nochmals einen Ruck. Lief einer Gestalt entgegen. Er war schwach, ihm fielen die Augen im Gehen zu, doch wurde ihm deutlich, dass er die Frau da vorne doch kannte. Endlich vernahm er Klaras Stimme. Kein Traum, überzeugte er sich im Ertasten ihrer Hand. Wirklich kein Traum.

6.

Der Wintereinfall hatte die Landschaft erstarren lassen. Es rührte sich nichts, selbst die Schneepartikel in der Luft schienen zu verharren. Eis, das über die Bergwelt gekrochen war, schimmerte nun juwelenartig. Sonne schob sich durch die Wolkendecke, brachte das surreale Alpenbild prachtvoll zum Glühen.

Ein Vogel saß da, ein Spatz. Er tapste über gefrorene Schichten.

Genau hier, an dem sonnenbeschienenen Platz, im Rücken alles bisher Vorgefallene, standen sie. Er war unterkühlt, trug zerrissene Sachen, seine Haare zerzaust und lang geworden, erschreckend hager das Gesicht, sie fuhr über kantige Schultern, streifte die Wangenknochen entlang, zitterte, beide zitterten, und nur ein *He. – He. – Schön? – Was? – Dass du da. Ich mein. Was machst du denn da? – Was machst denn du da?*

Und am Horizont hereneilend eine Handvoll Uniformierter, im Schlepptau eine Bande Jäger, deren Rädelsführer des Längeren bereits ob diverser Delikte und Übertretungen gesucht worden war, das Gebell ihrer Hunde, das Gebimmel unbeirrt dastehender Almrinder in ihrem Unterstand vor der Schneekulisse, ein bergerprobter Förster, der ebenso verblüfft durch die Landschaft schritt und einen Funkspruch ins Tal absetzte, und langsam schwoll das Dröhnen der Rotorblätter wieder an, zwei Helikopter der Innsbrucker Landespolizei erhoben sich, von der Schneedecke befreit. Klara und Lorenz mit an Bord.

Unter golden glänzenden Wärmefolien schaute sie auf ihren Exmann. Sie wusste, es war ein Ende. Ließ seine Hand endlich los. Und schrieb an Emmi. *Papa gefunden. Alles safe.*

7.

An einem kühlen Augustmorgen, der Herbst hatte sich verfrüht angekündigt, kehrte Lorenz Urbach in die Stadt zurück, sein Schlüssel sperrte noch. Aus irrationalen Gründen hatte er bis dahin befürchtet, nun nicht mehr in die eigene Wohnung zu können. Knapp drei Wochen war er nicht mehr hier gewesen. Er fand einen blank geschrubbten, von allen Resten der Wurmbox und der durchs offene Fenster hereingebrochenen Flora und Fauna befreiten Parkettboden vor, das Durcheinander in den überfallsartig verlassenen Räumen war einer wohltuenden Ordnung gewichen, noch nie war es derart aufgeräumt in seiner Wohnung gewesen, empfand er, und er stand gerührt vor dem Esszimmertisch, Emmi hatte nicht nur sauber gemacht, sondern auch einige Präsente dekorativ verteilt, neben *Wohlfühlsachen gegen Stunden der Einsamkeit* lagen dort auch Einkäufe *zur Stärkung von Körper und Geist*, Rezepte ihrer liebsten Currygerichte sowie ein Stapel Post, wobei das meiste nur Werbung war, außerdem seine fast zerfallene Erinnerungsbox, mit einer symbolischen Kette umschlossen und der Aufschrift: *Erst wieder bei psychischer Stabilität zu öffnen, Genesungswünsche von deinem alten Doc Manu, let me know when you're back in town, cheers!,* und zuletzt noch eine Grußkarte mit Kätzchenmotiv, er hasste Grußkarten mit Kätzchenmotiven: *Welcome home. Heute um 11 an unserem Tisch? Gut, dich lebendig zu wissen. Smiley mit Herz. Und vielleicht legst dir mal eine Katze zu oder so, die auf dich aufpasst ... LOVE.* In Großbuchstaben. *Deine Tochter.*

Er atmete tief durch, ließ den Rucksack und sein ganzes Zeug einfach zu Boden gleiten. Stille.

Er ließ sich aufs Bett fallen, es roch nach frischer Wiese, hatte Emmi Raumduft versprüht? Er sank nach hinten und starrte einige Minuten nur an die Decke. Sein Telefon vibrierte, mehrmals, sicher Nachrichten von der Schule. Seine Suspendierung war, *nach der ganzen Sache,* nur mehr eine Formalität gewesen, es stünden nun *harte Monate bevor, Herr Kollege,* so die Freudmann am Telefon, *Lorenz … Aber wir packen das!* Es helfe nur eines: *Läuterung des gefallenen Engels!* Hatte sie sich die Phrase extra überlegt, davon ausgehend, er würde daran Gefallen finden? *Läutern.* Er griff ans Telefon und schlug online nach, da er nur vertrackte, mythologische Kontexte in sich trug und ihm ständig das allzu tragische Wort *Katharsis* entgegenschrie. *Läuterung*, so der erste Suchtreffer, bedeute *etwas von Schlacken oder Verunreinigung zu befreien.* Mit dieser bodenständigen Definition konnte er gut leben, er knallte das Gerät in die Pölster, zog sich um, duschte, duschte lange und im Abtrocknen lauschte er fast vergnügt der Nachbarin am Klavier, sie saß wohl an einem neuen Stück. Keine träge Sonate mehr, es klang mehr nach einem Popsong.

Er betrachtete die Schrammen an seinem Körper. Im Innsbrucker Landeskrankenhaus hatte man ihn die letzten Tage gründlich durchgecheckt, auch aufgrund des Verdachts einer Gehirnerschütterung. *Was springen Sie einfach aus dem Fenster?* Er hätte fast mit großer Geste zurückargumentiert, der kopfschüttelnden Ärztin ins Gesicht, von *einfach* könne keine Rede sein, es wäre, *im Gesamten jetzt mal betrachtet, alles andere als einfach …* Da bemerkte er im Augenwinkel Klara, sie winkte ihm zum Abschied, bereits wieder bepackt für die nächste Reise, *keine Ahnung, mal Abstand, Süden oder so. Sie würde ein paar Dörfer an der Küste Kalabriens ansteuern, vielleicht auch noch weiter runter, mal schauen …* Sie wollte schon lang mal *einfach weg. – Bitte mach's nicht wie ich,* keuchte er ihr noch nach, das Krankenhauspersonal klopfte ihn ab, er musste laut husten, bekam Medikamente wegen einer verschleppten Lungenentzündung, dann war Klara aus seinem Sichtfeld verschwunden. Er beschloss, sich erneut ins *Central* einzubuchen, kehrte fast wie ein räudiger Hund dorthin zurück, für den Rest der laufenden Untersuchungen, die Polizei befragte ihn noch dreimal ob seines Aufenthalts auf der Hütte, was sein Messer (auf dem sich keinerlei Kampfspuren, geschweige denn Verbindungen zum Mordopfer fanden) dort in der Gegend zu suchen gehabt hätte, ob er auf seiner Kamera weitere Beweise angehäuft habe, was *die Truppe rund um Schubert* beträfe oder andere Vorkommnisse et cetera … Von weiteren Tierkadavern war seither nichts mehr berichtet worden (als habe sich das Untier in andere Gebiete verzogen). Und die in seinen Händen zur Unkenntlichkeit zerknüllte Visitenkarte des brachial zerstückelten Toten (dessen Fall noch immer ungeklärt war) verschwieg Lorenz beharrlich bis zuletzt. Er wurde als Unbescholtener seinem weiteren Leben überlassen.

Wieder sein Telefon, eine Nachricht aus Klaras Kanzlei: *Ihre Frau meint, Sie seien wieder in der Stadt? Wollen wir einen Termin anvisieren, bezüglich Causa Strenzl?* Eine Verteidigungsstrategie läge jedenfalls vor, sofern er, Lorenz, sich auf ein *Schuldeingeständnis unter Berufung auf einen emotionalen Ausnahmezustand* einließe, *alles Weitere im Detail persönlich. Mit freundlichen Grüßen. Peters.* Er tippte rasch eine Antwort an Klaras Kollegen, gab sich Mühe, sie diesmal nicht mehr zu enttäuschen und sich außerdem während des Tippens den Hemdkragen zu richten, er wollte, für Emmi, endlich mal wieder was gleichschauen. *Ja,* schrieb er ins Telefon, *bin zurück. Klingt alles grundvernünftig. An den Geschädigten ergeht im Übrigen eigenhändig eine Entschuldigung samt wohlfeilem Côte du Rhône!!!* Er löschte die Rufzeichen. Blieb neutral. *Besten Dank im Voraus für Ihre Hilfe.* Er wollte die Zeilen verschicken. Wartete. Hörte das Glucksen des Wassers in den Rohren. Das Rauschen von Autos vor seinem Fenster. Die Stadt, das ganz normal tönende Wien. Und ticktack. Ticktack. Irgendjemand hatte ihm tatsächlich eine Uhr in den Gang zwischen Küche und Wohnzimmer gehängt. Er musste lachen. *Bin guter Dinge. Mit freundlichen Grüßen. Urbach.*

In Emmis Lieblingscafé, wo sie gerne brunchten, saß er kurz darauf an ihrem Lieblingstisch, roch frischgeröstete Espressobohnen, es plätscherte Bossa Nova durch den Raum, die Wände betongrau, der Boden ebenfalls, Menschen trafen sich zum beruflichen Austausch, Tratsch unter alten Bekannten, vor Laptops saßen vertieft Studierende oder bürolos Arbeitende oder einfach angestrengt denkende Geister dieser Zeit, und Lorenz schmunzelte in sein Glas Wasser hinein, er wolle warten, meinte er, auf seine Tochter, er wartete, es glotzte von der anderen Straßenseite in die Mitte dieses urban-lässigen Raumes ein Wahlplakat durch die offene Fensterfront herein, so ein Glotzen, murmelte er, *was glotzt der so blöd?* Er murmelte es etwas zu laut, es drehten sich die smart Gekleideten im Businesstalk zu ihm um, und wo blieb denn Emmi? Abrupt, er hatte sich Mühe gegeben, sagte er sich, lobte er sich, *du hast dir Mühe gegeben, Mensch,* holte ihn die bittersüßliche Ernüchterung wieder ein, die so fern geglaubte, und er sah auf der Titelseite einer herumliegenden Tageszeitung die Schlagzeilen, ein ganz normaler Tag, wisperte alles wieder um ihn, alles normal, und es schauten Kinder in Flüchtlingscamps von einem Foto zu ihm herüber. *MIT EUCH GEGEN DAS SYSTEM!,* schrie das Plakat von draußen herein, der Bossa Nova versickerte, es bremste scharf ein Porsche, es lief einer ohne Schuhe vorüber, und etwas weiter weg, aber immer da, die singende Frau mit der Straßenzeitung. *MIT EUCH FÜR DIE FREIHEIT! – Was glotzt der denn?* Nun hatte er es laut ausgesprochen, Gemurmel um ihn, *ja, was denn?,* als wollte etwas in ihm nicht akzeptieren, dass es weiterhin nach dem gutgerösteten, anständig produzierten, fair bezahlten und freilich übertreuerten und trotz aller Bemühungen bitter nach Ausbeutung miefenden Wohlstandskaffee roch, und er wollte jetzt nicht an diese Zusammenhänge denken, wo blieb denn Emmi, er krallte sich an die Seiten seines Buches.

Der Thoreau, ihm mittlerweile zum treuen Begleiter und zugleich zur leidigen Gewohnheit geworden, lag schlimm mitgenommen vor ihm auf seinem Schoß, seitenweise unleserlich ob äußerer Einwirkungen, einige Risse, auch Bissspuren vermochte Lorenz auszumachen, krampfhaft der Versuch, wieder einen Satz zu finden, der ihn besänftigen könnte, sein Finger fuhr angespannt über Zeilen, Seiten knitterten.

Die Tür ging auf. Es traten drei herein, mit Kappen und Schleifen um die Brust. *Burschenschaftler ...* Lorenz sah instinktiv weg. *Was tun da jetzt die Burschenschaftler ...* Blick runter! Er wollte doch nur einen Kaffee mit seiner Tochter trinken, wollte ankommen, wollte Dinge, lang aufgeschobene, endlich wiedergutmachen, blätterte wahllos in seiner Lektüre, *dumme, unnütze Lektüre,* lenkte er seine Wut nun auf den letztlich doch elitären und verstaubten *Klassiker* in seinen verkrampften Händen, kratzte am Einband, stierte dann doch den eben Hereingetretenen hinterher wie ein Bluthund, es stellten sich seine Haare am Unterarm auf, er hatte das Gefühl, umgeben zu sein von Feinden, schlagartig, es schauten alle auf ihn, bizarr aus den Wänden, altbekannte Fratzen: *Du wiast ka Leiberl haum, Znirchtl!*

Er trank aus, wollte aufstehen, es knackte seine Faust, er sah sich schon in der Pose des Überschwangs, der Konfrontation, die Burschenschaftler bestellten Biere, sie prosteten einander zu, sie lachten, sie gestikulierten, dahinter überdimensional die Volkskanzlerfratze, *jetzt glotz nicht so, scheiß!* Und er schoss in die Höhe, den Thoreau zur Waffe geformt (welche Waffe kann Literatur sein, im Kampf gegen die uns umgebenden Umstände?), zwischen Stuhlreihen schritt er hindurch, der Blick scharf auf jene gerichtet, die ihm nun erneut als

Jägerschaft erschienen, als Clan, der sich ein Land Untertan machen wolle, ihr Lachen ergoss sich als ätzender Schwall ihm entgegen, *he,* wollte er rufen, *he, ihr da, ihr, ihr …*

Da trat endlich Emmi ins Café: *Papa.* Sie strahlte, fiel ihm in die Arme. Er atmete. Fest. Aus. Ein. Aus. Ein. *Schön dich zu sehen.*

Danke, immer und immer neu, an Nina, Alma und Irma.

Thomas Arzt

Die Gegenstimme
Roman, 192 Seiten, 3. Auflage

ISBN: 978 3 7017 1736 1

Am 10. April 1938, einen knappen Monat nach dem Einmarsch der deutschen Wehrmacht, sollte der »Anschluss« Österreichs an Nazideutschland durch eine Volksabstimmung nachträglich legitimiert werden. Von diesem Tag und wie ihn eine Ortschaft im oberösterreichischen Kremstal begeht, erzählt der Dramatiker Thomas Arzt in seinem ersten Roman mit großer Bravour, und man weiß gar nicht, was man mehr bewundern soll, seine Menschenkenntnis, sein Sachwissen, seine Fähigkeit, sich in das Romanpersonal hineinzuversetzen und es gleichzeitig von außen zu betrachten, oder die Kunstsprache, in der er es denken und reden lässt.
Erich Hackl, TAGEBUCH

Ein »Heimatroman« der anderen Art, in einer dem Dialekt abgeschauten Kunstsprache, mit plastischen Bildern und rhythmischem Drive, liest Thomas Arzt die Gedanken verschiedener Dorf-Bewohner und erzählt sogartig eine packende Geschichte von Anpassung, Mitläufertum, Widerstand und aufrechtem Gang.
BAYERN 2

»Die Gegenstimme« ist ein starkes, mitreißendes Buch. Jeder Satz verrät den Dramatiker: glänzend die Dialoge, nachvollziehbar gezeichnet die psychologische Disposition der Figuren, nie wird es klischeehaft.
Thomas Schaefer, JUNGE WELT